El Pacto Eterno

Ellet Waggoner

El Pacto Eterno

por

Ellet Waggoner

© 2020

978-0-6488225-0-9

Contenido

1. El mensaje del evangelio 7
2. La posesión adquirida 18
3. La promesa a Abraham 28
4. Un altar 34
5. El pacto 41
6. La carne, opuesta al espíritu 47
7. El pacto sellado (I) 51
8. El pacto sellado (II) 58
9. La prueba de la fe 62
10. La promesa y el juramento 71
11. La promesa de victoria 76
12. Visión general 80
13. Israel, príncipe de Dios 89
14. Israel en Egipto 100
15. El tiempo de la promesa 109
16. "El oprobio de Cristo" 113
17. La comisión divina 119
18. Predicando el evangelio en Egipto 123
19. El corazón endurecido del faraón 128
20. Salvos por su vida 133
21. La liberación final 139
22. Cántico de liberación 146
23. Pan del cielo 150
24. Vida recibida de Dios 157
25. Vida en la Palabra 161
26. Agua viva de la Roca 166
27. Una lección práctica 174
28. Se promulga la ley (I) 180

29. Se promulga la ley (II) 187
30. Sinaí y Calvario 197
31. Sinaí y Sión 202
32. Los pactos de la promesa 208
33. El velo y la sombra 218
34. Dos leyes 255
35. Entrada en la tierra prometida 234
36. Vanagloria y derrota 242
37. Israel, un pueblo misionero 249
38. El reposo prometido (I) 263
39. El reposo prometido (II) 271
40. "Otro día" (I) 280
41. "Otro día" (II) 288
42. De nuevo en cautividad (I) 296
43. De nuevo en cautividad (II) 304
44. De nuevo en cautividad (III) 312
45. La promesa, a punto de cumplirse 321
46. Las tribus perdidas de Israel 329
47. El pacto eterno, consumado 336

Capítulo 1

El mensaje del evangelio

LOS humildes pastores que velaban por sus rebaños en la noche sobre las llanuras de Belén, resultaron sobresaltados por el súbito resplandor de la gloria del Señor que los envolvía. Sus temores resultaron apaciguados por la voz del ángel, que les dijo: "No temáis; porque he aquí os doy nuevas de gran gozo, que será para todo el pueblo: Que os ha nacido hoy, en la ciudad de David, un Salvador, que es Cristo el Señor" (Luc. 2:10 y 11).

La palabra "nuevas" viene del griego, y en otros lugares se traduce como "evangelio"; por lo tanto, bien podríamos leer así el mensaje del ángel: 'He aquí os traigo el evangelio de gran gozo, que será para todo el pueblo'. Por lo tanto, de ese anuncio a los pastores podemos aprender varias cosas importantes.

1. Que el evangelio es un mensaje que trae gozo. "El reino de Dios... es... justicia, paz y *gozo en el Espíritu Santo*" (Rom. 14:17). Cristo fue ungido con "óleo de alegría" (Heb. 1:9), y él proporciona "aceite de gozo en lugar de luto, manto de alegría en lugar del espíritu angustiado" (Isa. 61:3).

2. Es un mensaje de salvación del pecado. El mismo ángel había anunciado previamente a José el nacimiento de ese niño, y le indicó: "Le pondrás por nombre Jesús, porque él salvará a su pueblo de sus pecados" (Mat. 1:21).

3. Se trata de algo que afecta a todo ser humano: "que será para todo el pueblo". "De tal manera amó Dios al mundo, que ha dado a su Hijo unigénito, para que todo aquel que en él cree no se pierda, sino que tenga vida eterna" (Juan 3:16).

Eso es garantía suficiente para todos, pero como queriendo enfatizar el hecho de que los pobres tienen en el evangelio los mismos derechos que los ricos, el primer anuncio del nacimiento de Cristo se hizo a hombres que transitaban los senderos más humildes de la vida. No fue a los principales sacerdotes ni a los escribas, tampoco a los nobles, sino a pastores de ganado a quienes fueron dadas las gozosas nuevas. Así, el evangelio no está fuera del alcance de quien no recibió educación formal. El propio Cristo nació y creció en medio de la mayor pobreza; él predicó el evangelio a los pobres, y "la gran multitud del pueblo le oía de buena gana" (Mar. 12:37). Puesto que se lo presentó de esa forma a la gente común, que constituye la mayoría en el mundo, no hay duda alguna de que se trata de un mensaje mundial en su alcance.

"El Deseado de todas las gentes"

Pero si bien el evangelio es primeramente para los pobres, no es algo mísero o carente de nobleza. Cristo se hizo pobre a fin de que pudiéramos enriquecernos (2ª Cor. 8:9). El gran apóstol que fue escogido para dar el mensaje a reyes y a los grandes hombres de la tierra, estando en la expectativa de visitar la capital del mundo, dijo: "No me avergüenzo del evangelio, porque es poder de Dios para salvación de todo aquel que cree" (Rom. 1:16). El poder es aquello que todo el mundo procura. Algunos lo buscan a través de la riqueza, otros por la política, otros mediante la erudición, y otros de otras formas; pero en toda actividad emprendida por el hombre, el objeto es el mismo: poder de alguna clase. Hay una inquietud en el corazón de todo hombre, un anhelo insatisfecho puesto allí por Dios mismo. La loca ambición que lleva a algunos a pisotear a sus semejantes, la incesante procura de riqueza y la implacable búsqueda de placer en la que tantos se sumergen, no son más que esfuerzos vanos por satisfacer ese anhelo.

No es que Dios haya puesto en el corazón humano el deseo de ninguna de esas cosas; la búsqueda de ellas es una perversión del deseo que él implantó en el interior del hombre. Dios desea que el hombre tenga el poder de Dios; pero ninguna de las cosas que el hombre busca ordinariamente trae el poder de Dios. Los hombres imaginan un límite a la cantidad de riqueza que pueden amasar, porque piensan que una vez alcanzada esa meta quedarán satisfechos; pero si se logra lo esperado, quedan tan insatisfechos como siempre; y así continúan buscando la satisfacción a base de acumular riqueza, no dándose cuenta de que el anhelo del corazón jamás puede ser satisfecho de esa manera.

Aquel que implantó el deseo es el único que puede satisfacerlo. Dios se manifiesta en Cristo, y Cristo es verdaderamente "el Deseado de todas las gentes" (Haggeo 2:7), aunque tan pocos reconozcan que sólo en él se halla el perfecto reposo y satisfacción.

A todo mortal insatisfecho se hace la invitación, "Gustad y ved que es bueno Jehová. ¡Bienaventurado el hombre que confía en él! Temed a Jehová vosotros sus santos, pues nada falta a los que lo temen" (Sal. 34:8 y 9). "¡Cuán preciosa, Dios, es tu misericordia! ¡Por eso los hijos de los hombres se amparan bajo la sombra de tus alas! Serán completamente saciados de la grosura de tu Casa y tú les darás de beber del torrente de tus delicias" (Sal. 36: 7 y 8).

Poder es lo que los hombres desean en este mundo, y poder es lo que el Señor desea que tengan. Pero el tipo de poder que ellos buscan significaría su ruina, mientras que el poder que él desea darles es poder que los salvará. El evangelio trae ese poder a todo ser humano, y no se trata de nada inferior al poder de Dios. Es para todos los que lo acepten. Estudiemos brevemente la naturaleza de ese poder, ya que una vez lo hayamos descubierto, tendremos ante nosotros la plenitud del evangelio.

El poder del evangelio

En la visión que el amado discípulo tuvo del tiempo que habría de preceder inmediatamente al retorno del Señor, se describe así el mensaje del evangelio que prepara a los hombres para ese evento:

"En medio del cielo vi volar otro ángel que tenía el evangelio eterno para predicarlo a los habitantes de la tierra, a toda nación, tribu, lengua y pueblo. Decía a gran voz: '¡Temed a Dios y dadle gloria, porque la hora de su juicio ha llegado. Adorad a aquel que hizo el cielo y la tierra, el mar y las fuentes de las aguas!'" (Apoc. 14:6 y 7).

Aquí tenemos claramente ante nosotros el hecho de que la predicación del evangelio consiste en predicar a Dios como al Creador de todas las cosas, y en llamar a los hombres a que lo adoren como a tal.

Eso corresponde a lo que hemos leído en la epístola a los Romanos: que el evangelio "es poder de Dios para salvación de todo aquel que cree". Aprendemos algo más acerca de la naturaleza del poder de Dios cuando el apóstol, refiriéndose a los paganos, dice: "Lo que de Dios se conoce les es manifiesto, pues Dios se lo manifestó: Lo invisible de él, su eterno poder y su deidad" (Rom. 1:19 y 20). Es decir, desde la creación del mundo, los hombres han sido capacitados para ver el poder de Dios, si es que emplean sus sentidos, ya que se lo discierne claramente en las cosas que ha hecho. La creación muestra el poder de Dios. Así, el poder de Dios es poder creador. Y dado que el evangelio es poder de Dios para salvación, queda demostrado que el evangelio es la manifestación del poder creador para salvar al hombre del pecado. Pero hemos visto que el evangelio son las buenas nuevas de la salvación en Cristo. El evangelio consiste en la predicación de Cristo, y Cristo crucificado. Dijo el apóstol: "No me envió Cristo a bautizar, sino a predicar el evangelio; no con sabiduría de palabras, para que no se haga vana la cruz de Cristo. La palabra de la cruz es locura a los que se pierden; pero a los que se salvan, esto es, a nosotros, es poder de Dios" (1ª Cor. 1:17 y 18).

Y también: "Nosotros predicamos a Cristo crucificado, para los judíos ciertamente tropezadero, y para los gentiles locura. En cambio para los llamados, tanto judíos como griegos, Cristo es poder y sabiduría de Dios" (1ª Cor. 1:23 y 24). Es por eso que el apóstol dijo: "Hermanos, cuando fui a vosotros para anunciaros el testimonio de Dios, no fui con excelencia de palabras o de sabiduría, pues me propuse no saber entre vosotros cosa alguna sino a Jesucristo, y a este crucificado" (1ª Cor. 2:1 y 2).

La predicación de Cristo, y de Cristo crucificado, es la predicación del poder de Dios; por lo tanto, es la predicación del evangelio, ya que el evangelio es el poder de Dios. Y eso está en perfecta armonía con la conclusión de que la predicación del evangelio consiste en presentar a Dios como al Creador, puesto que el poder de Dios es un poder creador, y Cristo es aquel por quien fueron creadas todas las cosas. Nadie puede predicar a Cristo, si es que no lo presenta como al Creador. Todos deben honrar al Hijo de la misma forma en que honran al Padre. Toda predicación que reste prominencia al hecho de que Cristo es el Creador de todas las cosas, no es la predicación del evangelio.

Creación y redención

"En el principio era el Verbo, el Verbo estaba con Dios y el Verbo era Dios... Todas las cosas por medio de Él fueron hechas, y sin Él nada de lo que ha sido hecho fue hecho... Y el Verbo se hizo carne y habitó entre nosotros lleno de gracia y de verdad" (Juan 1:1-14). "Porque por Él fueron creadas todas las cosas, las que hay en el cielo y las que hay en la tierra, visibles e invisibles; sean tronos, sean dominios, sean principados, sean potestades; todo fue creado por Él y para Él. Y Él es antes de todas las cosas, y todas las cosas por Él subsisten" (Col. 1:16 y 17).

Prestemos atención más detallada al último texto, y veamos cómo se encuentran en Cristo tanto la creación como la redención. En los versículos 13 y 14 leemos que Dios "nos ha librado del poder de las tinieblas y nos ha trasladado al reino de su amado Hijo, en quien tenemos redención por su sangre, el perdón de pecados". Y después de un paréntesis en el que se subraya la identidad de Cristo, el apóstol nos dice de qué forma tenemos redención por su sangre. Esta es la razón: "porque en él fueron creadas todas las cosas... y él es antes que todas las cosas, y todas las cosas en él subsisten". Por lo tanto, la predicación del evangelio eterno es la predicación de Cristo, el poder creador de Dios, único a través de quien viene la salvación. Y el poder por el que Cristo salva a los hombres del pecado es el poder por el que creó los mundos. Tenemos redención por medio de su sangre; la predicación de la cruz es la predicación del poder de Dios; y el poder de Dios es el poder que crea; por lo tanto, la cruz de Cristo lleva en ella misma el poder creador. Ese poder es suficiente para todos. No es sorprendente que el apóstol exclamara: "Lejos esté de mí gloriarme, sino en la cruz de nuestro Señor Jesucristo" (Gál. 6:14).

El misterio de Dios

Para algunos puede ser un nuevo concepto el que la creación y la redención representen el mismo poder; para todos es, y ha de ser siempre un misterio. El propio evangelio es un misterio. El apóstol Pablo deseaba las oraciones de los hermanos, a fin de que le fuese dada palabra "para dar a conocer con denuedo el misterio del evangelio" (Efe. 6:19). En otro lugar afirmó que había sido hecho ministro del evangelio, de acuerdo con el don de la gracia de Dios que le había sido dado por la eficaz obra del poder divino, a fin de que pudiera "anunciar entre los gentiles el evangelio de las insondables riquezas de Cristo, y de aclarar a todos cuál sea el plan del misterio escondido desde los siglos en Dios, el creador de todas las cosas" (Efe. 3:8 y 9). Vemos aquí una vez más el misterio del evangelio como siendo el misterio de la creación.

Ese misterio le fue dado a conocer al apóstol por revelación. En su epístola a los Gálatas vemos cómo sucedió: "Os hago saber, hermanos, que el evangelio anunciado por mí no es invención humana, pues yo ni lo recibí ni lo aprendí de hombre alguno, sino por revelación de Jesucristo". Nos da aún mayor información en sus palabras: "Cuando agradó a Dios, que me apartó desde el vientre de mi madre y me llamó por su gracia, revelar a su Hijo en mí, para que yo lo predicara entre los gentiles, no me apresuré a consultar con carne y sangre" (Gál. 1:11, 12, 15 y 16).

Resumimos los últimos puntos: 1. El evangelio es un misterio. 2. Es un misterio dado a conocer por la revelación de Jesucristo. 3. No fue simplemente que Jesucristo se lo reveló a Pablo, sino que le dio a conocer el misterio mediante la revelación de Jesucristo en él.

Pablo tuvo que haber conocido el evangelio antes de poder predicarlo a otros; y la única forma en que pudo conocerlo fue mediante la revelación de Jesucristo en él. La conclusión, por lo tanto, es que el evangelio es la revelación de Jesucristo en los hombres.

El apóstol expresó esa conclusión claramente en otro lugar, al afirmar que fue hecho ministro "según la administración de Dios que me fue dada para con vosotros, para que anuncie cumplidamente la palabra de Dios, el misterio que había estado oculto desde los siglos y edades, pero que ahora ha sido manifestado a sus santos. A ellos, Dios quiso dar a conocer las riquezas de la gloria de este misterio entre los gentiles, que es Cristo en vosotros, esperanza de gloria" (Col. 1:25-27).

Así, se nos da plena seguridad de que el evangelio consiste en que se dé a conocer a Cristo en los hombres. O más exactamente, el evangelio es Cristo en los hombres, y la predicación del mismo consiste en hacer saber a los hombres la posibilidad de que Cristo more en ellos. Eso concuerda con la indicación del ángel a propósito de que había de darle el nombre de Jesús Emmanuel, "que significa: 'Dios con nosotros'" (Mat. 1:23); y concuerda también con la afirmación del apóstol relativa a que el misterio de Dios es Dios manifestado en carne (1ª Tim. 3:16). Cuando el ángel dio a conocer a los pastores el nacimiento de Jesús, consistió en el anuncio de que Dios había venido a los hombres en carne; y lo que dijo el ángel a propósito de que esas serían buenas nuevas para todos, fue la revelación de que Dios morando en carne humana habría de proclamarse a todo ser humano, y repetirse a todos quienes creyeran en él.

Hagamos un breve resumen de lo que hasta aquí hemos aprendido:

1. El evangelio es el poder de Dios para salvación. La salvación viene sólo por el poder de Dios, y allí donde haya poder de Dios, hay salvación.
2. Cristo es el poder de Dios.
3. Pero la salvación de Cristo viene mediante la cruz; por lo tanto, la cruz de Cristo es el poder de Dios.

4. Así, la predicación de Cristo y Cristo crucificado es la predicación del evangelio.
5. El poder de Dios es el poder que crea todas las cosas. Por lo tanto la predicación de Cristo y este crucificado, como el poder de Dios, es la predicación del poder creador de Dios puesto en acción para la salvación del hombre.
6. Eso es así, puesto que Cristo es el Creador de todas las cosas.
7. No es sólo eso, sino que *en él* fueron creadas todas las cosas. Él es "el primogénito de toda la creación" (Col. 1:15); cuando fue "engendrado", "al inicio de los tiempos", en "los días de la eternidad" (Miq. 5:2), todas las cosas fueron virtualmente creadas, ya que toda creación es en él. La sustancia de toda creación, y el poder por el que todas las cosas fueron llamadas a la existencia, estaba en Cristo. Esa es simplemente una declaración del misterio que sólo la mente de Cristo puede comprender.
8. El misterio del evangelio es Dios manifestado en carne humana. Cristo en la tierra es "Dios con nosotros". Así, Cristo morando en los corazones de los hombres por la fe, es la plenitud de Dios en ellos.
9. Y eso significa la energía creadora de Dios operando en el hombre mediante Jesucristo, para su salvación. "Si alguno está en Cristo, nueva criatura es" (2ª Cor. 5:17). "Somos hechura suya, creados en Cristo Jesús para buenas obras" (Efe. 2:10).

El apóstol expresó todo lo anterior cuando declaró que predicar las insondables riquezas de Cristo consiste en hacer que todos comprendan "cuál sea el plan del misterio escondido desde los siglos en Dios, el creador de todas las cosas" (Efe. 3:8 y 9).

Resumen

En el texto que sigue a continuación encontramos enumerados los detalles de ese misterio:

"Bendito sea el Dios y Padre de nuestro Señor Jesucristo, que nos ha bendecido con toda bendición espiritual en los lugares celestiales en Cristo, según nos escogió en Él antes de la fundación del mundo, para que fuéramos santos y sin mancha delante de Él. En amor nos predestinó para adopción como hijos para sí mediante Jesucristo, conforme al beneplácito de su voluntad, para alabanza de la gloria de su gracia que gratuitamente ha impartido sobre nosotros en el Amado. En Él tenemos redención mediante su sangre, el perdón de nuestros pecados según las riquezas de su gracia que ha hecho abundar para con nosotros. En toda sabiduría y discernimiento nos dio a conocer el misterio de su voluntad, según el beneplácito que se propuso en Él, con miras a una buena administración en el cumplimiento de los tiempos, es decir, de reunir todas las cosas en Cristo, tanto las que están en los cielos, como las que están en la tierra. En Él también hemos obtenido herencia, habiendo sido predestinados según el propósito de aquel que obra todas las cosas conforme al consejo de su voluntad, a fin de que nosotros, que fuimos los primeros en esperar en Cristo, seamos para alabanza de su gloria. En Él también vosotros, después de escuchar el mensaje de la verdad, el evangelio de vuestra salvación, y habiendo creído, fuisteis sellados en Él con el Espíritu Santo de la promesa, que nos es dado como garantía de nuestra herencia, con miras a la redención de la posesión adquirida de Dios, para alabanza de su gloria. Por esta razón también yo, habiendo oído de la fe en el Señor Jesús que hay entre vosotros, y de vuestro amor por todos los santos, no ceso de dar gracias por vosotros, haciendo mención de vosotros en mis oraciones; pidiendo que el Dios de nuestro Señor Jesucristo, el Padre de gloria, os dé espíritu de sabiduría y de revelación en un mejor conocimiento de Él. Mi oración es que los ojos de vuestro corazón sean iluminados, para que sepáis cuál es la esperanza de su llamamiento, cuáles son las riquezas de la gloria de su herencia en los santos, y cuál es la extraordinaria grandeza de su poder para con nosotros los que creemos, conforme a la eficacia de la fuerza de su poder, el cual obró en Cristo cuando le resucitó de entre los muertos y le sentó a su diestra en los lugares celestiales" (Efe. 1:3-20).

Destacaremos ahora diversos puntos de esta declaración.

1. Todas las bendiciones nos son dadas en Cristo. "El que no escatimó a su propio Hijo, sino que lo entregó por todos nosotros, ¿cómo no nos dará también con él todas las cosas?" (Rom. 8:32).
2. Ese don de todas las cosas en Cristo es congruente con el hecho de que nos escogió desde la fundación del mundo, a fin de que en él pudiéramos obtener santidad. "Dios no nos ha puesto para ira, sino para alcanzar salvación por medio de nuestro Señor Jesucristo" (1ª Tes. 5:9).
3. En esa elección, el destino elegido para nosotros es que fuésemos hijos.
4. De acuerdo con eso, nos aceptó en el Amado.
5. En el Amado tenemos redención por su sangre.
6. Todo ello es la forma de darnos a conocer el misterio: en el cumplimiento de los tiempos reuniría todas las cosas en Jesucristo, tanto las que están en los cielos como las que están en la tierra.
7. Siendo ese el firme propósito de Dios, se deduce que en Cristo hemos obtenido ya una herencia, puesto que Dios hace que todas las cosas obren según el propósito de su voluntad.
8. Todos los que creen en Cristo son sellados con el Espíritu Santo, al que se llama "Espíritu Santo de la promesa" por ser la seguridad de la herencia prometida.
9. Ese sello del Espíritu Santo es la prenda de nuestra herencia hasta la redención de la posesión adquirida. "No entristezcáis al Espíritu Santo de Dios, con el cual fuisteis sellados para el día de la redención" (Efe. 4:30).
10. Los que tienen el sello del Espíritu saben cuáles son las riquezas de la gloria de su herencia. Significa que la gloria de la herencia futura se hace ahora suya mediante el Espíritu.

En ello vemos que el evangelio encierra una herencia. De hecho, el misterio de Dios es la posesión de la herencia, ya que en él hemos obtenido una herencia. Veamos ahora la forma en que Romanos ocho resume lo anterior. No citaremos literalmente la Escritura, sino extractos de ella.

Los que tienen el Espíritu Santo de la promesa, son hijos de Dios;

"Todos los que son guiados por el Espíritu de Dios, son hijos de Dios" (Rom. 8:14). Pero al ser hijos, somos necesariamente herederos; herederos de Dios, puesto que somos sus hijos. Y si somos herederos de Dios, somos coherederos con Jesucristo. Cristo está deseoso de que sepamos, por encima de cualquier otra cosa, que el Padre nos ha amado tanto como a Él. Pero ¿de qué somos herederos juntamente con Cristo? De toda la creación, puesto que el Padre lo "constituyó heredero de todo" (Heb. 1:2), y prometió que "el vencedor heredará todas las cosas" (Apoc. 21:7). Eso queda demostrado por lo siguiente, según el capítulo ocho de Romanos: Ahora somos hijos de Dios, pero no es evidente aún la gloria que es propia de un hijo de Dios. Cristo fue el Hijo de Dios, sin embargo el mundo no lo reconoció como tal, "Por esto el mundo no nos conoce, porque no le conoció a Él" (1ª Juan 3:1). Al poseer el Espíritu, poseemos "las riquezas de la gloria de su herencia", y esa gloria será revelada en nosotros a su debido tiempo, en una medida que sobrepasará con mucho la magnitud de nuestros actuales sufrimientos.

"Porque el anhelo ardiente de la creación es aguardar la manifestación de los hijos de Dios. La creación fue sujetada a vanidad, no por su propia voluntad, sino por causa del que la sujetó en esperanza. Por tanto, también la creación misma será libertada de la esclavitud de corrupción a la libertad gloriosa de los hijos de Dios. Sabemos que toda la creación gime a una, y que a una está con dolores de parto hasta ahora. Y no solo ella, sino que también nosotros mismos, que tenemos las primicias del Espíritu, nosotros también gemimos dentro de nosotros mismos, esperando la adopción, la redención de nuestro cuerpo" (Rom. 8:19-23). El hombre fue hijo de Dios por creación; pero por el pecado vino a ser hijo de la ira, hijo de Satanás, a quien rindió obediencia en lugar de rendírsela a Dios. Mediante la gracia de Dios en Cristo aquellos que creen son hechos hijos de Dios, y reciben el Espíritu Santo. Resultan así sellados como herederos, hasta la redención de la posesión adquirida –toda la creación–, la cual espera su redención, cuando sea revelada la gloria de los hijos de Dios.

Seguiremos con el estudio del evangelio, dedicando particular atención a lo que incluye la "posesión adquirida".

Capítulo 2

La posesión adquirida

REDIMIR significa volver a comprar. ¿Qué es lo que hay que volver a comprar? Evidentemente, lo que se había perdido, puesto que eso es lo que el Señor vino a salvar. Y ¿qué es lo que se perdió? El hombre, "porque así dice Jehová: 'De balde fuisteis vendidos; por tanto, sin dinero seréis rescatados'" (Isa. 52:3). ¿Qué más se perdió? Necesariamente, todo lo que el hombre tenía. ¿En qué consistía? "Entonces dijo Dios: 'Hagamos al hombre a nuestra imagen, conforme a nuestra semejanza; y tenga potestad sobre los peces del mar, las aves de los cielos y las bestias, sobre toda la tierra y sobre todo animal que se arrastra sobre la tierra'. Y creó Dios al hombre a su imagen, a imagen de Dios lo creó; varón y hembra los creó. Los bendijo Dios y les dijo: 'Fructificad y multiplicaos; llenad la tierra y sometedla; ejerced potestad sobre los peces del mar, las aves de los cielos y todas las bestias que se mueven sobre la tierra'" (Gén. 1:26-28).

El salmista dice del hombre:

"Lo has hecho poco menor que los ángeles y lo coronaste de gloria y de honra. Lo hiciste señorear sobre las obras de tus manos; todo lo pusiste debajo de sus pies: ovejas y bueyes, todo ello, y asimismo las bestias del campo, las aves del cielo y los peces del mar; ¡todo cuanto pasa por los senderos del mar!" (Sal. 8:5-8).

Tal era el señorío primero del hombre, pero no perduró. En la epístolas a los Hebreos encontramos citadas esas palabras del salmista:

"Dios no sujetó a los ángeles el mundo venidero, acerca del cual estamos hablando. Al contrario, alguien testificó en cierto lugar, diciendo: '¿Qué es el hombre para que te acuerdes de él, el ser humano para que lo visites? Lo hiciste un poco menor que los ángeles, lo coronaste de gloria y de honra y lo pusiste sobre las obras de tus manos. Todo lo sujetaste bajo sus pies'. En cuanto le sujetó todas las cosas, nada dejó que no le sea sujeto, aunque todavía no vemos que todas las cosas le sean sujetas. Pero vemos a aquel que fue hecho un poco menor que los ángeles, a Jesús, coronado de gloria y de honra a causa del padecimiento de la muerte, para que por la gracia de Dios experimentara la muerte por todos" (Heb. 2:5-9).

Esas palabras presentan ante nosotros un maravilloso escenario. Dios puso la tierra, con todo lo que le pertenece, bajo el gobierno del hombre. Pero eso no es lo que ahora vemos. "Todavía no vemos que todas las cosas le sean sujetas". ¿Por qué no? Porque el hombre lo perdió todo al caer. Pero vemos a Jesús, "que fue hecho un poco menor que los ángeles", es decir, fue hecho hombre, a fin de que todo aquel que crea pueda ser restaurado a la herencia perdida. Por lo tanto, la herencia perdida será restaurada a los redimidos tan ciertamente como que Jesús murió y resucitó, y tan ciertamente como serán salvos por su muerte y resurrección aquellos que creen en Él.

Así lo indican las primeras palabras del texto citado del libro de Hebreos: "Dios no sujetó a los ángeles el mundo venidero, acerca del cual estamos hablando". ¿Lo sujetó al hombre? Sí, puesto que lo sujetó al hombre al crear la tierra, y Cristo tomó el estado caído del hombre a fin de redimir ambos, el hombre y su posesión perdida, dado que vino a salvar lo que se había perdido; y puesto que en Él obtuvimos una herencia, es evidente que en Cristo tenemos en sujeción el mundo venidero, lo que equivale a decir la tierra renovada, tal como fue antes de la caída.

Las palabras del profeta Isaías lo muestran igualmente: "Avergonzados y afrentados serán todos ellos; afrentados irán todos los que fabrican imágenes. Israel será salvo en Jehová con salvación eterna; nuca más os avergonzaréis ni seréis afrentados. Porque así dice Jehová, que creó los cielos. Él es Dios, el que formó la tierra, el que la hizo y la compuso. No la creó en vano, sino para que fuera habitada la creó: 'Yo soy Jehová y no hay otro. No hablé en secreto, en un lugar oscuro de la tierra; ni dije a la simiente de Jacob: 'En vano me buscáis'. Yo soy Jehová, que hablo justicia, que anuncio rectitud'" (Isa. 45:16-19).

El Señor formó la tierra para que fuera habitada, y puesto que Él hace todas las cosas según el consejo de su voluntad, podemos estar seguros de que su plan se llevará a buen término. Pero cuando hizo la tierra, el mar y todas las cosas que hay en ellos, (incluyendo al hombre), "vio Dios todo cuanto había hecho, y era bueno en gran manera" (Gén. 1:31). Dado que el plan de Dios va a llevarse a cabo, resulta evidente que la tierra tiene aún que ser habitada por seres humanos que sean buenos en gran manera, y eso implicará, cuando suceda, una condición perfecta.

Cuando Dios hizo al hombre, lo coronó "de gloria y de honra", dándole señorío sobre "las obras de sus manos". Por lo tanto, era rey; y como su corona indica, su reino era un reino de gloria. Pero por el pecado perdió el reino y la gloria, "por cuanto todos pecaron y están destituidos de la gloria de Dios" (Rom. 3:23). Jesús descendió entonces hasta su lugar, y mediante la muerte, que él experimentó por todos, vino a resultar "coronado de gloria y de honra". Se trata de "Jesucristo hombre" (1ª Tim. 2:5), quien recuperó con ello el señorío perdido por el primer hombre Adán. Lo hizo así con el objetivo de "llevar a muchos hijos a la gloria". En él hemos obtenido una herencia; y puesto que es "Jesucristo hombre" quien subió al "cielo mismo, para presentarse ahora por nosotros ante Dios" (Heb. 9:24), es evidente que el mundo venidero, que es la tierra nueva –el "señorío primero"–, es la porción del hombre.

Los siguientes textos lo hacen igualmente prominente: "Cristo fue ofrecido una sola vez para llevar los pecados de muchos; y aparecerá por segunda vez, sin relación con el pecado, para salvar a los que lo esperan" (Heb. 9:28). Cuando fue ofrecido, llevó la maldición a fin de poder quitarla. "Cristo nos redimió de la maldición de la ley, haciéndose maldición por nosotros (pues está escrito: 'Maldito todo el que es colgado en un madero')" (Gál. 3:13). Pero cuando vino sobre el hombre la maldición de la ley, vino también sobre la tierra, puesto que el Señor dijo a Adán: "Por cuanto obedeciste la voz de tu mujer y comiste del árbol de que te mandé diciendo: 'No comerás de él', maldita será la tierra por tu causa; con dolor comerás de ella todos los días de tu vida, espinos y cardos te producirá" (Gén. 3:17 y 18). Cuando Cristo fue traidoramente entregado en manos de hombres pecadores, "pusieron sobre su cabeza una corona tejida de espinas, y una caña en su mano derecha; e hincando la rodilla delante de él, se burlaban, diciendo: –¡Salve, rey de los judíos! Le escupían, y tomando la caña lo golpeaban en la cabeza" (Mat. 27:29). Así pues, cuando Cristo llevó la maldición del hombre, al mismo tiempo llevó la maldición de la tierra. Por lo tanto, cuando viene a salvar a los que aceptaron su sacrificio, viene también a renovar la tierra.

Los tiempos de la restauración

Dijo el apóstol Pedro: "Y él envíe a Jesucristo, que os fue antes anunciado. A este, ciertamente, es necesario que el cielo reciba hasta los tiempos de la restauración de todas las cosas, de que habló Dios por boca de sus santos profetas que han sido desde tiempo antiguo" (Hech. 3:20 y 21). Y así, tenemos las palabras del propio Cristo: "Cuando el Hijo del hombre venga en su gloria y todos los santos ángeles con él, entonces se sentará en su trono de gloria, y serán reunidas delante de él todas las naciones; entonces apartará los unos de los otros, como aparta el pastor las ovejas de los cabritos. Y pondrá las ovejas a su derecha y los cabritos a su izquierda. Entonces el rey dirá a los de su derecha: 'Venid, benditos de mi Padre, heredad el reino preparado para vosotros desde la fundación del mundo'" (Mat. 25:31-34). Eso será la consumación de la obra del evangelio.

Volvamos ahora a las palabras del apóstol en el primer capítulo de Efesios. Leímos allí que en Cristo estamos predestinados a ser adoptados como hijos; y tal como vimos en otro lugar, si somos hijos somos herederos de Dios, y coherederos con Jesucristo. Por lo tanto, en Cristo hemos obtenido una herencia, ya que él ganó la victoria, y está sentado a la diestra del Padre, aguardando el tiempo en el que sus enemigos sean puestos por estrado de sus pies, y todas las cosas le sean sujetas. Eso es tan seguro como que él venció. Como prenda de esa herencia que tenemos en él, nos ha dado el Espíritu Santo. Es de la misma naturaleza que la herencia, haciendo así que conozcamos cuáles son las riquezas de la gloria de la herencia. Dicho de otro modo, la comunión con el Espíritu da a conocer la comunión del misterio.

El Espíritu es el representante de Cristo. Por lo tanto, el Espíritu morando en el hombre es Cristo en el hombre, la esperanza de gloria (Col. 1:27). Y Cristo en el hombre es poder creador en el hombre, haciendo de él una nueva criatura. El Espíritu es dado "conforme a las riquezas de su gloria", y esa es la medida del poder por medio del cual hemos de ser fortalecidos. Así, las riquezas de la gloria de la herencia, dadas a conocer por el Espíritu, no es otra cosa que el poder por medio del cual Dios creará de nuevo todas las cosas mediante Jesucristo, como en el principio, y por medio del cual creará de nuevo al hombre, de forma que se corresponda con esa herencia gloriosa. Es así como, al serles dado el Espíritu en su plenitud, aquellos que lo reciben, "gustaron de la buena palabra de Dios y los poderes del mundo venidero" (Heb. 6:5).

Por lo tanto, el evangelio no es algo que pertenezca exclusivamente al futuro. Es algo presente y personal. Es el poder de Dios para salvación para todo aquel que cree, o que está creyendo. Mientras que creemos tenemos el poder, y ese poder es el poder por el que el mundo venidero ha de ser preparado para nosotros, tal como lo fue al principio. Por lo tanto, al estudiar la promesa de la herencia estamos simplemente estudiando el poder del evangelio para salvarnos en el presente mundo malo.

¿Quiénes son los herederos?

"Y si vosotros sois de Cristo, ciertamente descendientes de Abraham sois, y herederos según la promesa" (Gál. 3:29).

¿De qué somos herederos, al ser descendientes de Abraham? Evidentemente, de la promesa hecha a Abraham. Pero si somos de

Cristo, somos herederos con él; ya que los que tienen el Espíritu son de Cristo (Rom. 8:9), y los que tienen el Espíritu son herederos de Dios y coherederos juntamente con Cristo. Así, ser coheredero con Cristo es ser heredero de Abraham.

"Herederos según la promesa". ¿Qué promesa? La promesa hecha a Abraham, desde luego. ¿Cuál fue esa promesa? Leamos la respuesta en Romanos 4:13: "La promesa de que sería heredero del mundo, fue dada a Abraham y a su simiente no por la ley sino por la justicia de la fe". Por lo tanto, los que son de Cristo son herederos del mundo. Lo hemos podido comprobar ya previamente a partir de muchos textos, pero ahora lo vemos en definida relación con la promesa hecha a Abraham.

Hemos considerado también que la herencia ha de ser otorgada en la venida del Señor, ya que es al venir en su gloria cuando dirá a los justos: "Venid, benditos de mi Padre, heredad el reino preparado para vosotros desde la fundación del mundo" (Mat. 25:34). El mundo fue creado para ser la habitación del hombre, y le fue dado a él. Pero ese dominio se perdió. Es cierto que el hombre vive hoy en la tierra, pero no está gozando de la herencia que Dios le dio originalmente. Esta consistía en la posesión de una creación perfecta, por parte de seres perfectos. Pero hoy ni siquiera la posee, puesto que "generación va y generación viene, pero la tierra siempre permanece" (Ecl. 1:4). Mientras que la tierra permanece para siempre, "nuestros días sobre la tierra, [son] cual sombra que no dura" (1º Crón. 29:15). Nadie posee realmente nada de este mundo. Los hombres luchan y se esfuerzan por amasar riqueza, y entonces "dejan a otros sus riquezas" (Sal. 49:10). Pero Dios hace todas sus obras según el consejo de su voluntad; ni uno sólo de sus propósitos dejará de cumplirse; y así, tan pronto como el hombre pecó y perdió su herencia, se prometió la restauración mediante Cristo, en estas palabras: "Pondré enemistad entre ti y la mujer, y entre tu simiente y la simiente suya; esta te herirá en la cabeza, y tú la herirás en el talón" (Gén. 3:15). En esas palabras se predijo la destrucción de Satanás y toda su obra. Se predijo la "salvación tan grande" que había sido "anunciada primeramente por el Señor" (Heb. 2:3). De esa forma, "el señorío primero" (Miq. 4:8), "el reino, el dominio y la majestad de los reinos debajo de todo el cielo [serán] dados al pueblo de los santos del Altísimo, cuyo reino es reino eterno, y todos los dominios lo servirán y obedecerán" (Dan. 7:27). Esa será una posesión real, puesto que será eterna.

La promesa de su venida

Pero todo lo anterior se ha de consumar cuando el Señor venga en su gloria, a quien "es necesario que el cielo reciba hasta los tiempos de la restauración de todas las cosas, de que habló Dios por boca de sus santos profetas que han sido desde tiempo antiguo" (Hech. 3:21). Por lo tanto, la venida del Señor para restaurar todas las cosas, ha sido la gran esperanza puesta ante la iglesia desde la misma caída del hombre. Los fieles han esperado siempre ese evento, y aunque el tiempo pareciera alargarse, y la mayoría del pueblo dudara de la promesa, es tan segura como la palabra del Señor. La siguiente porción de la Escritura describe vívidamente la promesa, las dudas de los incrédulos, y la certeza del cumplimiento de la promesa:

"Amados, ésta es la segunda carta que os escribo. Ambas son para estimular vuestro limpio entendimiento, para que recordéis las palabras dichas en el pasado por los santos profetas, y el mandato del Señor y Salvador dado por vuestros apóstoles. Ante todo, sabed que en los últimos días vendrán burladores, que sarcásticos, andarán según sus bajos deseos, y dirán: '¿Dónde está la promesa de su venida? Desde que los padres durmieron, todas las cosas siguen como desde el principio de la creación'. Pero ellos intencionadamente ignoran que en el tiempo antiguo, los cielos fueron hechos por la palabra de Dios, y la tierra surgió del agua y fue establecida entre aguas. Por eso el mundo de entonces pereció anegado en agua, y los cielos y la tierra de ahora son conservados por la misma Palabra, guardados para el fuego del día del juicio, y de la destrucción de los hombres impíos. Pero, amados, no ignoréis esto: Para el Señor, un día es como mil años, y mil años como un día. El Señor no demora en cumplir su promesa, como algunos piensan, sino que es paciente para con nosotros, porque no quiere que ninguno perezca, sino que todos procedan al arrepentimiento. Pero el día del Señor vendrá como ladrón. Entonces los cielos desaparecerán con gran estruendo; los elementos serán destruidos por el fuego, y la tierra y todas sus obras serán quemadas. Siendo que todo será destruido, ¿qué clase de personas debéis ser en santa y piadosa conducta, esperando y acelerando la venida del día de Dios? En ese día los cielos serán encendidos y deshechos, y los elementos se fundirán abrasados por el fuego. Pero, según su promesa, esperamos un cielo nuevo y una tierra nueva, donde habita la justicia" (2ª Ped. 3:1-13).

Leamos ahora de nuevo el pasaje, y observemos los siguientes puntos: Los que se burlan de la promesa del retorno del Señor lo hacen ignorando voluntariamente algunos de los eventos más importantes y más claramente expuestos en la Biblia, como son la creación y el diluvio. La palabra del Señor creó los cielos y la tierra en el principio. "Por la palabra de Jehová fueron hechos los cielos; y todo el ejército de ellos, por el aliento de su boca" (Sal. 33:6). Por la misma palabra la tierra quedó cubierta por el agua, dándose la circunstancia de que el agua que la tierra almacenaba contribuyó a su destrucción. Fue destruida por el agua. La tierra, tal como hoy la conocemos, apenas conserva un parecido con lo que fue antes del diluvio. La misma palabra que creó y destruyó la tierra, es la que la sostiene hoy, hasta el tiempo de la destrucción de los hombres impíos, cuando se convierta en un lago de fuego en lugar de un lago de agua. "Pero, según su promesa, esperamos un cielo nuevo y una tierra nueva, donde habita la justicia". La misma palabra es la que lo cumple todo.

El gran clímax

Así, resulta evidente que la venida del Señor es el gran evento al que han señalado todas las cosas, desde la propia caída. "La promesa de su venida" es lo mismo que la promesa de un cielo y una tierra nuevos. Esa fue la promesa hecha a los "padres". Los que se burlan de ella no pueden negar que la Biblia contiene esa promesa, pero, puesto que no ha ocurrido ningún cambio aparente desde que los padres durmieron, piensan que no hay probabilidad alguna de que se cumpla. Ignoran el hecho de que las cosas han cambiado mucho desde el principio de la creación; y han olvidado que la palabra del Señor permanece para siempre. "El Señor no demora en cumplir su promesa". Obsérvese que está en singular; no habla de promesas, sino de promesa. Es un hecho el que Dios no olvida ninguna de sus promesas, pero el apóstol Pedro está aquí refiriéndose a una promesa definida, que es la de la venida del Señor y la restauración de la tierra. Se tratará realmente de una "tierra nueva", puesto que será restaurada a la condición en la que estaba cuando fue hecha al principio.

Aunque ha pasado mucho tiempo –según ve las cosas el hombre– desde que se hizo la promesa, "el Señor no demora en cumplir su promesa", puesto que él posee todo el tiempo. Mil años son para él como un día. Por lo tanto, ha transcurrido escasamente una semana desde que se hizo la promesa por primera vez, en el tiempo de la caída. Sólo ha pasado la mitad de una semana desde que "los padres durmieron". El paso de unos pocos miles de años en nada ha disminuido la promesa de Dios. Es tan cierta como cuando se la hizo por primera vez. Dios no ha olvidado. El único motivo por el que se ha dilatado tanto es porque "es paciente para con nosotros, porque no quiere que ninguno perezca, sino que todos procedan al arrepentimiento". Por lo tanto, "entended que la paciencia de nuestro Señor significa salvación" (2ª Ped. 3:15), y debiera ser objeto de agradecimiento por el gran favor otorgado, en lugar de considerar su misericordioso retardo como evidencia de falta de fidelidad por su parte.

No se debe olvidar que si bien mil años son como un día para el Señor, también un día es para Él como mil años. ¿Qué significa eso? Simplemente, que mientras que el Señor puede esperar un tiempo prolongado –a decir del hombre–, antes de llevar a cabo sus planes, eso nunca debiera tomarse como una evidencia de que en cualquier momento del proceso, una cantidad determinada de trabajo va a precisar necesariamente la misma cantidad de tiempo que tomó en el pasado. Para el Señor es tan bueno un día como mil años, si es que su voluntad decidió que la obra de mil años se realice en un día.

Y eso pronto va a suceder, "porque palabra consumadora y abreviadora en justicia, porque palabra abreviada, hará el Señor sobre la tierra" (Rom. 9:28). Un día será suficiente para la obra de mil años. El día de Pentecostés no fue sino una muestra del poder con el que el evangelio ha de avanzar en el futuro.

Y tras haber resumido lo que realmente representa el evangelio del reino, y habernos referido a la promesa hecha a los padres como fundamento de nuestra fe, pasaremos a estudiar más detenidamente la promesa, comenzando por Abraham, de quien debemos ser hijos, si es que somos coherederos con Cristo.

Capítulo 3

La promesa a Abraham

AL estudiar esta promesa hemos de tener siempre presentes dos porciones de la Escritura. La primera son las palabras de Jesús: "Escudriñad las Escrituras, porque a vosotros os parece que en ellas tenéis la vida eterna, y ellas son las que dan testimonio de mí". "Porque si creyerais a Moisés, me creeríais a mí, porque de mí escribió él. Pero si no creéis a sus escritos, ¿cómo creeréis a mis palabras?" (Juan 5:39, 46 y 47).

Las únicas Escrituras existentes en los días de Cristo eran los libros que hoy conocemos como Antiguo Testamento. Pues bien: dan testimonio de él. No fueron escritas con un propósito distinto a ese. El apóstol Pablo afirmó que son capaces de hacer al hombre sabio para salvación, por la fe que es en Cristo Jesús (2ª Tim. 3:15); y de entre esos escritos, el Señor señaló especialmente los libros de Moisés como revelándolo a él. Aquel que lee los escritos de Moisés, y todo el Antiguo Testamento, con cualquier otra expectativa distinta de encontrar a Cristo, y mediante él el camino de la vida, los lee en vano y fracasará totalmente en comprenderlos.

El otro texto es 2ª Corintios 1:19 y 20: "El Hijo de Dios, Jesucristo, que entre vosotros ha sido predicado por nosotros –por mí, Silvano y Timoteo–, no ha sido 'sí' y 'no', sino solamente 'sí' en él, porque *todas las promesas de Dios son en él* 'sí', y en él 'Amén', por medio de nosotros, para gloria de Dios". Dios no ha hecho ninguna promesa al hombre, que no sea mediante Cristo. La fe personal en Cristo es lo necesario a fin de recibir cualquier cosa que Dios haya prometido. Dios no hace acepción de personas. Ofrece gratuitamente sus riquezas a cualquiera; pero nadie puede tener parte alguna en ellas sin aceptar a Cristo. Eso es perfectamente justo, puesto que Cristo es dado a todos, si es que lo quieren tener.

Teniendo presentes esos principios, leemos el primer relato de la promesa de Dios a Abraham: "Jehová había dicho a Abram: 'Vete de tu tierra, de tu parentela y de la casa de tu padre, a la tierra que te mostraré. Haré de ti una nación grande, te bendeciré, engrandeceré tu nombre y serás bendición. Bendeciré a los que te bendigan, y a los que te maldigan maldeciré; y serán benditas en ti todas las familias de la tierra'" (Gén. 12:1-3).

Podemos ver desde el mismo principio que esta promesa a Abraham era una promesa en Cristo. Escribió el apóstol Pablo: "La Escritura, previendo que Dios había de justificar por la fe a los gentiles, dio de antemano la buena nueva [el evangelio] a Abraham, diciendo: 'En ti serán benditas todas las naciones'. De modo que los que tienen fe son bendecidos con el creyente Abraham" (Gál. 3:8 y 9). Eso nos muestra que cuando Dios dijo que en Abraham serían benditas todas las familias de la tierra, le estaba predicando el evangelio. La bendición que había de llegar a todo ser humano en la tierra por medio de él, llegaría solamente a aquellos que tuvieran fe.

Abraham y la cruz

La predicación del evangelio es la predicación de la cruz de Cristo. Así, el apóstol Pablo afirmó haber sido enviado a predicar el evangelio, pero no en sabiduría de palabras, para que no fuese hecha vana la cruz de Cristo. Añadió a continuación que la predicación de la cruz es el poder de Dios para los que se salvan (1ª Cor. 1:17 y 18). Y eso no es más que otra forma de decir que se trata del evangelio, ya que el evangelio es el poder de Dios para salvación (Rom. 1:16). Por lo tanto, dado que la predicación del evangelio es la predicación de la cruz de Cristo (y no hay salvación por ningún otro medio), y dado que Dios predicó el evangelio a Abraham cuando le dijo, "serán benditas en ti todas las familias de la tierra", es evidente que en esa promesa se le dio a conocer a Abraham la cruz de Cristo, y que sólo mediante la cruz se podía cumplir la promesa.

El capítulo tercero de Gálatas lo aclara fuera de toda duda. A continuación de afirmar que la promesa de la bendición es para todas las naciones de la tierra mediante Abraham, y que los que son de la fe son bendecidos con el creyente Abraham, el apóstol continúa así: "Cristo nos redimió de la maldición de la ley, haciéndose maldición por nosotros (pues está escrito: 'Maldito todo el que es colgado en un madero'), para que en Cristo Jesús la bendición de Abraham alcanzara a los gentiles, a fin de que por la fe recibiéramos la promesa del Espíritu" (Gál. 3:13 y 14). Se afirma aquí de la forma más explícita que la bendición de Abraham, que habría de venir a todas las familias de la tierra, lo haría exclusivamente mediante la cruz de Cristo.

Ese es un punto que ha de quedar bien fijado en la mente desde el mismo principio. Toda la confusión relativa a las promesas de Dios a Abraham y a su simiente, proviene de no reconocer en ellas el evangelio de la cruz de Cristo. Si se recordara continuamente que todas las promesas de Dios son en Cristo, que sólo mediante su cruz son alcanzables, y que en consecuencia son de naturaleza espiritual y eterna, no habría dificultad, y el estudio de la promesa a los padres será una delicia y una bendición.

Leemos que Abraham, obedeciendo al llamado del Señor, se fue de casa de su padre y de su tierra nativa.

"Tomó, pues, Abram a Sarai, su mujer, y a Lot, hijo de su hermano, y todos los bienes que habían ganado y las personas que habían adquirido en Harán, y salieron para ir a tierra de Canaán. Llegaron a Canaán, y pasó Abram por aquella tierra hasta el lugar de Siquem, donde está la encina de More. El cananeo vivía entonces en la tierra. Y se apareció Jehová a Abram, y le dijo: 'A tu simiente daré esta tierra'. Y edificó allí un altar a Jehová, quien se le había aparecido. De allí pasó a un monte al oriente de Bet-el, y plantó su tienda entre Bet-el al occidente y Haqi al oriente; edificó en ese lugar un altar a Jehová, e invocó el nombre de Jehová" (Gén. 12:5-8).

Es muy necesario que percibamos desde el mismo comienzo el significado real de las promesas de Dios, y su trato con Abraham. Eso hará fácil nuestra lectura subsiguiente, puesto que consistirá en la aplicación de esos principios. En esta última Escritura se introducen unos pocos temas que ocupan un lugar muy prominente en este estudio, y vamos a destacarlos aquí. Para empezar,

La simiente

El Señor dijo a Abraham, después que llegó a la tierra de Canaán: "A tu simiente daré esta tierra". Si nos ciñésemos a las Escrituras no tendríamos dificultad alguna en saber quién es la simiente. "A Abraham fueron hechas las promesas, y a su simiente. No dice: 'Y a simiente, como si hablara de muchos, sino como de uno: 'Y a tu simiente', la cual es Cristo" (Gál. 3:16). Eso debiera despejar toda duda al respecto por siempre. La simiente de Abraham, a quien fue hecha la promesa, es Cristo. Él es el heredero.

Pero nosotros podemos también ser coherederos con Cristo. "Todos los que habéis sido bautizados en Cristo, de Cristo estáis revestidos. Ya no hay judío ni griego; no hay esclavo ni libre; no hay hombre ni mujer, porque todos vosotros sois uno en Cristo Jesús. Y si vosotros sois de Cristo, ciertamente descendientes de Abraham sois, y herederos según la promesa" (Gál. 3:27-29).

Los que han sido bautizados en Cristo están revestidos de Él, por lo tanto están incluidos en Él. Así, al decir que Cristo es la simiente de Abraham, a quien fueron hechas las promesas, quedan incluidos todos los que están en Cristo. Pero la promesa no incluye nada que esté fuera de Cristo. Pretender que la herencia prometida a la simiente de Abraham podía ser poseída por cualquiera, excepto por los que son de Cristo –mediante la fe en Él–, es ignorar el evangelio y negar la palabra de Dios. "Si alguno está en Cristo, nueva criatura es" (2ª Cor. 5:17).

Por lo tanto, puesto que la promesa de la posesión de la tierra fue hecha a Abraham y a su simiente, que es Cristo y todos los que están en Él mediante el bautismo, y que por lo tanto son nuevas criaturas, se deduce que la promesa de la tierra se refería solamente a quienes fueran nuevas criaturas en Cristo, – hijos de Dios por la fe en Jesucristo.

Eso es una evidencia adicional de que todas las promesas de Dios lo son en Cristo, y de que las promesas a Abraham pueden obtenerse sólo mediante la cruz de Cristo. No olvidemos, pues, ese principio ni por un momento al leer sobre Abraham y la promesa que se le hizo a él y a su simiente: el principio de que la simiente es Cristo y los que están en él. Y nadie más.

La tierra

Abraham estaba en tierra de Canaán cuando Dios le dijo:

"A tu simiente daré esta tierra". Observemos ahora las palabras que dirigió a sus perseguidores el mártir Esteban, lleno del Espíritu Santo y con su rostro radiante como el de un ángel: "El Dios de la gloria se apareció a nuestro padre Abraham cuando aún estaba en Mesopotamia, antes que viviera en Harán, y le dijo: 'Sal de tu tierra y de tu parentela y vete a la tierra que yo te mostraré'. Entonces salió de la tierra de los Caldeos y habitó en Harán; y de allí, cuando murió su padre, Dios lo trasladó a esta tierra, en la cual vosotros habitáis ahora" (Hech. 7:2-4).

Eso no es más que una repetición de lo que hemos leído ya en el capítulo 12 de Génesis. Leamos ahora el siguiente versículo:

"Y no le dio herencia en ella, ni siquiera para asentar un pie; mas le prometió que se la daría en posesión a él, y a su simiente después de él, cuando él aún no tenía hijo" (Hech. 7:5)

Eso nos muestra que, aunque en ocasiones se declara simplemente: "a tu simiente daré esta tierra", el propio Abraham está incluido en la promesa. Eso es muy evidente en las repeticiones de la promesa que se encuentran en el libro de Génesis.

Pero nos muestra aún más: que Abraham no recibió realmente ninguna tierra en herencia. Ni siquiera la porción necesaria para poner un pie sobre ella; sin embargo Dios se la había prometido a él y a su simiente después de él. ¿Qué diremos a esto? ¿Falló la promesa de Dios? De ninguna manera. Dios no miente (Tito 1:2), él permanece fiel (2ª Tim. 2:13). Abraham murió sin haber recibido la herencia prometida; sin embargo, murió en la fe. Por lo tanto, debemos en ello aprender la lección que el Espíritu Santo quería que aprendieran los judíos: que la herencia prometida podía obtenerse solamente mediante Jesús y la resurrección.

Las palabras del apóstol Pedro lo aclaran igualmente:

"Vosotros sois los hijos de los profetas y del pacto que Dios hizo con nuestros padres diciendo a Abraham: 'En tu simiente serán benditas todas las familias de la tierra'. A vosotros primeramente, Dios, habiendo levantado a su Hijo, lo envió para que os bendijera, a fin de que cada uno se convierta de su maldad" (Hech. 3:25 y 26).

La bendición de Abraham, tal como ya hemos visto, viene sobre los gentiles –todas las familias de la tierra–, mediante Jesucristo y su cruz; pero la bendición de Abraham está relacionada con la promesa referente a la tierra de Canaán. También esa tierra habría de ser poseída solamente mediante Cristo y la resurrección. De haber sido de otro modo, Abraham habría resultado defraudado, en lugar de morir en la plena fe de la promesa, como sucedió. Pero eso se hará más evidente al avanzar en nuestro estudio.

Capítulo 4

Un altar

ALLÍ donde Abraham fuese, edificaba un altar al Señor. Es preciso recordar que la promesa de que todas las naciones habrían de ser bendecidas en Abraham, especificaba hasta incluso las familias. La religión de Abraham era una religión de la familia. Nunca descuidó el altar familiar. No se trata de vacío lenguaje figurado, sino de la práctica real de los padres a quien 4 es fue hecha la promesa; promesa que compartimos si tenemos la fe y práctica que ellos tuvieron.

Un ejemplo para los padres

Dios dijo de Abraham: "Yo sé que mandará a sus hijos, y a su casa después de sí, que guarden el camino de Jehová haciendo justicia y juicio, para que haga venir Jehová sobre Abraham lo que ha hablado acerca de él" (Gén. 18:19).

Observa las palabras: "mandará a sus hijos, y a su casa después de sí, *que guarden el camino de Jehová haciendo justicia y juicio*". No dispondría simplemente que lo hicieran así, dejando luego el asunto olvidado, sino que, después de haber dado mandamiento, el resultado sería que guardarían el camino del Señor. Es decir, su enseñanza iba a ser efectiva.

Podemos estar seguros de que los mandamientos que Abraham dio a sus hijos y familia no eran duros ni arbitrarios. Los comprendemos mejor al considerar la naturaleza de los mandamientos de Dios. "Sus mandamientos no son gravosos" (1ª Juan 5:3). "Su mandamiento es vida eterna" (Juan 12:50). Quien desee seguir el ejemplo de Abraham dirigiendo a su familia mediante reglas duras y arbitrarias, y actuando como un juez severo o como un tirano, amenazando con lo que va a hacer si sus órdenes no son obedecidas y ejecutadas sus decisiones, no según un espíritu de amor –porque son correctas–, sino por ser más fuerte que sus hijos y porque están bajo su poder, tiene mucho que aprender del Dios de Abraham. "Vosotros, padres, no provoquéis a ira a vuestros hijos, sino criadlos en disciplina y amonestación del Señor" (Efe. 6:4).

Al mismo tiempo podemos estar seguros de que sus mandamientos no eran como los de Elí: débiles y quejumbrosas reprensiones a sus impíos e inservibles hijos: "¿Por qué hacéis cosas semejantes? Oigo hablar a todo este pueblo vuestro mal proceder. No, hijos míos, porque no es buena fama la que yo oigo" (1° Sam. 2:23 y 24). Se pronunció juicio contra él y su casa, "porque sus hijos han blasfemado contra Dios y él no se lo ha impedido" (1° Sam. 3:13). En contraste, Abraham trasmitió la bendición por toda la eternidad, debido a que los mandamientos que dio a sus hijos tuvieron poder para impedir el mal.

Abraham había de ser una bendición para todas las familias. Allí donde iba, era una bendición. Pero esa bendición comenzó en su familia. Allí estuvo el centro. La influencia del cielo llegó a sus vecinos a partir del círculo de la familia.

Y ahora bien podemos prestar particular atención a la afirmación de que cuando Abraham edificó un altar, "invocó el nombre de Jehová" (Gén. 12:8; 13:4). Young [versión literal] lo traduce así: "Predicó en el nombre de Jehová". Sin prestar atención a los varios lugares en donde aparece la misma expresión, hay que notar que la terminología en hebreo es idéntica a la de Éxodo 34:5, donde leemos que el Señor descendió en la nube, permaneció al lado de Moisés, y "proclamó el nombre de Jehová". Por lo tanto, podemos comprender que cuando Abraham edificó el altar de familia, no estaba simplemente instruyendo a su familia inmediata, sino que "proclamó el nombre de Jehová" a todo el mundo a su alrededor. Lo mismo que Noé, Abraham fue un pregonero de justicia (2ª Ped. 2:5). Dios predicó el evangelio a Abraham, y este lo predicó a otros.

Abraham y Lot

"Abraham era riquísimo en ganado, y en plata y oro". "También Lot, que iba con Abram, tenía ovejas, vacas y tiendas. Y la tierra no era suficiente para que habitaran juntos, pues sus posesiones eran muchas y no podían habitar en un mismo lugar. Hubo contienda entre los pastores del ganado de Abram y los pastores del ganado de Lot. (El cananeo y el ferezeo habitaban entonces en la tierra). Entonces Abram dijo a Lot: 'No haya ahora altercado entre nosotros dos ni entre mis pastores y los tuyos, porque somos hermanos'" (Gén. 13:2, 5-8).

Cuando comprendemos la naturaleza de la promesa de Dios a Abraham, podemos comprender el secreto de su generosidad. Supongamos que Lot escogiera la mejor parte del país; eso no haría ninguna diferencia por lo que respecta a la herencia de Abraham: Teniendo a Cristo, tenía todas las cosas. Su preocupación no estaba centrada en sus posesiones en la vida presente, sino en la porvenir. Aceptaría con agradecimiento la prosperidad que el Señor dispusiera enviarle; pero si sus riquezas en esta vida fueran exiguas, eso en nada disminuiría la herencia que se le prometió.

Nada hay como la presencia y bendición de Cristo para poner fin a toda disputa, o para evitarla. En la acción de Abraham encontramos un verdadero ejemplo cristiano. Como el de más edad, podía haber invocado su dignidad y exigido sus "derechos". Pero no podía hacer así en tanto en cuanto cristiano. El amor "no busca lo suyo". Abraham manifestó el verdadero espíritu de Cristo. Cuando los profesos cristianos son ávidos en reclamar las cosas de este mundo, y temen ante la perspectiva de ser privados de algunos de sus derechos, demuestran indiferencia hacia la herencia eterna que Cristo ofrece.

La promesa repetida

La cortesía cristiana de Abraham, que era el resultado de su fe en la promesa mediante Cristo, no pasó desapercibida al Señor. Leemos:

"Jehová dijo a Abram, después que Lot se apartó de él: 'Alza ahora tus ojos y, desde el lugar donde estás, mira al norte y al sur, al oriente y al occidente. Toda la tierra que ves te la daré a ti y a tu simiente para siempre. Haré tu simientecomo el polvo de la tierra: que si alguno puede contar el polvo de la tierra, también tu simienteserá contada. Levántate y recorre la tierra a lo largo y a lo ancho, porque a ti te la daré'" (Gén. 13:14-17).

No olvidemos que "a Abraham fueron hechas las promesas, y a su simiente. No dice: 'Y a los descendientes', como si hablara de muchos, sino como de uno: 'Y a tu simiente', la cual es Cristo" (Gál. 3:16). No hay otra simiente de Abraham fuera de Cristo y de los que son de él. Por lo tanto, esa incontable prosperidad que se prometió a Abraham es idéntica a la referida en esta otra Escritura: "Después de esto miré, y vi una gran multitud, la cual nadie podía contar, de todas las naciones, tribus, pueblos y lenguas. Estaban delante del trono y en la presencia del Cordero, vestidos de ropas blancas y con palmas en sus manos. Clamaban a gran voz, diciendo: '¡La salvación pertenece a nuestro Dios, que está sentado en el trono, y al Cordero!'". "Entonces uno de los ancianos habló, diciéndome: 'Estos que están vestidos de ropas blancas, ¿quiénes son y de dónde han venido?' Yo le dije: 'Señor, tú lo sabes'. Él me dijo: 'Estos son los que han salido de la gran tribulación; han lavado sus ropas y las han blanqueado en la sangre del Cordero'" (Apoc. 7:9 y 10, 13 y 14).

Hemos visto ya que la bendición de Abraham viene a todas las naciones mediante la cruz de Cristo, de forma que en la declaración de que esa inmensa multitud lavó sus ropas y las blanqueó en la sangre del Cordero, vemos el cumplimiento de la promesa hecha a Abraham a propósito de una simiente imposible de contar. "Y si vosotros sois de Cristo, ciertamente descendientes de Abraham sois, y herederos según la promesa" (Gál. 3:29).

Es preciso observar que en la repetición de la promesa, en el capítulo 13 de Génesis, la *tierra* tiene un lugar muy prominente. Lo vimos en nuestro estudio precedente, y lo volveremos a encontrar como rasgo fundamental de la promesa, allí donde esta aparezca.

Abraham y Melquisedec

La breve historia de Melquisedec es el eslabón que une nuestros tiempos con Abraham y los suyos, y que muestra que la así llamada "dispensación cristiana", existía en los días de Abraham tanto como ahora. El capítulo 14 de Génesis nos dice todo lo que sabemos sobre Melquisedec. El capítulo 7 de Hebreos repite la historia, y hace algunos comentarios sobre ella. Hay también referencias a Melquisedec en el capítulo 6, y en Salmo 110:4.

Esta es la historia: Abraham estaba regresando de una expedición contra los enemigos que habían tomado prisionero a Lot, cuando Melquisedec le salió al encuentro, trayéndole pan y vino. Melquisedec era rey de Salem, y sacerdote del Dios Altísimo. En esa calidad bendijo a Abraham, y éste le dio el diezmo del botín recuperado. Esa es la historia, pero a partir de ella aprendemos lecciones de gran importancia.

En primer lugar vemos que Melquisedec tenía un rango superior a Abraham ya que "sin discusión alguna, el menor es bendecido por el mayor" (Heb. 7:7), y también porque Abraham le dio el diezmo. Era un tipo de Cristo; era "a semejanza del Hijo de Dios" (Heb. 7:3). Era una figura de Cristo por ser al mismo tiempo rey y sacerdote. Su nombre significa "Rey de justicia", y Salem, de la que era rey, significa "paz"; por lo tanto, no era sólo sacerdote, sino rey de justicia y rey de paz. De Cristo está escrito: "Jehová dijo a mi Señor: 'Siéntate a mi diestra, hasta que ponga a tus enemigos por estrado de tus pies'". "Juró Jehová y no se arrepentirá: 'Tu eres sacerdote para siempre según el orden de Melquisedec'" (Sal. 110:1, 4). Y el nombre con el que se lo llamará es "Jehová, justicia nuestra" (Jer. 23:6).

Las Escrituras se refieren en estos términos a la realeza del sacerdocio de Cristo: "Le hablarás, diciendo: 'Así ha hablado Jehová de los ejércitos, diciendo': He aquí el varón cuyo nombre es el Renuevo; el cual brotará de sus raíces, y edificará el templo de Jehová. Él edificará el templo de Jehová, y él llevará la gloria, y se sentará y dominará en su trono, y habrá sacerdote a su lado; y consejo de paz habrá entre ambos" (Zac. 6:12 y 13).

El poder por el que Cristo, como sacerdote, hace reconciliación por los pecados del pueblo, es el poder del trono de Dios sobre el que se sienta.

Pero el punto principal, en referencia a Melquisedec, es que Abraham vivió en la misma "dispensación" que nosotros. El sacerdocio era entonces del mismo orden que ahora. No es solamente que seamos los hijos de Abraham, si somos de la fe; además, nuestro Sumo Sacerdote –quien subió a los cielos–, ha sido hecho por juramento de Dios Sumo Sacerdote para siempre "según el orden de Melquisedec". Así, en un doble sentido, es patente que "si vosotros sois de Cristo, ciertamente descendientes de Abraham sois, y herederos según la promesa". "Abraham, vuestro padre, se gozó de que había de ver mi día; y lo vio y se gozó" (Juan 8:56).

Abraham, por lo tanto, era cristiano como el que más de entre los que hayan vivido después de la crucifixión de Cristo. "A los discípulos se les llamó cristianos por primera vez en Antioquía" (Hech. 11:26). Pero los discípulos no eran diferentes después que se los *llamase* cristianos, de lo que fueron antes. Cuando se los conocía simplemente como judíos, eran ya tan cristianos como después de ser llamados de esa manera. El nombre no supone mucho. Se los llamó cristianos por ser seguidores de Cristo; pero seguían a Cristo antes de que se los llamase cristianos, tanto como lo siguieron después. Abraham, cientos de años antes de los días de Jesús de Nazaret, fue precisamente lo que sería cada discípulo en Antioquía a quien se llamó cristiano: un seguidor de Cristo. Por lo tanto, en el sentido más pleno de la palabra, fue un cristiano. Todos los cristianos, y nadie más que ellos, son los hijos de Abraham.

Observarás que en el séptimo capítulo de Hebreos se nos refiere el caso de Abraham y Melquisedec como prueba de que el pago de los diezmos no es una ordenanza levítica. Mucho antes de que naciera Leví, Abraham pagó los diezmos. Y los pagó a Melquisedec, cuyo sacerdocio era un sacerdocio cristiano. Por lo tanto, los que están en Cristo, y por lo tanto son hijos de Abraham, darán también el diezmo de todo.

Hay que notar que el diezmo era algo bien conocido en los días de Abraham. Éste dio los diezmos al sacerdote de Dios como algo natural. Reconoció el hecho de que la décima parte es del Señor. El registro de Levítico no es el origen del sistema del diezmo, sino una simple constatación del hecho. Hasta la propia orden levítica pagó los diezmos en Abraham (Heb. 7:9). No se nos informa acerca de cuándo fue dada esa institución al hombre por primera vez, pero vemos que era bien conocida en los días de Abraham. En el libro de Malaquías, que está especialmente dirigido a quienes vivan justamente "antes que venga el día de Jehová, grande y terrible" (4:5), se nos dice que aquellos que retienen los diezmos están robando a Jehová.

El argumento es sencillo: Abraham dio el diezmo a Melquisedec; el sacerdocio de Melquisedec es el sacerdocio por el que viene la justicia y la paz, el sacerdocio por el que somos salvos. Abraham dio el diezmo a Melquisedec porque Melquisedec era el representante del Dios Altísimo, y el diezmo es del Señor. Si somos de Cristo, entonces somos hijos de Abraham; y si no somos hijos de Abraham, entonces no somos de Cristo. Pero si somos hijos de Abraham, hemos de hacer las obras de Abraham. ¿De quién somos?

Hay aún otro punto a destacar. Si eres observador te habrá llamado la atención el hecho de que Melquisedec, quien fue rey de justicia y paz, y sacerdote del Dios Altísimo, trajo a Abraham pan y vino: son los emblemas del cuerpo y la sangre de nuestro Señor. Se podrá aducir que el pan y el vino tenían por objeto el sustento físico de Abraham y sus acompañantes. Pero eso en nada disminuye el significado del hecho. Melquisedec salió en su calidad de rey y sacerdote, y Abraham lo reconoció como tal. Observa la relación en Génesis 14:18 y 19: "Entonces Melquisedec, rey de Salem y sacerdote del Dios Altísimo, sacó pan y vino; y lo bendijo, diciendo: 'Bendito sea Abram del Dios Altísimo, creador de los cielos y de la tierra'". Es evidente que el pan y el vino que le ofreció Melquisedec adquirió significado especial por el hecho de que él era sacerdote del Dios Altísimo. Los judíos del tiempo de Cristo se burlaron de su afirmación de que Abraham se alegró por ver el día de Cristo. No podían ver evidencia alguna del hecho. ¿Podemos nosotros ver en esa transacción una evidencia de que Abraham vio el día de Cristo, que es el día de salvación?

Capítulo 5

El pacto

El capítulo 15 de Génesis contiene el primer relato del pacto hecho con Abraham. "Abram recibió palabra del Eterno en visión, que le dijo: "No temas, Abram. Yo soy tu escudo y tu galardón sobremanera grande". Observa: Dios afirmó que *él mismo* era la recompensa [galardón] de Abraham. Si somos de Cristo, somos simiente de Abraham, y conforme a la promesa los herederos. Herederos, ¿de qué? –"Herederos de Dios y coherederos con Cristo" (Rom. 8:17). El salmista se refirió a la misma herencia: "Jehová es la porción de mi herencia" (Sal. 16:5). Tenemos pues aquí otro argumento que relaciona a todo el pueblo de Dios con Abraham. Su esperanza no es otra que la promesa de Dios a Abraham.

La promesa que Dios hizo a Abraham no se refería sólo a él, sino también a su simiente. De forma que Abraham dijo al Señor: "Eterno, ¿qué me has de dar siendo que ando sin hijo, y el mayordomo de mi casa es el damasceno Eliezer? Y agregó Abraham: 'Mira que no me has dado prole, y mi heredero será un siervo nacido en mi casa" (Gén. 15:2 y 3). Abraham no conocía el plan del Señor. Conocía y creía la promesa, pero siendo que envejecía y no tenía hijos, supuso que la simiente que se le había prometido vendría a través de su siervo. Pero ese no era el plan de Dios. Abraham no habría de ser el progenitor de una raza de siervos, sino de hombres libres.

Entonces el Eterno le dijo: "No te heredará ese hombre, sino un hijo tuyo será tu heredero. Y lo sacó fuera y le dijo: Mira el cielo, y cuenta las estrellas, si las puedes contar. Y agregó: Así será tu simiente. Y Abram creyó al Señor, y eso se le contó por justicia" (Gén. 15:4-6).

"Y Abram creyó al Señor". La raíz del verbo traducido como "creyó", es la palabra "Amén". La idea es de firmeza, de un fundamento. Cuando Dios pronunció la promesa, Abraham dijo "Amén", es decir, edificó en Dios, tomando la palabra de Dios como seguro fundamento.

Ahora relaciónalo con Mateo 7:24 y 25.

Dios prometió a Abraham una gran casa. Pero esa casa había de ser edificada en el Señor, y así lo comprendió Abraham, que comenzó a edificar sin demora. Jesucristo es el fundamento, ya que "nadie puede poner otro fundamento que el que está puesto, el cual es Jesucristo" (1ª Cor. 3:11). La casa de Abraham es la casa de Dios, edificada "sobre el fundamento de los apóstoles y profetas, siendo la principal piedra del ángulo Jesucristo mismo" (Efe. 2:20). "Acercándoos a Él, piedra viva, desechada ciertamente por los hombres, pero para Dios escogida y preciosa, vosotros también, como piedras vivas, sed edificados como casa espiritual y sacerdocio santo, para ofrecer sacrificios espirituales aceptables a Dios por medio de Jesucristo. Por lo cual también dice la Escritura: 'He aquí pongo en Sión la principal piedra del ángulo, escogida, preciosa; el que crea [edifique] en Él, no será avergonzado'" (1ª Ped. 2:4-6).

"Y Abram creyó al Señor, y eso se le contó por justicia". ¿Por qué? –Porque fe significa edificar sobre Dios y su palabra, y eso significa recibir la vida de Dios y su palabra. Observa en los versículos citados del apóstol Pedro, que el fundamento sobre el que se edifica la casa es una piedra viviente. El fundamento es un fundamento viviente, de quien reciben vida los que vienen a él, de forma que la casa que se edifica es una casa viva. Crece a partir de la vida de su fundamento. Pero el fundamento es recto: "Jehová, mi fortaleza, es recto y... en Él no hay injusticia" (Sal. 92:15). Por consiguiente, dado que fe significa edificar en Dios y su santa palabra, resulta evidente que la fe ha de ser justicia para quien la posea y ejercite.

Jesucristo es el origen de toda fe. La fe tiene en Él su principio y su final. No puede haber fe real que no tenga su centro en Cristo. Por lo tanto, cuando Abraham creyó en el Señor, creyó en el Señor Jesucristo.

Dios no se ha revelado nunca al hombre, excepto mediante Cristo (Juan 1:18). El que la creencia de Abraham fue fe personal en el Señor Jesucristo, queda también evidenciado por el hecho de que eso se le contó por justicia. Y no hay justicia, excepto por la fe de Jesucristo, "el cual nos ha sido hecho por Dios sabiduría, justificación, santificación y redención" (1ª Cor. 1:30). Ninguna justicia tendrá el más mínimo valor cuando aparezca el Señor, excepto "la que se adquiere por la fe en Cristo, la justicia que procede de Dios y se basa en la fe" (Fil. 3:9). Pero dado que Dios mismo contó la fe de Abraham por justicia, queda claro que la fe de Abraham estaba centrada únicamente en Cristo, de quien procedía su justicia.

Y eso demuestra que la promesa de Dios a Abraham fue únicamente mediante Cristo. La simiente sería exclusivamente la que es por la fe de Cristo, ya que Cristo mismo es la simiente. La posteridad de Abraham, que habría de ser tan incontable como las estrellas, estará compuesta por la hueste innumerable que lavó sus ropas en la sangre del Cordero. Las naciones que habrían de proceder de él, serán "las naciones que hayan sido salvas" (Apoc. 21:24).

Relaciónalo con Mateo 8:11. "Todas las promesas de Dios son *en Él* 'sí', y *en Él* 'Amén'" (2ª Cor. 1:20).

"Aquel día hizo Jehová un pacto con Abram, diciendo: –A tu simiente daré esta tierra", etc (Gén. 15:18).

En los versículos precedentes encontramos el establecimiento de ese pacto.

Tenemos primeramente la promesa de una posteridad incontable, y también de la tierra. Dios dijo: "Yo soy Jehová, que te saqué de Ur de los caldeos para darte a heredar esta tierra" (vers. 7). Es necesario recordar ese versículo al leer el 18, porque en caso contrario podríamos tener la impresión errónea de que hubo algo [la tierra] que se prometió sólo a los descendientes de Abraham, con exclusión de él mismo. "A Abraham fueron hechas las promesas, y a su simiente" (Gál. 3:16). A su simiente no se le prometió nada que no se le prometiera también a él.

Abraham creyó al Señor. No obstante, dijo: "Señor Jehová, ¿en qué conoceré que la he de heredar?" (Gén. 15:8). Sigue a continuación el relato de la partición de la becerra, la cabra y el carnero. Se alude a ello en Jeremías 34:18-20, cuando Dios reconvino al pueblo por transgredir el pacto.

"A la caída del sol cayó sobre Abraham un profundo sopor, y el temor de una gran oscuridad cayó sobre él. Entonces Jehová le dijo: –Ten por cierto que tu simiente habitará en tierra ajena, será esclava allí y será oprimida cuatrocientos años. Pero también a la nación a la cual servirán juzgaré yo; y después de esto saldrán con gran riqueza. Tú, en tanto, te reunirás en paz con tus padres y serás sepultado en buena vejez. Y tus descendientes volverán acá en la cuarta generación, porque hasta entonces no habrá llegado a su colmo la maldad del amorreo" (Gén. 15:12-16).

Hemos visto que ese pacto era un pacto de justicia por la fe, puesto que la simiente y la tierra se obtendrían por la fe en la palabra de Dios; fe que a Abraham le fue contada por justicia [Rom. 4:20-22]. Veamos ahora qué más podemos aprender de los textos citados anteriormente.

Queda claro que Abraham habría de morir antes de que se otorgara la posesión. Moriría bien entrado en años, y su simiente sería extranjera en tierra ajena durante cuatrocientos años.

No es sólo que Abraham moriría, sino también sus descendientes inmediatos, antes de que la simiente poseyera la tierra que se les había prometido. De hecho, sabemos que Isaac murió antes que los hijos de Israel fueran a Egipto, y que Jacob y todos sus hijos murieron en tierra de Egipto.

"A Abraham fueron hechas las promesas, y a su simiente".

El capítulo que estamos estudiando nos dice lo mismo. Es evidente que una promesa hecha a la simiente de Abraham no puede cumplirse otorgando lo prometido sólo a una parte de ella; y lo que se prometió a Abraham y su simiente no puede hallar cumplimiento a menos que Abraham participe, tanto como su simiente.

¿Qué demuestra lo anterior? –Simplemente esto, que la promesa del capítulo 15 de Génesis según la cual Abraham y su simiente poseerían la tierra, se refería a la resurrección de los muertos, y a nada menos que eso. Lo anterior sigue siendo cierto, aún si excluyésemos al propio Abraham del pacto que allí se enuncia; puesto que, como hemos visto ya, es indiscutible que muchos de los descendientes inmediatos de Abraham estarían ya muertos en el tiempo del cumplimiento de la promesa; y sabemos que Isaac, Jacob y los doce patriarcas murieron mucho antes de ese momento.

Incluso aún dejando a Abraham fuera, permanece el hecho de que la promesa a la simiente ha de incluir a toda la simiente, y no solamente a una parte de ella. Pero no podemos excluir de la promesa a Abraham. Por lo tanto, tenemos positiva evidencia de que en este capítulo encontramos el registro de cómo le fue predicado a Abraham acerca de Jesús y la resurrección.

Cumplimiento tras la resurrección

Eso nos capacita para comprender mejor por qué Esteban, cuando tuvo que afrontar el juicio por predicar a Jesús, comenzó su discurso con una referencia a esas mismas palabras. Hablando de la estancia de Abraham en tierra de Canaán, afirmó que Dios "no le dio herencia en ella ni aún para asentar un pie, pero prometió dársela en posesión a él y a su simiente después de él, aunque él aún no tenía hijo" (Hech. 7:5). En su referencia a esa promesa, que era bien conocida para todos los judíos, Esteban les mostró de la forma más indiscutible que sólo podía hallar cumplimiento por la resurrección de los muertos, mediante Jesús.

"Tú, en tanto, te reunirás en paz con tus padres y serás sepultado en buena vejez. Y tus descendientes volverán acá en la cuarta generación, porque hasta entonces no habrá llegado a su colmo la maldad del amorreo". Eso nos permite conocer la razón por la cual Abraham murió en la fe, a pesar de no haber recibido la promesa. Si él hubiera esperado recibirla en esta vida actual, habría resultado chasqueado al llegar a su muerte sin verla cumplida.

Pero Dios le dijo claramente que habría de morir antes de ver su cumplimiento. Por lo tanto, dado que Abraham creyó a Dios, es claro que comprendió lo relativo a la resurrección, y que creyó en ella. La resurrección de los muertos, como veremos, estuvo siempre en el centro de la esperanza de todo verdadero hijo de Abraham.

Pero aprendemos algo más. En la cuarta generación, o después de los cuatrocientos años, su simiente habría de ser liberada de la esclavitud, en la tierra prometida. ¿Por qué no habrían de poseer la tierra de una vez? –Porque la maldad de los amorreos no había llegado a su plenitud. Eso muestra que Dios daría a los amorreos tiempo para arrepentirse, o en su defecto, tiempo para que cumplieran la medida de su maldad, demostrando así su descalificación para poseer la tierra.

Y eso recalca una vez más que la tierra que Dios prometió a Abraham y a su simiente puede ser poseída solamente por un pueblo justo. Dios no expulsaría de la tierra a aquellos en los que hubiera la más mínima posibilidad de llegar a ser justos. Pero el hecho de que el pueblo que habría de ser destruido de delante de los hijos de Abraham lo fuese debido a su maldad, muestra que se espera que los poseedores de la tierra sean justos. Por lo tanto vemos que la simiente de Abraham, a quien fue prometida la tierra, había de ser un pueblo justo. Eso quedó ya demostrado por el hecho de que a Abraham se le prometió la simiente sólo mediante la justicia de la fe.

Capítulo 6

La carne, opuesta al espíritu

"SARAI, mujer de Abram, no le daba hijos; pero tenía una sierva egipcia que se llamaba Agar. Dijo Sarai a Abraham: –Ya ves que Jehová me ha hecho estéril; te ruego, pues, que te llegues a mi sierva, y quizá tendré hijos de ella. Atendió Abraham el ruego de Sarai" (Gén. 16:1 y 2).

Ese fue el gran error en la vida de Abraham; pero a partir de él aprendió una lección, y quedó registrado para enseñanza de todos. Daremos por conocida la historia subsiguiente: cómo el Señor dijo a Abraham que Ismael, el hijo de Agar, no era el heredero que le había prometido, sino que Sara, su esposa, le daría un hijo; y cómo, tras nacer Isaac, fueron expulsados Agar e Ismael. Podemos así pasar directamente a algunas de las importantes lecciones que derivan del relato.

En primer lugar, debiéramos aprender acerca de la necedad del hombre que intenta cumplir las promesas de Dios. Dios había prometido a Abraham una simiente imposible de contar. Cuando le hizo la promesa, estaba más allá de toda posibilidad humana el que Abraham tuviera un hijo de su mujer, pero aceptó la palabra del Señor, y su fe le fue contada por justicia. Eso era en sí mismo evidencia de que no se trataría de una simiente común u ordinaria, sino una simiente de fe. Pero su esposa no tenía la misma fe. Sin embargo, ella pensaba que sí la tenía, y al seguir su consejo hasta el propio Abraham pensó sin duda estar obrando en armonía con la palabra del Señor. El problema es que estaba oyendo la voz de su mujer, en lugar oír la del Señor. Su razonamiento era que Dios les había prometido una gran familia, pero dada la imposibilidad de

Sara para tener hijos, era evidente que Dios debía esperar que ellos recurrieran a algún otro medio de obtener simiente. Ese es el trato que la razón humana suele dar a las promesas de Dios.

Sin embargo, qué gran cortedad de miras manifestaron. Dios había hecho la promesa; por lo tanto, sólo él podía cumplirla. Cuando un hombre hace una promesa, otra persona puede efectuar lo prometido, pero en ese caso el que hizo la promesa no cumplió su palabra. Así, aún en el caso de haber podido obtener lo prometido mediante la estratagema llevada a cabo, el resultado habría sido excluir al Señor del cumplimiento de su palabra. Por lo tanto, estaban obrando en contra de Dios. El hombre no puede efectuar las promesas de Dios. Sólo en Cristo pueden hallar cumplimiento. Nos resulta muy fácil ver eso en el caso que estamos estudiando; sin embargo, cuán a menudo, en nuestra experiencia, en lugar de esperar que el Señor efectúe lo que ha prometido, nos cansamos de la espera e intentamos hacerlo en lugar de él, fracasando siempre en ello.

Espiritual y literal

Años más tarde se cumplió la promesa, de la forma prevista por Dios; pero no fue antes de que Abraham y su esposa creyeran plenamente en el Señor.

"Por la fe también la misma Sara, siendo estéril, recibió fuerza para concebir; y dio a luz fuera del tiempo de la edad, porque creyó que era fiel quien lo había prometido" (Heb. 11:11). Isaac fue fruto de la fe. "Está escrito que Abraham tuvo dos hijos: uno de la esclava y el otro de la libre. Pero el de la esclava nació según la carne; pero el de la libre, en virtud de la promesa" (Gál. 4:22 y 23).

Muchos parecen olvidar este hecho. Olvidan que Abraham tuvo dos hijos, uno de la sierva y el otro de la libre; uno nacido según la carne, y el otro según el Espíritu. De ahí la confusión relativa a la simiente "literal" y "espiritual" de Abraham. Se suele considerar lo "espiritual" como opuesto a lo "literal". Pero no hay tal cosa. "Espiritual" es sólo opuesto a "carnal".

Isaac nació por el Espíritu; sin embargo, fue un niño tan real y literal como Ismael. Por lo tanto, la verdadera simiente de Abraham sólo está constituida por los que son espirituales, pero eso no los hace para nada menos reales. Dios es Espíritu; sin embargo, es un Dios real. Cristo tenía un cuerpo espiritual tras su resurrección, sin embargo era un ser real, literal, y era susceptible del mismo trato que otros cuerpos. Así, los cuerpos de los santos tras la resurrección serán espirituales, y al mismo tiempo también reales. Espiritual no es sinónimo de imaginario. Verdaderamente, lo espiritual es más real que lo carnal, puesto que sólo lo primero permanece para siempre.

A partir de esa historia, pues, aprendemos fuera de toda duda que la simiente que Dios prometió a Abraham, que habría de ser en número como la arena de la mar o como las estrellas del firmamento, y que habría de heredar la tierra, es una simiente exclusivamente espiritual. Eso equivale a decir que se trata de una simiente que viene a través del Espíritu de Dios. El nacimiento de Isaac, como el del Señor Jesús, fue milagroso. Fue sobrenatural. Ambos nacieron por intermedio del Espíritu. En ambos hallamos una ilustración del poder por medio del cual venimos a ser hechos hijos de Dios, y por lo tanto herederos de la promesa. Los descendientes de Abraham según la carne son los Ismaelitas. Ismael fue un hombre salvaje, o como dice la Reina Valera del 1995, "un hombre fiero" (Gén. 16:12). Además, era el hijo de una sierva, y por lo tanto, no era un hijo nacido en libertad. El Señor había indicado ya, en el caso de Eliezer, siervo de Abraham, que la simiente de Abraham había de ser libre. Por lo tanto, si Abraham simplemente hubiera meditado en las palabras del Señor en lugar de dar oído a la voz de su mujer, habría podido evitar un gran problema.

Vale la pena detenerse en este punto, ya que correctamente comprendido, evitará una considerable confusión en relación a cuál es la verdadera simiente de Abraham, y cuál el verdadero Israel.

Aclaremos una vez más los conceptos: Ismael nació según la carne, y no podía constituir la "simiente". Por lo tanto, los que son meramente de la carne no pueden ser los hijos de Abraham, ni herederos según la promesa.

Isaac nació según el Espíritu, y era la verdadera simiente. "En Isaac te será llamada simiente" (Gén. 21:12; Rom. 9:7; Heb. 11:18). Por lo tanto, los hijos de Abraham son los nacidos según el Espíritu. "Hermanos, nosotros, como Isaac, somos hijos de la promesa" (Gál. 4:28).

Isaac nació libre; y sólo los que nacen libres son hijos de Abraham. "De manera, hermanos, que no somos hijos de la esclava, sino de la libre" (Gál. 4:31). En las palabras que el Señor dirigió a los judíos, registradas en el capítulo 8 de Juan, explicó en qué consiste esa libertad: "Si vosotros permanecéis en mi palabra, seréis verdaderamente mis discípulos; y conoceréis la verdad y la verdad os hará libres. Le respondieron: –Descendientes de Abraham somos y jamás hemos sido esclavos de nadie. ¿Cómo dices tú: 'Seréis libres'? Jesús les respondió: –De cierto de cierto os digo que todo aquel que practica el pecado, esclavo es del pecado. Y el esclavo no queda en la casa para siempre; el hijo sí queda para siempre. Así que, si el Hijo os liberta, seréis verdaderamente libres" (31-36). Y luego les dijo que si fueran realmente hijos de Abraham, harían sus mismas obras (vers. 39).

Vemos aquí una vez más lo que aprendimos de la promesa en el capítulo 15 de Génesis: que la simiente prometida habría de ser una simiente justa, dado que fue prometida sólo mediante Cristo, y le fue asegurada a Abraham sólo mediante la fe.

El resumen de todo es que en la promesa hecha a Abraham está el evangelio, y nada más que el evangelio; y todo intento de aplicar las promesas a cualquiera que no sea los que están en Cristo mediante el Espíritu, es un intento de anular las promesas del evangelio de Dios. "Y si vosotros sois de Cristo, ciertamente descendientes de Abraham sois, y herederos según la promesa" (Gál. 3:29). "Si alguno no tiene el Espíritu de Cristo, no es de él" (Rom. 8:9). Así, si alguien carece del Espíritu de Cristo –el Espíritu mediante el cual nació Isaac–, no es un hijo de Abraham y carece de derecho alguno en relación con la promesa.

Capítulo 7

El pacto sellado (I)

LLEGAMOS ahora a un punto en el que el registro despliega ante nosotros la promesa de la forma más maravillosa. Habían pasado ya más de veinticinco años desde que Dios hiciera por vez primera la promesa a Abraham. Sin duda esa demora tuvo que ver con el paso en falso que dio el patriarca al escuchar el razonamiento de su esposa. Desde entonces habían transcurrido trece años. Pero Abraham había aprendido la lección, y ahora Dios se le volvió a aparecer.

"Abram tenía noventa y nueve años de edad cuando se le apareció Jehová y le dijo: –Yo soy el Dios todopoderoso. Anda delante de mí y sé perfecto" (Gén. 17:1). "Perfecto" se puede traducir alternativamente como "recto" o "sincero". Como en 1° Crón. 12:33, 38, el significado es "sin doblez de corazón". Dios dijo a Abraham que fuera sincero ante Él, que tuviera un corazón indiviso. Al recordar la historia referida en el capítulo precedente comprendemos mejor la fuerza de este mandato. Lo mismo sucede con la expresión "Yo soy el Dios todopoderoso". Dios quería hacer saber a Abraham que era plenamente capaz de cumplir su promesa, y que por lo tanto, debía confiar en Dios con corazón perfecto e indiviso.

Un nombre nuevo

"Entonces Abram se postró sobre su rostro, y Dios habló con él, diciendo: –Este es mi pacto contigo: serás padre de muchedumbre de gentes. No te llamarás más Abram, sino que tu nombre será Abraham, porque te he puesto por padre de muchedumbre de gentes" (Gén. 17:3-5).

Abram significa "padre enaltecido". El padre de Abraham fue pagano, y su nombre pudo contener alguna referencia a la adoración pagana en los altos. Pero al añadirle una sílaba, vino a ser Abraham, "padre de muchedumbre de gentes". En el cambio de nombre de Abraham y Jacob tenemos un indicio del nuevo nombre que el Señor da a todos los que son suyos (Apoc. 2:17; 3:12). "Te será puesto un nombre nuevo, que la boca de Jehová te pondrá" (Isa. 62:2).

El hecho de que a Abraham se le diese un nombre nuevo no es indicativo de cambio alguno en la promesa, sino la seguridad que Dios le dio de que sería realmente así. Su nombre le habría de recordar siempre la promesa de Dios. Algunos han sugerido que el cambio en su nombre era evidencia de un cambio en la naturaleza de la promesa que se le hacía; pero una consideración detenida de la promesa, tal como se le hizo previamente, demuestra la imposibilidad de esa suposición. Tras cambiársele el nombre, Abraham continuó siendo el mismo que antes. Fue llamándose aún Abram, como creyó a Dios, y fue así como su fe en la promesa le fue contada por justicia. Fue en esa condición como Dios le predicó el evangelio, diciendo: "En ti serán benditas todas las familias de la tierra".

Podemos evitar toda distinción en las promesas de Dios a Abraham, diciendo que algunas de ellas eran temporales, y sólo referidas a su simiente carnal, y otras espirituales y eternas. "El Hijo de Dios, Jesucristo, que entre vosotros ha sido predicado entre nosotros... no ha sido 'sí' y 'no', sino solamente 'sí' en él, porque todas las promesas de Dios son en él 'sí', y en él 'Amén', por medio de nosotros, para la gloria de Dios" (2ª Cor. 1:19 y 20). "A Abraham fueron hechas las promesas, y a su simiente. No dice: 'Y a los descendientes', como si hablara de muchos, sino como de uno: 'Y a tu simiente', la cual es Cristo" (Gál. 3:16). Observa que las *promesas*, por numerosas que puedan ser, vienen todas mediante Cristo. Observa también que los apóstoles hablan de *Abraham*, y no de Abram. Nunca leemos que algunas promesas le fueran hechas a Abram y otras a Abraham. Al respecto son aún más significativas las palabras de Esteban: "El Dios de la gloria se apareció a nuestro padre Abraham cuando aún estaba en Mesopotamia, antes que viviera en Harán" (Hech. 7:2). Aunque por entonces se llamaba Abram, la promesa fue la misma que al llamarse Abraham. Toda referencia a él en la Biblia, desde la primera promesa, se hace siempre por su nombre Abraham. Ese el motivo por el que en este libro lo hacemos también así.

Tras haber cambiado su nombre, el Señor continuó en estos términos: "Estableceré un pacto contigo y con tu simiente después de ti, de generación en generación: un pacto perpetuo [eterno], para ser tu Dios y el de tu simiente después de ti. Te daré a ti y a tu simiente después de ti la tierra en que habitas, toda la tierra de Canaán, en heredad perpetua; y seré el Dios de ellos" (Gén. 17:7 y 8).

Analicemos en mayor detalle las diferentes partes de este pacto. La parte central es la tierra prometida, o tierra de Canaán. Es la misma del capítulo 15. La promesa consiste en que sería dada a Abraham y a su simiente. El pacto es el mismo que se hizo allí, pero ahora lo encontramos sellado. Observa esto:

Un "pacto eterno"

El Señor hizo con él ese "pacto eterno" que tan a menudo encontramos citado en la Biblia. Es "por la sangre del pacto eterno" como los seres humanos son hechos aptos para toda buena obra, en la realización de la voluntad de Dios (Heb. 13:20 y 21). Ahora bien, la tierra prometida en ese pacto eterno, había de ser

Una "heredad perpetua"

Lo había de ser, tanto para Abraham como para su simiente. Observa que al propio Abraham, tanto como a su simiente, le fue prometida la tierra como herencia perpetua o eterna. No se trata solamente de una herencia que su familia habría de poseer para siempre, sino que ambos, Abraham y su simiente, la habrían de tener como herencia perpetua.

Pero para disfrutar de una tierra como herencia perpetua, es imprescindible tener

Vida eterna

Por lo tanto en este pacto encontramos la promesa de la vida eterna. No podía ser de otra forma, ya que cuando se hizo el pacto por primera vez, tal como encontramos en el capítulo 15, se anunció a Abraham que tendría que morir antes de poseer la tierra; y Esteban afirmó que Dios no le dio herencia en ella "ni aún para asentar un pie". Por lo tanto, sólo mediante la resurrección podía ser suya; y cuando tenga lugar la resurrección, ya no habrá más muerte. "Todos seremos transformados, en un momento, en un abrir y cerrar de ojos, a la final trompeta, porque se tocará la trompeta, y los muertos serán resucitados incorruptibles y nosotros seremos transformados, pues es necesario que esto corruptible se vista de incorrupción y que esto mortal se vista de inmortalidad" (1ª Cor. 15:51-53).

Vemos que el establecimiento de este pacto con Abraham fue simplemente la predicación del evangelio eterno del reino, y de la seguridad que se le dio de participar en sus bendiciones. La promesa a Abraham fue una promesa del evangelio, y nada más que eso, y el pacto era el pacto eterno del que Cristo es Mediador. Su alcance es idéntico al del nuevo pacto, en el que Dios dice: "Pondré mis leyes en la mente de ellos, y sobre su corazón las escribiré; y seré a ellos por Dios y ellos me serán a mí por pueblo" (Heb. 8:10). Pero eso se hará más evidente a medida que avanzamos.

Un pacto de justicia

El Señor dijo a Abraham, después de haberle repetido el pacto con él y con su simiente: "Circuncidaréis la carne de vuestro prepucio, y será señal del pacto entre mí y vosotros" (Gén. 17:11). En la epístola a los Romanos veremos mucho más sobre el significado del particular. Es necesario que tengamos ante nosotros la Escritura a fin de comprenderlo, pues haremos abundantes citas de la misma. "¿Qué, pues, diremos que halló Abraham, nuestro padre según la carne? Si Abraham hubiera sido justificado por las obras, tendría de qué gloriarse, pero no ante Dios, pues, ¿qué dice la Escritura? Creyó Abraham a Dios y le fue contado por justicia.

Pero al que trabaja no se le cuenta el salario como un regalo, sino como deuda; pero al que no trabaja, pero cree en aquel que justifica al impío, su fe le es contada por justicia. Por eso también David habla de la bienaventuranza del hombre a quien Dios atribuye justicia sin obras, diciendo: 'Bienaventurados aquellos cuyas iniquidades son perdonadas, y cuyos pecados son cubiertos. Bienaventurado el hombre a quien el Señor no culpa de pecado'. ¿Es, pues, esta bienaventuranza solamente para los de la circuncisión o también para los de la incircuncisión? Porque decimos que a Abraham le fue contada la fe por justicia. ¿Cómo, pues, le fue contada? ¿Estando en la circuncisión, o en la incircuncisión? No en la circuncisión, sino en la incircuncisión. Y recibió la circuncisión como señal, como sello de la justicia de la fe que tuvo cuando aún no había sido circuncidado, para que fuera padre de todos los creyentes no circuncidados, a fin de que también a ellos la fe les sea contada por justicia; y padre de la circuncisión, para los que no solamente son de la circuncisión, sino que también siguen las pisadas de la fe que tuvo nuestro padre Abraham antes de ser circuncidado. La promesa de que sería heredero del mundo, fue dada a Abraham o a su simiente no por la Ley sino por la justicia de la fe" (Rom. 4:1-13).

El tema de todo el capítulo es Abraham y la justificación por la fe. El apóstol señala el caso de Abraham como una ilustración de la verdad presentada en el capítulo precedente: que el hombre es hecho justo por la fe. La bendición que recibió Abraham es la bendición del perdón de los pecados mediante la justicia de Jesucristo (ver vers. 6-9). Por lo tanto, cuando leemos en Génesis 12:2 y 3 que en Abraham serían benditas todas las familias de la tierra, podemos saber que la bendición consiste en el perdón de los pecados. Así lo demuestra fehacientemente Hechos 3:25 y 26: "Vosotros sois los hijos de los profetas y del pacto que Dios hizo con nuestros padres diciendo a Abraham: 'En tu simiente serán benditas todas las familias de la tierra'. A vosotros primeramente, Dios, habiendo levantado a su Hijo, lo envió para que os bendijera, a fin de que cada uno se convierta de su maldad".

La bendición vino a Abraham mediante Jesucristo y su cruz, tal como nos viene a nosotros. "Cristo nos redimió de la maldición de la ley, haciéndose maldición por nosotros... para que en Cristo Jesús la bendición de Abraham alcanzara a los gentiles, a fin de que por la fe recibiéramos la promesa del Espíritu" (Gál. 3:13 y 14). Vemos por lo tanto que las bendiciones del pacto hecho con Abraham son sencillamente las bendiciones del evangelio, y nos vienen mediante la cruz de Cristo. Nada se prometió en ese pacto, excepto lo que se puede obtener mediante el evangelio; y todo lo que contiene el evangelio estaba en el pacto. Como sello de ese pacto se dio la circuncisión. Pero la promesa, el pacto, la bendición, y todo lo demás le vino a Abraham antes de ser circuncidado. Por lo tanto, es el padre de los que no están circuncidados, tanto como el de los que lo están. Judíos y gentiles comparten por igual el pacto y sus bendiciones, si tienen la fe que tuvo Abraham.

Leemos en Génesis 17:11 que la circuncisión le fue dada como sello del pacto que Dios hizo con Abraham. Pero en Romanos 4:11 se nos dice que le fue dada como sello de la justicia por la fe que tuvo. Es decir, fue la garantía y sello del perdón de los pecados mediante la justicia de Cristo. Por lo tanto sabemos que el pacto del que era señal la circuncisión, era un pacto de justicia por la fe; que todas las bendiciones en él prometidas lo son sobre la base de la justicia mediante Jesucristo. Eso nos muestra una vez más que el pacto hecho con Abraham consistió en el evangelio, y en nada más que el evangelio.

La tierra otorgada

Pero en ese pacto la promesa central tenía que ver con la tierra. A Abraham y a su simiente se le había prometido toda la tierra de Canaán como una posesión eterna. Y entonces se le dio la señal o sello del pacto –la circuncisión–, el sello de la justicia que tuvo por la fe. Eso demuestra que sólo por la fe se podría poseer la tierra de Canaán. Y tenemos aquí una lección práctica en cuanto a la posesión de cosas por la fe. Muchos creen que poseer algo por la fe es lo mismo que poseerlo sólo de forma imaginaria. Pero la tierra de Canaán era un país real, y había de ser poseída de la forma más real y efectiva. No obstante, sólo por medio de la fe sería posible poseerla.

Tal fue realmente el caso. Por la fe atravesó el pueblo el río Jordán, y "por la fe cayeron los muros de Jericó después de rodearlos siete días" (Heb. 11:30). Pero nos referiremos a eso más adelante.

La tierra de Canaán prometida en el pacto, había de ser poseída mediante la justicia de la fe, que había sido sellada con la circuncisión –sello del pacto–. Lee ahora una vez más Romanos 4:13, y verás cuánto implicaba esa promesa. "La promesa de que sería *heredero del mundo*, fue dada a Abraham o a su simiente no por la Ley sino por la justicia de la fe". Esa justicia de la fe fue sellada con la circuncisión, como afirma el versículo 11; y la circuncisión era el sello del pacto sobre el que hemos leído en Génesis 17. Por lo tanto, sabemos que la promesa de la tierra contenida en el pacto hecho con Abraham era en realidad la promesa de toda la tierra. Al considerar el cumplimiento de la promesa veremos aún más claramente que la promesa referente a la tierra de Canaán incluía la posesión de toda la tierra; aquí sólo indicamos de pasada el hecho.

El pacto en el que se prometía esa tierra era, como hemos visto, un pacto de justicia. Su base era la justicia por la fe. Era un pacto eterno, que prometía una herencia eterna a los dos: a Abraham y a su simiente, y que significaba vida eterna para ambos. Pero la gracia reina por la justicia para vida eterna, sólo mediante Jesucristo, Señor nuestro (Rom. 5:21). Sólo en camino de justicia es posible obtener la vida eterna. Además, puesto que la promesa fue hecha a Abraham, tanto como a su simiente, y se aseguró a Abraham que moriría mucho antes de que se otorgara la herencia, es evidente que sólo mediante la resurrección se la podía obtener, cosa que sucede en la venida del Señor, al ser concedida la inmortalidad. Ahora bien, la venida de Cristo tiene lugar en "los tiempos de la restauración de todas las cosas, de que habló Dios por boca de sus santos profetas que han sido desde tiempo antiguo" (Hech. 3:21). Una y otra vez desembocamos en el hecho de que la herencia de justicia que se prometió a Abraham como posesión eterna, y que habría de ser obtenida tras la resurrección, cuando venga el Señor, no es otra que la "tierra nueva, en [la cual] mora la justicia" (2ª Ped. 3:13), tierra que esperamos según la promesa de Dios.

Capítulo 8

El pacto sellado (II)

La señal de la circuncisión

Y AHORA avanzaremos algo más en el estudio del sello del pacto, que es la circuncisión. ¿Qué significa, y qué es en realidad? Ya hemos visto su significado: justicia por la fe. Fue dada a Abraham como una señal de que poseía una justicia así, o como la seguridad de que era acepto "en el Amado", de que en Cristo tenía "redención por su sangre, el perdón de pecados según las riquezas de su gracia" (Efe. 1:6 y 7). Podemos comprender en qué consiste realmente la circuncisión a partir de la siguiente Escritura:

"La circuncisión aprovecha si guardas la Ley; pero si eres transgresor de la Ley, tu circuncisión viene a ser incircuncisión. Por tanto, si el incircunciso guarda las ordenanzas de la Ley, ¿no será considerada su incircuncisión como circuncisión? Y el que físicamente es incircunciso, pero guarda perfectamente la Ley, te condenará a ti, que con la letra de la Ley y la circuncisión eres transgresor de la Ley. No es judío el que lo es exteriormente, ni es la circuncisión la que se hace exteriormente en la carne; sino que es judío el que lo es en lo interior, y la circuncisión es la del corazón, en espíritu y no según la letra. La alabanza del tal no viene de los hombres, sino de Dios" (Rom. 2:25-29).

La circuncisión era la señal de la justicia por la fe. Pero esa justicia es la requerida por la ley de Dios. La circuncisión no significó nunca nada, a menos que se guardara la ley de Dios. De hecho, la observancia de la ley es auténtica circuncisión. Pero el Señor requiere la verdad en el interior. Una exhibición externa, careciendo de la justicia en el interior, es para Dios una abominación. La ley ha de estar en el corazón, a fin de que allí haya auténtica circuncisión. Pero la ley puede estar en el corazón solamente por el poder del Señor, mediante el Espíritu. "La Ley es espiritual" (Rom. 7:14), es decir, es de la naturaleza del Espíritu Santo, de forma que la ley solamente puede estar en el corazón cuando el Espíritu de Dios mora allí. La circuncisión, por lo tanto, no es otra cosa sino el sellamiento de la justicia en el corazón, efectuado por el Espíritu Santo. Eso es lo que Abraham recibió. Su circuncisión fue el sello de la justicia por la fe que él poseyó. Ahora bien, la justicia por la fe era aquello mediante lo que habría de heredar la posesión prometida. Por lo tanto, la circuncisión era la prenda de su herencia. Lee ahora el siguiente texto:

"En Él tenemos redención por su sangre, el perdón de pecados según las riquezas de su gracia, que hizo sobreabundar para con nosotros en toda sabiduría e inteligencia. Él nos dio a conocer el misterio de su voluntad, según su beneplácito, el cual se había propuesto en sí mismo, de reunir todas las cosas en Cristo, en el cumplimiento de los tiempos establecidos, así las que están en los cielos como las que están en la tierra. En él asimismo tuvimos herencia, habiendo sido predestinados conforme al propósito del que hace todas las cosas según el designio de su voluntad, a fin de que seamos para alabanza de su gloria, nosotros los que primeramente esperábamos en Cristo. En Él también vosotros, habiendo oído la palabra de verdad, el evangelio de vuestra salvación, y habiendo creído en Él, fuisteis sellados con el Espíritu Santo de la promesa, que es las arras de nuestra herencia hasta la redención de la posesión adquirida, para alabanza de su gloria" (Efe. 1:7-14).

La palabra de verdad es el evangelio de salvación. Cuando creemos el evangelio, somos sellados por el Espíritu Santo [Efe. 1:13; 4:30], y ese sello es la prenda [arras] o seguridad de nuestra herencia, hasta que nos sea otorgada en la venida del Señor. Abraham tenía, por lo tanto, el Espíritu Santo, como prenda de la herencia que le había sido prometida. La posesión del Espíritu muestra que tenemos derecho a la herencia, ya que el Espíritu trae justicia, y la herencia es una herencia de justicia. La justicia, y nada distinto de ella, morará en la tierra nueva.

En armonía con el texto anterior, leemos también: "Vosotros estáis completos en él [Cristo], que es la cabeza de todo principado y potestad. En él también fuisteis circuncidados con una circuncisión hecha sin mano, al despojaros del cuerpo de los pecados, mediante la circuncisión hecha por Cristo" (Col. 2:10 y 11).

Dios había hecho su promesa a Abraham mucho antes del tiempo al que nos referimos: El establecimiento del pacto está registrado en el capítulo 15 de Génesis. Pero después de establecerse el pacto, Abraham cayó en el error descrito en el capítulo dieciséis. Vio su error y se arrepintió, volviendo al Señor en plenitud de fe, y se le dio seguridad del perdón y la aceptación, y le fue dada la circuncisión como recordatorio del hecho.

La Escritura del Nuevo Testamento que hemos leído, en relación con la circuncisión, no es la declaración de un concepto nuevo. La circuncisión siempre fue lo que dice el Nuevo Testamento que es. Siempre significó justicia en el corazón, y ningún significado tenía en ausencia de dicha justicia. Deuteronomio 30:5 y 6 lo indica claramente: "Jehová, tu Dios, te hará volver a la tierra que heredaron tus padres, y será tuya; te hará bien y te multiplicará más que a tus padres. Y circuncidará Jehová, tu Dios, tu corazón, y el corazón de tu simiente, para que ames a Jehová, tu Dios, con todo tu corazón y con toda tu alma, a fin de que vivas".

¿Por qué la señal exterior?

De forma natural surge la pregunta: ¿Por qué se le dio a Abraham la señal externa de la circuncisión, siendo que tenía ya previamente todo lo que esa señal implicaba? Puesto que se trata de la circuncisión del corazón, por el Espíritu, lo que no es otra cosa más que la posesión de la justicia por la fe, y Abraham la tenía antes de recibir la señal de la circuncisión, ¿por qué tuvo que dársele la señal?

Es una pregunta razonable, y felizmente es fácil de responder. No obstante, debes notar primeramente que en Romanos 4:11 se nos dice que Abraham recibió "la señal" de la circuncisión. La circuncisión, en realidad, la poseía ya previamente. En armonía con lo anterior, en Efesios 2:11 leemos acerca de "la *llamada* circuncisión hecha con mano en la carne", indicando que esa señal no era en realidad la auténtica circuncisión.

La razón por la que se dio la señal, que no era más que eso –una señal–, y que no añadía nada a su poseedor, siendo una falsa señal a menos que en el corazón hubiese la justicia de la fe, será obvia una vez hayamos considerado lo que sucedió después que se hizo el pacto con Abraham. Este había entrado en un plan cuyo objetivo era cumplir la promesa del Señor. Abraham y Sara creyeron que la promesa sería suya, pero pensaron que la podían cumplir ellos. Dado que la promesa consistía en una herencia de justicia, el pensamiento de que ellos podían cumplirla era en realidad la idea tan común de que el hombre puede obrar la justicia de Dios. Por lo tanto, cuando Dios repitió el pacto, dio a Abraham una señal que habría de ser por siempre un recordatorio de su intento de cumplir la promesa de Dios, y de su fracaso consiguiente. La señal de la circuncisión no le confirió nada, sino que al contrario, fue un recordatorio de que no podía hacer nada por sí mismo, y de que el Señor debía hacerlo todo en él, y por él. El despojamiento de una porción de su carne indicaba que la promesa no había de ser obtenida por la carne, sino por el Espíritu. Ismael nació según la carne; Isaac según el Espíritu.

Para los descendientes de Abraham sirvió a un propósito idéntico. Debía recordarles continuamente la equivocación de su padre Abraham, advirtiéndoles contra la comisión del mismo error. Tenía que enseñarles que "la carne para nada aprovecha" (Juan 6:63). En una época posterior pervirtieron la señal, y asumieron que la posesión de ella era la seguridad de su justicia, sea que guardaran o no la ley. Confiaban en que la circuncisión les traía la justicia, haciéndolos los favoritos y peculiares del Señor. Pero el apóstol Pablo dijo la verdad al propósito, cuando afirmó: "Nosotros somos la circuncisión, los que en espíritu servimos a Dios y nos gloriamos en Cristo Jesús, *no teniendo confianza en la carne*" (Fil. 3:3). Los judíos llegaron a ver la circuncisión como aquello que les traía todas las cosas, ya que confiaban en su propia justicia. Pero el objetivo de la circuncisión era enseñarles a no poner la confianza en ellos mismos.

Capítulo 9

La prueba de la fe

PASAMOS de largo un período de varios años. No podemos decir cuántos, pero Isaac, el hijo de la fe y la promesa, había nacido, y creció hasta llegar a ser un joven. La fe de Abraham se había fortalecido y se había vuelto más inteligente, ya que había aprendido que Dios cumple las promesas que él hace. Pero Dios es un Instructor fiel, y no permite que sus alumnos abandonen una lección antes de haberla aprendido a la perfección. No es suficiente con que reconozcan que cometieron una equivocación en aquella lección. Por supuesto, una confesión tal asegura el perdón; pero tras reconocer el error, deben ir de nuevo al mismo terreno, y posiblemente muchas veces, hasta haberlo aprendido tan bien como para recorrerlo sin tropiezo. Es exclusivamente por el bien de ellos. No consideraríamos virtuoso al padre o instructor que permitiese que su alumno pasara de largo lecciones sin aprenderlas, por la razón de que son difíciles.

Así, "aconteció después de estas cosas, que Dios probó a Abraham. Le dijo: –Abraham. Éste respondió: –Aquí estoy. Y Dios le dijo: –Toma ahora a tu hijo, tu único, Isaac, a quien amas, vete a tierra de Moriah y ofrécelo allí en holocausto sobre uno de los montes que yo te diré" (Gén. 22: 1 y 2).

A fin de comprender la magnitud de la prueba, hemos de tener una idea clara de lo que Isaac significaba, de lo que abarcaba la promesa que se le había hecho a Abraham y que se había de cumplir por medio de Isaac. Lo hemos estudiado ya, y aquí sólo recordaremos el hecho. Dios había dicho a Abraham: "serán benditas en ti todas las familias de la tierra", y "en Isaac te será llamada simiente" (Gén. 12:3 y 21:12).

Como hemos visto ya, la bendición es la bendición del evangelio; la bendición que viene mediante Cristo y su cruz. Pero todo ello, tal como Dios había dicho, había de cumplirse mediante Isaac. La simiente prometida, que consistía en Cristo y en todos los que son de él, había de venir a través de Isaac. Vemos pues que para los ojos humanos, esa demanda de Dios parecía descartar toda esperanza de que se pudiera cumplir la promesa.

Pero la promesa era una promesa de salvación mediante Jesucristo, la simiente. La promesa había sido muy explícita: "en Isaac te será llamada simiente", y esa simiente era ante todo Cristo.

Por lo tanto, Cristo, el Salvador de todos los hombres, solamente podía venir en la línea de Isaac. Ahora bien, Isaac era aún un joven y no se había casado. Matarlo a él sería, humanamente hablando, eliminar toda posibilidad de un Mesías, y por lo tanto, toda esperanza de salvación. Por toda apariencia, se estaba pidiendo a Abraham que pusiera el cuchillo en su propio cuello, cortando así toda esperanza de su propia salvación.

Podemos ver que no era solamente el amor paternal de Abraham lo que estaba a prueba, sino su fe en la promesa de Dios.

A ningún hombre se le ha pedido jamás que pase por una prueba peor que esa, puesto que ningún otro podría estar nunca en una posición como la suya. Toda la esperanza de toda la raza humana dependía de Isaac, y a Abraham se le estaba pidiendo aparentemente que la destruyera de una cuchillada. Bien podría llamarse a quien resistiera esa prueba, el "padre de todos los creyentes" (Rom. 4:11). Podemos estar seguros de que Abraham fue poderosamente tentado a dudar de que ese requerimiento viniera del Señor; tan directamente contrario a la promesa de Dios parecía ser.

Tentaciones

Ser tentado, ser severamente tentado, no es pecado. "Hermanos míos, gozaos profundamente cuando os halléis en diversas pruebas [tentaciones]" (Sant. 1:2). El apóstol Pedro se refiere a la misma herencia que fue prometida a Abraham, y afirma que nos alegramos en ella, "aunque ahora por un poco de tiempo, si es necesario, tengáis que ser afligidos en diversas pruebas [tentaciones], para que, sometida a prueba vuestra fe, mucho más preciosa que el oro (el cual, aunque perecedero, se prueba con fuego), sea hallada en alabanza, gloria y honra cuando sea manifestado Jesucristo. Vosotros, que lo amáis sin haberlo visto, creyendo en él aunque ahora no lo veáis, os alegráis con gozo inefable y glorioso, obteniendo el fin de vuestra fe, que es la salvación de vuestras almas" (1ª Ped. 1:6-9).

Esas tentaciones son causa de pesar, dice el apóstol. Pesan sobre uno. Si no fuera así, si no se requiriera esfuerzo alguno para sobrellevarlas, no serían tentaciones. El hecho de que algo sea una tentación significa que llama a los sentidos, y que para resistirlo es necesario empeñar casi la propia vida. Por lo tanto, podemos saber –sin empequeñecer de ninguna forma la fe de Abraham– que le costó una terrible lucha obedecer el mandato del Señor.

Las dudas inundaron su mente. Las dudas vienen del diablo, y ningún hombre es tan bueno como para estar a salvo de las sugestiones de Satanás. Hasta el propio Señor hubo de enfrentarlas. "Fue tentado en todo según nuestra semejanza, pero sin pecado" (Heb. 4:15). El pecado no consiste en las dudas que el diablo susurra a nuestros oídos, sino en nuestra respuesta a las mismas. Cristo no les dio oído. Y tampoco Abraham; sin embargo, quien piensa que el patriarca emprendió su viaje sin tener primeramente una severa lucha, no solamente ignora lo que implicaba aquella prueba, sino también la realidad de los sentimientos de un padre.

El tentador debió sugerirle: 'Esa no puede ser una demanda del Señor, dado que él te ha prometido una posteridad incontable, y ha dicho que vendrá a través de Isaac'. El pensamiento debió venirle una vez y otra, pero no podía arraigar, ya que Abraham conocía bien la voz del Señor. Sabía que el llamado a ofrecer Isaac procedía del mismo origen que la promesa. La repetición de esa sugerencia del tentador no debió tener otro efecto que el de aumentar su seguridad en que la demanda venía del Señor.

Pero eso no ponía fin a la lucha. En su propio afecto hacia el joven debió encontrar una tremenda tentación a desoír la demanda de Dios. El requerimiento lo expresaba en su desgarradora profundidad: "Toma ahora a tu hijo, tu único, Isaac, a quien amas". Y allí estaba la madre, confiada y orgullosa de su hijo. ¿Cómo podría hacerle creer que era el Señor quien le había hablado? ¿No le reprocharía acaso por haber seguido las imaginaciones de una mente trastornada? ¿Cómo podría hacerla partícipe? O, en caso de realizar el sacrificio sin que ella lo supiera, ¿cómo se iba a encontrar con ella a su regreso? Además, estaba toda la gente que le rodeaba. ¿No le acusarían de haber asesinado a su hijo? Podemos tener la seguridad de que Abraham tuvo una lucha sin tregua con todas esas sugerencias que debieron amontonarse en su mente y corazón.

Pero la fe obtuvo la victoria. El tiempo de sus dudas quedó ya atrás, y ahora "tampoco dudó, por incredulidad, de la promesa de Dios, sino que se fortaleció por la fe, dando gloria a Dios" (Rom. 4:20). "Por la fe Abraham, cuando fue probado, ofreció a Isaac: el que había recibido las promesas, ofrecía su unigénito, habiéndosele dicho: 'En Isaac te será llamada simiente', porque pensaba que Dios es poderoso para levantar aun de entre los muertos, de donde, en sentido figurado, también lo volvió a recibir" (Heb. 11:17-19).

Desde el principio hasta el final, todo tenía que ver con la resurrección de los muertos. El nacimiento de Isaac significaba en realidad dar vida a los muertos. Fue por el poder de la resurrección. Con anterioridad, al escuchar a su mujer, Abraham había dejado de confiar en el poder de Dios para darle un hijo de entre los muertos. Se había arrepentido de su fracaso, pero necesitaba ser probado en ese punto, para asegurarse de que había aprendido concienzudamente la lección. El resultado demostró que así había sido.

Hijo unigénito

"El que había recibido las promesas, ofrecía su unigénito, habiéndosele dicho: 'En Isaac te será llamada simiente', porque pensaba que Dios es poderoso para levantar aun de entre los muertos". Observa la expresión: "su unigénito". No podemos leerlo sin recordar que "De tal manera amó Dios al mundo, que ha dado a su Hijo unigénito, para que todo aquel que en él cree no se pierda, sino que tenga vida eterna" (Juan 3:16). En Abraham, ofreciendo su hijo unigénito, tenemos una figura del ofrecimiento del unigénito Hijo de Dios. Así lo comprendió Abraham. Se gozó en Cristo. Supo que a través de la Simiente prometida vendría la resurrección de los muertos; y su fe en la resurrección, que sólo puede venir mediante Jesús, fue la que le permitió resistir en la prueba.

Abraham ofreció su hijo único en la confianza de que éste resucitaría de los muertos gracias a que Dios ofrecería a su Hijo unigénito. De hecho, Dios había ofrecido ya a su Hijo unigénito, puesto que "Él estaba destinado desde antes de la fundación del mundo, pero ha sido manifestado en los últimos tiempos por amor de vosotros" (1ª Ped. 1:20). Y en ello podemos ver la maravillosa fe de Abraham, y cuán plenamente comprendió el propósito y el poder de Dios. El Mesías, la Simiente mediante la cual habrían de venir todas las bendiciones a los hombres, había de nacer del linaje de Isaac. Isaac había de ser muerto sin tener heredero. Sin embargo, Abraham tenía tal confianza en la vida y poder de la palabra del Señor, que creyó que cumpliría lo que ella misma decía. Creyó que el Mesías que habría de venir del linaje de Isaac, y cuya muerte sería lo único que podría destruir la muerte y traer la resurrección, y que aún no se había manifestado al mundo, tenía poder para resucitar a Isaac de los muertos, a fin de que se pudiera cumplir la promesa y Cristo pudiera nacer en el mundo. Era imposible que existiera una fe mayor que la de Abraham.

La resurrección y la vida

En lo anterior no sólo vemos la prueba de la pre-existencia de Cristo, sino también del conocimiento que Abraham tenía de ella. Jesús dijo: "Yo soy la resurrección y la vida" (Juan 11:25). Él era el Verbo que estaba en el principio con Dios, y era Dios. Era la resurrección y la vida en los días de Abraham, tanto como en los de Lázaro. "En Él estaba la vida", la vida eterna. Abraham lo creyó, ya que había experimentado su poder, y tenía confianza en que la vida del Verbo devolvería a Isaac a la vida, a fin de que se cumpliera la promesa.

Abraham inició su viaje. Durante tres días recorrió el penoso camino, durante los cuales el tentador tuvo cumplida ocasión de asaltarlo con toda suerte de dudas. Pero la duda quedó totalmente dominada cuando "al tercer día alzó Abraham sus ojos y vio de lejos el lugar" (Gén. 22:4). Evidentemente, apareció en el monte alguna señal de que era el Señor quien le había llevado allí, lo que borró cualquier sombra de duda. La lucha había terminado, y prosiguió en completar su tarea, en la plena seguridad de que Dios devolvería a Isaac de entre los muertos.

"Entonces dijo Abraham a sus siervos: –Esperad aquí con el asno. Yo y el muchacho iremos hasta allá, adoraremos y volveremos a vosotros" (vers. 5). Si es que no hubiera en todo el Nuevo Testamento una sola línea más que esta sobre el tema, podríamos saber por ese versículo que Abraham tuvo fe en la resurrección. "Yo y el muchacho iremos hasta allá, adoraremos y volveremos a vosotros". El original lo expresa con total claridad. *Iremos*, y *volveremos* a vosotros. El patriarca tenía una confianza tal en la promesa del Señor, que creyó plenamente que aunque ofreciera a Isaac como ofrenda ardiente, su hijo resucitaría, de forma que pudieran regresar juntos. "La esperanza no avergüenza" (Rom. 5:5). Habiendo sido justificado por la fe, estaba en paz con Dios mediante nuestro Señor Jesucristo. Había resistido con paciencia la prueba de su fe, ya que la amargura de su prueba había desaparecido ahora, y había adquirido la rica experiencia de la vida que hay en la palabra, y eso lo afirmó en una esperanza inamovible.

El sacrificio consumado

Conocemos el desenlace. Isaac cargó la leña hasta el lugar señalado. Se levantó el altar, e Isaac fue atado y puesto sobre el mismo. Tenemos también aquí la semblanza con el sacrificio de Cristo. Dios dio a su Hijo unigénito, pero su Hijo no se ofreció en contra de su propia voluntad. Cristo "se dio a sí mismo por nosotros". Así, Isaac se ofreció de buen grado como sacrificio. Era joven y fuerte, y fácilmente habría podido resistirse o huir, de haberlo deseado así. Pero no lo hizo. Se trataba de su sacrificio, tanto como del de su padre. De igual forma a como Cristo cargó con su propia cruz, Isaac cargó la madera (leña) para su propio sacrificio, y mansamente ofreció su cuerpo al cuchillo. En Isaac tenemos un tipo de Cristo, quien "como cordero fue llevado al matadero", y lo dicho por Abraham: "Dios proveerá el cordero para el holocausto", no fue otra cosa que la expresión de su fe en el Cordero de Dios.

"Extendió luego Abraham su mano y tomó el cuchillo para degollar a su hijo. Entonces el ángel de Jehová lo llamó desde el cielo: –¡Abraham, Abraham! Él respondió: –Aquí estoy. El ángel le dijo: –No extiendas tu mano sobre el muchacho ni le hagas nada, pues ya sé que temes a Dios, por cuanto no me rehusaste a tu hijo, tu único hijo. Entonces alzó Abraham sus ojos y vio a sus espaldas un carnero trabado por los cuernos en un zarzal; fue Abraham, tomó el carnero y lo ofreció en holocausto en lugar de su hijo" (Gén. 22:10-13). Quedó a salvo la vida del hijo, sin embargo, el sacrificio fue tan verdadero y completo como si se le hubiera dado muerte.

La obra de la fe

Detengámonos un momento a leer las palabras de Santiago al propósito. "¿Quieres saber, hombre vano, que la fe sin obras está muerta? ¿No fue justificado por las obras Abraham nuestro padre, cuando ofreció a su hijo Isaac sobre el altar? ¿No ves que la fe actuó juntamente con sus obras y que la fe se perfeccionó por las obras? Y se cumplió la Escritura que dice: 'Abraham creyó a Dios y le fue contado por justicia', y fue llamado amigo de Dios" (Sant. 2:20-23).

¿Cómo es posible que alguien suponga que existe aquí contradicción o modificación de la doctrina de la justificación por la fe, tal como la presentan los escritos del apóstol Pablo? Los escritos del apóstol Pablo enseñan que la fe obra. "La fe que obra por el amor" (Gál. 5:6) es el artículo que se señala como imprescindible. Felicitó a los hermanos Tesalonicenses por "la obra de vuestra fe" (1ª Tes. 1:2 y 3).

Así, el apóstol Santiago emplea el caso de Abraham como una ilustración del obrar de la fe. Dios le había hecho una promesa; él la había creído, y su fe le había sido contada por justicia. Su fe era el tipo de fe que obra justicia. Esa fe fue ahora puesta a prueba, y las obras demostraron que era perfecta. Así fue cumplida la Escritura que dice: "Abraham creyó a Jehová y le fue contado por justicia" (Gén. 15:6). Esa obra fue la demostración del hecho de que era apropiado que la fe se le hubiera imputado por justicia. Era una fe que obró con sus obras. La obra de Abraham fue una obra de fe. Sus obras no produjeron su fe, sino que fue su fe la que produjo las obras. Fue justificado, no por *la fe y las obras*, sino por *la fe que obra*.

Amigo de Dios

"Y fue llamado amigo de Dios". Jesús dijo a sus discípulos: "Ya no os llamaré siervos, porque el siervo no sabe lo que hace su señor; pero os he llamado amigos, porque todas las cosas que oí de mi Padre os las he dado a conocer" (Juan 15:15). Amistad significa confianza mutua. En la perfecta amistad cada uno se revela a sí mismo al otro, de una forma en que no lo hace con el resto de las personas. No puede haber perfecta amistad allí donde hay desconfianza y recelo. Entre perfectos amigos hay perfecto entendimiento. Así, Dios llamó a Abraham su amigo, debido a que se comprendían perfectamente el uno al otro. Ese sacrificio reveló plenamente el carácter de Abraham. Dios había dicho previamente, "porque yo lo he conocido" (Gén. 18:19), y aquí, "ya sé que temes a Dios". Y Abraham por su parte comprendió al Señor. El sacrificio de su hijo único era indicativo de que conocía el carácter amante de Dios, quien había dado a su Hijo unigénito en favor del hombre. Estaban unidos por un sacrificio mutuo, y por una mutua simpatía. Nadie podía apreciar tan bien como Abraham los sentimientos de Dios.

Nadie puede ser jamás llamado a soportar prueba como la que Abraham resistió, puesto que las circunstancias no pueden volver a ser las mismas. Nunca más puede suceder que el destino del mundo dependa de una sola persona, que esté, por así decirlo, pendiente de un hilo. Sin embargo, cada hijo de Abraham será probado, puesto que sólo son hijos de Abraham los que poseen una fe como la suya. Está al alcance de cada uno el ser un amigo de Dios, y así debe ser, si se trata de un hijo de Abraham. Dios se manifestará a su pueblo de una forma en que no lo hace al mundo.

Pero no hemos de olvidar que la amistad está basada en la confianza mutua. Si es que el Señor se nos ha de revelar a nosotros, también nosotros nos hemos de revelar a él. Si confesamos nuestros pecados, trayendo ante él en secreto todas nuestras debilidades y dificultades, entonces tendremos en él a un amigo fiel, y nos revelará su amor y su poder para librar de la tentación. Él nos mostrará la forma en que fue tentado de la misma manera, sufriendo las mismas enfermedades, y nos mostrará cómo vencer. Así, en amante intercambio de confidencias, nos sentaremos juntos en los lugares celestiales en Cristo Jesús, y cenaremos juntos. Él nos mostrará cosas maravillosas, ya que "la comunión íntima de Jehová es con los que lo temen, y a ellos hará conocer su pacto" (Sal. 25:14).

Capítulo 10

La promesa y el juramento

SE HA realizado el sacrificio; la fe de Abraham ha sido puesta a prueba, y se la ha encontrado perfecta; "Llamó el ángel de Jehová a Abraham por segunda vez desde el cielo, y le dijo: –Por mí mismo he jurado, dice Jehová, que por cuanto has hecho esto y no me has rehusado a tu hijo, tu único hijo, de cierto te bendeciré y multiplicaré tu simiente como las estrellas del cielo y como la arena que está a la orilla del mar; tu simiente se adueñará de las puertas de tus enemigos. En tu simiente serán benditas todas las naciones de la tierra, por cuanto obedeciste a mi voz" (Gén. 22:15-18).

La epístola a los Hebreos nos revela el significado de que Dios jurara por sí mismo. Al leer la Escritura que sigue, observa la referencia directa al texto que acabamos de considerar:

"Cuando Dios hizo la promesa a Abraham, no pudiendo jurar por otro mayor, juró por sí mismo diciendo: 'De cierto te bendeciré con abundancia y te multiplicaré grandemente'. Y habiendo esperado con paciencia, alcanzó la promesa. Los hombres ciertamente juran por uno mayor que ellos, y para ellos el fin de toda controversia es el juramento para confirmación. Por lo cual, queriendo Dios mostrar más abundantemente a los herederos de la promesa la inmutabilidad de su consejo, interpuso juramento, para que por dos cosas inmutables, en las cuales es imposible que Dios mienta, tengamos un fortísimo consuelo los que hemos acudido para asirnos de la esperanza puesta delante de nosotros. La cual tenemos como segura y firme ancla del alma, y que penetra hasta dentro del velo, donde Jesús entró por nosotros como precursor, hecho sumo sacerdote para siempre según el orden de Melquisedec" (Heb. 6:13-20).

El juramento no era por causa de Abraham. Él creía plenamente en Dios sin necesitar de que el juramento respaldara la promesa. Su fe se había demostrado perfecta, antes de venir el juramento. Además, si se lo hubiera hecho por causa suya, no habría habido necesidad de que quedara registrado por escrito. Pero era la voluntad de Dios mostrar más abundantemente a los herederos de la promesa la inmutabilidad de su consejo, y por eso confirmó la promesa con un juramento.

Solamente en Cristo

Y ¿quiénes son los herederos de la promesa? Nos lo aclara la cláusula que sigue. El juramento tenía por objeto que "tengamos un fortísimo consuelo". Fue dado por nuestra causa. Eso demuestra que el pacto hecho con Abraham nos concierne. Los que son de Cristo son simiente de Abraham, y herederos conforme a la promesa; y este juramento se hizo con el fin de darnos ánimo, cuando buscamos refugio en Cristo.

Cuán plenamente muestra esta última referencia que el pacto hecho con Abraham, con todas sus promesas, es puramente el evangelio.

El juramento respalda la promesa; pero nos da consuelo cuando corremos a Cristo en busca de refugio; por lo tanto, la promesa hace referencia a todo lo que hemos de tener en Cristo. Así lo muestra también el texto tan a menudo repetido: "Si vosotros sois de Cristo, ciertamente descendientes de Abraham sois, y herederos *según la promesa*" (Gál. 3:29). La promesa no se refería a otra cosa que no fuese Cristo y las bendiciones otorgadas mediante su cruz. Así fue como el apóstol Pablo, cuya determinación fue no saber nada excepto "Cristo, y Cristo crucificado", pudo también afirmar que se sostenía, y estaba siendo juzgado "por la esperanza de la promesa que hizo Dios a nuestros padres" (Hech. 26:6). "La esperanza de la promesa que hizo Dios a nuestros padres" es "la esperanza puesta delante de nosotros" en Cristo, y que nos provee un "fortísimo consuelo" gracias al juramento que Dios hizo a Abraham.

El juramento de Dios confirmó el pacto. El juramento mediante el cual se confirmó la promesa nos da un fortísimo consuelo cuando acudimos a refugiarnos al santuario en el que Cristo es sacerdote en favor nuestro, según el orden de Melquisedec. Por lo tanto ese juramento fue el mismo que constituyó a Cristo sacerdote para siempre, según el orden de Melquisedec. Eso lo aclara fuera de toda duda Hebreos 7:21, donde leemos que Cristo fue hecho sacerdote "con el juramento del que le dijo: 'Juró el Señor y no se arrepentirá: tú eres sacerdote para siempre, según el orden de Melquisedec". Por eso puede también salvar perpetuamente a los que por él se acercan a Dios.

Más aún, el juramento por el que Cristo fue constituido sacerdote según el orden de Melquisedec fue el juramento por el que fue hecho fiador del "mejor pacto" (vers. 22), que es el nuevo pacto. Pero el juramento por el que Jesús fue constituido sacerdote según el orden de Melquisedec fue el mismo por el que quedó confirmado el pacto hecho con Abraham. Por consiguiente, el pacto hecho con Abraham es idéntico al nuevo pacto, en su alcance. Nada hay en el nuevo pacto, que no esté en el pacto hecho con Abraham; y nadie será jamás incluido en el nuevo pacto, a menos que sea un hijo de Abraham mediante el pacto que se estableció con él.

Qué maravilloso consuelo pierden quienes dejan de percibir el evangelio, y sólo el evangelio, en la promesa de Dios a Abraham. El "fortísimo consuelo" que nos da el juramento de Dios radica en la obra de Cristo como "misericordioso y fiel sumo sacerdote en lo que a Dios se refiere, para expiar los pecados del pueblo" (Heb. 2:17). Como sacerdote, presenta su sangre, mediante la cual tenemos redención, el perdón de los pecados. Como sacerdote no sólo nos provee misericordia, sino también "gracia para el oportuno socorro" (Heb. 4:16). Eso nos es asegurado "sin acepción de personas" (1ª Ped. 1:17) por el juramento de Dios.

"Fortísimo consuelo"

Hay aquí un alma tímida, pobre y temblorosa, abatida y desesperada por el sentimiento de los pecados cometidos, y de su debilidad e indignidad. Teme que Dios no lo aceptará. Piensa que es demasiado insignificante como para que Dios lo note, y que no va a significar una diferencia para nadie, ni siquiera para Dios, si se pierde. Al tal le dice Dios: "Oídme, los que seguís la justicia, los que buscáis a Jehová. Mirad a la piedra de donde fuisteis cortados, al hueco de la cantera de donde fuisteis arrancados. Mirad a Abraham, vuestro padre, y a Sara, que os dio a luz; porque cuando no era más que uno solo, lo llamé, lo bendije y lo multipliqué. Ciertamente consolará Jehová a Sión; consolará todas sus ruinas. Cambiará su desierto en un edén y su tierra estéril en huerto de Jehová; se hallará en ella alegría y gozo, alabanzas y cánticos" (Isa. 51:1-3).

Mira a Abraham, sacado del paganismo, y ve lo que Dios hizo por él, lo que le prometió, confirmándolo mediante el juramento que hizo por sí mismo, por causa tuya. Piensas que no hará ninguna diferencia para el Señor si te perdieses, debido a que te sientes anodino e insignificante. Bien, tu dignidad o indignidad nada tienen que ver aquí. El Señor dice: "Yo, yo soy quien borro tus rebeliones por amor de mí mismo, y no me acordaré de tus pecados" (Isa. 43:25). ¿Por amor de Dios mismo? Sí, ciertamente; por ese, su gran amor con que nos amó, se ha comprometido a hacerlo. Juró por sí mismo salvar a todos los que acuden a él mediante Jesucristo, y "él permanece fiel, porque no puede negarse a sí mismo" (2ª Tim. 2:13).

Piensa en esto: ¡Dios lo juró por sí mismo! Es decir, se puso a sí mismo como seguridad, empeñó su propia existencia, para nuestra salvación en Jesucristo. Se puso a sí mismo como prenda. Su vida va por la nuestra, si perecemos confiando en él. Su honor está en juego. No es una cuestión de si eres o no insignificante, de si tienes mucho o ningún valor. Él mismo dijo que somos "menos que nada" (Isa. 40:17). Nos vendimos por nada (Isa. 52:3), lo que muestra nuestro verdadero valor; y hemos de ser redimidos sin dinero, por la preciosa sangre de Cristo. La sangre de Cristo es la vida de Cristo; y la vida de Cristo, al sernos otorgada, nos hace participantes de su valor. La única cuestión es: ¿puede Dios permitirse quebrantar u olvidar su juramento? Y la respuesta es que tenemos "dos cosas inmutables, en las cuales es imposible que Dios mienta".

Piensa en lo que estaría implicado en el quebrantamiento de esa promesa y ese juramento. La palabra de Dios, que trae la promesa, es la palabra que creó los cielos y la tierra, y la que los mantiene. "Levantad en alto vuestros ojos y mirad quién creó estas cosas; él saca y cuenta su ejército; a todas llama por sus nombres y ninguna faltará. ¡Tal es la grandeza de su fuerza y el poder de su dominio! ¿Por qué dices, Jacob, y hablas tú, Israel: 'Mi camino está escondido de Jehová, y de mi Dios pasó mi juicio'?" (Isa. 40:26 y 27). La sección precedente de ese capítulo se refiere a la palabra de Dios, que creó todas las cosas, y que permanece para siempre. El apóstol Pedro citó esas palabras, con la declaración adicional: "Y esta es la palabra que por el evangelio os ha sido anunciada" (1ª Ped. 1:25).

Es la palabra de Dios en Cristo la que sustenta el universo, y mantiene en su lugar a las innumerables estrellas. "Todas las cosas en él subsisten" (Col. 1:17). Si Él fallara, el universo se colapsaría. Pero Dios no es más seguro que su propia palabra, puesto que está respaldada por su juramento. Ha puesto su misma existencia como prenda del cumplimiento de su palabra. Si su palabra fallara al más humilde de los habitantes de la tierra, Él mismo resultaría arruinado, deshonrado y destronado. El universo entero se sumiría en el caos y la aniquilación.

Así, el peso de todo el universo está en la balanza para asegurar la salvación de toda alma que la procure en Cristo. El poder manifestado en ello es el poder comprometido en auxilio del necesitado. Por tanto tiempo como la materia exista, será segura la palabra de Dios. "Para siempre, Jehová, permanece tu palabra en los cielos" (Sal. 119:89). Sería una trágica pérdida para ti si pierdes tu salvación; pero sería una pérdida aún mucho más trágica para el Señor si te perdieras por su falta. Por lo tanto, que toda alma que duda entone el himno:

> "Su juramento, su pacto, su sangre,
> Me sostendrán en la inundación;
> Cuando todo se hunde a mi alrededor,
> Él es mi Roca de los siglos."

Capítulo 11

La promesa de victoria

HEMOS observado la repetición de la promesa, y el juramento que la confirmó. Pero hay todavía un rasgo muy importante de la promesa al que no hemos prestado especial atención. Es este: "tu simiente se adueñará de las puertas de tus enemigos" (Gén. 22:17). Eso merece un cuidadoso estudio, pues significa la consumación del evangelio.

Nunca hay que olvidar que: "a Abraham fueron hechas las promesas, y a su simiente. No dice: 'Y a los descendientes', como si hablara de muchos, sino como de uno: 'Y a tu simiente', la cual es Cristo" (Gál. 3:16). Y que "si vosotros sois de Cristo, ciertamente descendientes de Abraham sois, y herederos según la promesa" (vers. 29). La simiente es Cristo y los que son de él, y no otra cosa. La Biblia en ninguna parte establece otra simiente de Abraham distinta de la citada. Por lo tanto, la promesa a Abraham significa esto: que Cristo, con los que son suyos –"tu simiente"–, se adueñará de las puertas de sus enemigos.

El pecado entró en el mundo por un hombre. La tentación vino mediante Satanás, el enemigo de Cristo. Satanás y sus huestes son los enemigos de Cristo, y de todo lo que tiene que ver con Cristo. Son los enemigos de todo bien, y de todo hombre. El nombre "Satanás" significa adversario. "Vuestro adversario, el diablo, como león rugiente, anda alrededor buscando a quien devore" (1ª Ped. 5:8). La promesa de que la simiente de Abraham se adueñaría de las puertas de sus enemigos, es la promesa de la victoria sobre el pecado y Satanás, mediante Jesucristo.

Así lo muestran las palabras de Zacarías el sacerdote, cuando fue lleno del Espíritu Santo y profetizó, diciendo: "Bendito el Señor Dios de Israel, que ha visitado y redimido a su pueblo, y nos levantó un poderoso Salvador en la casa de David, su siervo –como habló por boca de sus santos profetas que fueron desde el principio–, salvación de nuestros enemigos y de la mano de todos los que nos odiaron, para hacer misericordia con nuestros padres y acordarse de su santo pacto, del juramento que hizo a Abraham, nuestro padre, que nos había de conceder que, librados de nuestros enemigos, sin temor lo serviríamos en santidad y en justicia delante de él todos nuestros días" (Luc. 1:68-75).

Esas palabras fueron pronunciadas en ocasión del nacimiento de Juan Bautista, el precursor de Jesús. Son una referencia directa a la promesa y juramento que estamos estudiando. Fueron inspiradas por el Espíritu Santo. Por lo tanto, estamos sencillamente siguiendo la conducción del Espíritu, cuando decimos que la promesa de enseñorearnos de las puertas de nuestros enemigos significa liberación del poder de las huestes de Satanás. Cuando Cristo envió a los doce, "les dio poder y autoridad sobre todos los demonios" (Luc. 9:1). Ese poder ha de acompañar a su iglesia hasta el final del tiempo, ya que Cristo dijo: "Estas señales seguirán a los que creen: En mi nombre echarán fuera demonios", etc. (Mar. 16:17). Y también: "El que en mí cree, las obras que yo hago, él también las hará; y aún mayores hará, porque yo voy al Padre" (Juan 14:12).

Pero la muerte vino por el pecado, y dado que Satanás es el autor del pecado, tiene el poder de la muerte. Una teología derivada del paganismo puede llevar a la gente a decir que la muerte es un amigo; pero todo cortejo fúnebre y toda lágrima derramada por un difunto proclaman que es un enemigo. Así la declara la Biblia, y habla de su destrucción. Hablando de los hermanos, y a los hermanos, declara:

"Así como en Adán todos mueren, también en Cristo todos serán vivificados. Pero cada uno en su debido orden: Cristo, las primicias; luego los que son de Cristo, en su venida. Luego el fin, cuando entregue el Reino al Dios y Padre, cuando haya suprimido todo dominio, toda autoridad y todo poder. Preciso es que él reine hasta que haya puesto a todos sus enemigos debajo de sus pies. Y el postrer enemigo que será destruido es la muerte" (1ª Cor. 15:22-26).

Esto nos dice que el final ocurre cuando el Señor viene, y que cuando eso tiene lugar, todos los enemigos de Cristo habrán sido puestos bajo sus pies, de acuerdo con la palabra del Padre y el Hijo, "Siéntate a mi diestra, hasta que ponga a tus enemigos por estrado de tus pies" (Sal. 110:1). El último enemigo que será destruido es la muerte. Juan contempló en visión a los muertos, grandes y pequeños, compareciendo ante Dios para ser juzgados en el último gran día. Aquellos cuyos nombres no fueron hallados en el libro de la vida del Cordero, fueron echados en el lago de fuego. "La muerte y el Hades fueron lanzados al lago de fuego. Esta es la muerte segunda". "Bienaventurado y santo el que tiene parte en la primera resurrección; la segunda muerte no tiene poder sobre estos" (Apoc. 20:14, 6).

La promesa, "tu simiente se adueñará de las puertas de tus enemigos", no puede cumplirse sino tras haberse producido la victoria sobre todos los enemigos, por parte de la totalidad de la simiente. Cristo ha triunfado; y nosotros podemos ahora mismo dar gracias a Dios, quien "nos da la victoria por medio de nuestro Señor Jesucristo" (1ª Cor. 15:57); pero la batalla aún no ha terminado, ni siquiera con nosotros; hay muchos que serán vencedores por fin, y que aún no se han alistado todavía bajo la bandera del Señor; y algunos que hoy son suyos pueden abandonar la fe. La promesa, por lo tanto, abarca nada menos que la consumación de la obra del evangelio, la resurrección de todos los justos –los hijos de Abraham–, y la recepción de la inmortalidad en la segunda venida de Cristo.

"Si vosotros sois de Cristo, ciertamente descendientes de Abraham sois, y herederos según la promesa". Pero la posesión del Espíritu Santo es la característica distintiva de los que son de Cristo. "Si el Espíritu de aquel que levantó de los muertos a Jesús está en vosotros, el que levantó de los muertos a Cristo Jesús vivificará también vuestros cuerpos mortales por su Espíritu que está en vosotros" (Rom. 8:11).

Vemos, pues, que la esperanza de la promesa hecha a Abraham era la resurrección de los muertos, en la venida del Señor. La esperanza de la venida de Cristo es la "bienaventurada esperanza" que ha animado al pueblo de Dios desde los días de Abraham. Sí, desde los de Adán. Decimos a menudo que todos los sacrificios señalaban hacia Cristo, y con casi igual frecuencia olvidamos lo que implica esa afirmación. No puede significar que señalaban al momento en el que fuera a obtenerse el perdón de los pecados, puesto que todos los patriarcas tuvieron a su alcance ese perdón, tanto como lo pueda tener cualquiera tras la crucifixión de Cristo. Se citan especialmente a Abel y Enoc, de entre la multitud de los que fueron justificados por la fe. La cruz de Cristo fue algo tan real en los días de Abraham, como lo pueda ser para cualquiera que viva hoy.

¿Cuál es, pues, el auténtico significado de la declaración según la cual todos los sacrificios, desde Abel hasta el tiempo de Cristo, lo señalaban a él? Es este: Es claro que mostraban la muerte de Cristo; nadie puede dudar de ello. Pero, ¿de qué habría valido la muerte de Cristo, si no hubiera resucitado? Pablo predicó solamente a Cristo, y a éste crucificado, sin embargo, "les predicaba el evangelio de Jesús, y de la resurrección" (Hech. 17:18). Predicar a Cristo crucificado es predicar a Cristo resucitado. Pero la resurrección de Cristo lleva en ella la resurrección de todos los que son suyos. El bien instruido y creyente judío, por lo tanto, mostraba mediante su sacrificio, su fe en la promesa hecha a Abraham, que debería cumplirse en la venida del Señor. La carne y la sangre de la víctima representaban el cuerpo y la sangre de Cristo, como lo hacen el pan y el vino –en la cena del Señor– mediante los que anunciamos la muerte del Señor, hasta que venga (1ª Cor. 11:25 y 26).

Capítulo 12

Visión general

"POR LA FE Abraham, siendo llamado, obedeció para salir al lugar que había de recibir como herencia; y salió sin saber a dónde iba. Por la fe habitó como extranjero en la tierra prometida como en tierra ajena, habitando en tiendas con Isaac y Jacob, coherederos de la misma promesa, porque esperaba la ciudad que tiene fundamentos, cuyo arquitecto y constructor es Dios. Por la fe también la misma Sara, siendo estéril, recibió fuerza para concebir; y dio a luz aún fuera del tiempo de la edad, porque creyó que era fiel quien lo había prometido. Por lo cual también, de uno, y ese ya casi muerto, salieron como las estrellas del cielo en multitud, como la arena innumerable que está a la orilla del mar. En la fe murieron todos estos sin haber recibido lo prometido, sino mirándolo de lejos, creyéndolo y saludándolo, y confesando que eran extranjeros y peregrinos sobre la tierra. Los que esto dicen, claramente dan a entender que buscan una patria, pues si hubieran estado pensando en aquella de donde salieron, ciertamente tenían tiempo de volver. Pero anhelaban una mejor, esto es, celestial; por lo cual Dios no se avergüenza de llamarse Dios de ellos, porque les ha preparado una ciudad" (Heb. 11:8-16).

Herederos

Lo primero que observamos en esa escritura es que todos ellos eran herederos. Hemos visto ya que el propio Abraham no iba a ser más que un heredero en su vida en esta tierra, puesto que habría de morir antes de que su simiente regresara de la cautividad. Pero Isaac y Jacob, sus descendientes inmediatos, fueron igualmente herederos.

Los hijos eran coherederos de la misma herencia prometida, junto con sus padres.

No sólo eso, sino que salieron de Abraham "como las estrellas del cielo en multitud, como la arena innumerable que está a la orilla del mar". Estos eran también herederos de la misma promesa, ya que "en la fe murieron todos estos sin haber recibido lo prometido, sino mirándolo de lejos, creyéndolo y saludándolo, y confesando que eran extranjeros y peregrinos sobre la tierra". Recuerda: los que formaban la hueste incontable de los descendientes de Abraham, "en la fe murieron... sin haber recibido lo prometido". No es que les faltara recibir alguna parte; les faltaba todo. Eso es así porque todas las promesas son sólo en Cristo, quien es el Descendiente, y no pueden cumplirse en aquellos que son suyos antes de que se cumplan para él, e incluso él espera hasta que todos sus enemigos sean puestos por estrado de sus pies.

En armonía con esa declaración de que murieron en la fe sin haber recibido las promesas, sino confesando que eran peregrinos y extranjeros en la tierra, tenemos las palabras del rey David escritas cientos de años después de la liberación de Egipto: "Forastero soy para ti, y advenedizo, *como todos mis padres*" (Sal. 39:12). Y cuando, en la cima de su poder, entregó el reino a su hijo Salomón, dijo en presencia de todo el pueblo: "Extranjeros y advenedizos somos delante de ti, como todos nuestros padres; y nuestros días sobre la tierra, cual sombra que no dura" (1° Crón. 29:15).

Estas palabras describen la razón por la que esa incontable compañía no recibió la herencia prometida: "Porque Dios tenía reservado algo mejor para nosotros, para que no fueran ellos perfeccionados aparte de nosotros" (Heb. 11:40). Los estudiaremos más detenidamente al referirnos a su tiempo.

Una ciudad y una patria

Abraham esperaba la ciudad con fundamentos, cuyo edificador es el propio Dios. Esa ciudad con fundamentos está descrita en Apocalipsis 21:10-14: "Me llevó en el Espíritu a un monte grande y alto y me mostró la gran ciudad, la santa Jerusalén, que descendía del cielo de parte de Dios. Tenía la gloria de Dios y su fulgor era semejante al de una piedra preciosísima, como piedra de jaspe, diáfana como el cristal. Tenía un muro grande y alto, con doce puertas, y en las puertas doce ángeles, y nombres inscritos, que son los de las doce tribus de los hijos de Israel. Tres puertas al oriente, tres puertas al norte, tres puertas al sur, tres puertas al occidente. El muro de la ciudad tenía doce cimientos y sobre ellos los doce nombres de los doce apóstoles del Cordero". "Los cimientos del muro de la ciudad estaban adornados de toda clase de piedras preciosas" (vers. 19).

Esa es una descripción parcial de la ciudad que esperó Abraham. También lo hicieron sus descendientes, pues leemos descripciones de ella en los escritos de los profetas de antiguo. Habrían podido tener una casa en esta tierra, si así lo hubieran deseado. La tierra de los Caldeos era tan fértil como la de Palestina, y les habría bastado como patria para hacer su morada temporal, lo mismo que cualquier otra. Pero ninguna de ellas les satisfaría, porque "anhelaban una [patria] mejor, esto es, celestial; por lo cual Dios no se avergüenza de llamarse Dios de ellos, porque les ha preparado una ciudad".

Esa escritura, atesorada en la mente, nos guiará en nuestro estudio subsiguiente de los hijos de Israel. Los verdaderos hijos de Abraham no esperaron nunca el cumplimiento de la promesa en su vida en esta tierra, sino en la tierra nueva.

Isaac, una ilustración

El anhelo de una patria celestial hizo que los auténticos herederos sobrellevaran con buen ánimo los asuntos temporales, como ilustra la vida de Isaac. Vino a habitar en la tierra de los Filisteos, y "sembró Isaac en aquella tierra, y cosechó en aquel año el ciento por uno; y lo bendijo Jehová. Se enriqueció y fue prosperado, y se engrandeció hasta hacerse muy poderoso. Poseía hato de ovejas, hato de vacas y mucha servidumbre; y los filisteos le tuvieron envidia... Entonces dijo Abimelec a Isaac: –Apártate de nosotros, porque te has hecho mucho más poderoso que nosotros. Isaac se fue de allí y acampó en el valle de Gerar, y allí habitó" (Gén. 26:12-17).

Aunque Isaac era más poderoso que el pueblo de la tierra en la que moraba, se fue ante la solicitud de ellos, incluso a pesar de estar prosperando abundantemente. No disputaría por la posesión de un estado terrenal.

Manifestó el mismo espíritu tras ir a habitar a Gerar. Los siervos de Isaac abrieron los pozos que habían pertenecido a Abraham, y cavaron también en el valle, encontrando allí agua. Pero los pastores de los rebaños de Gerar contendieron con ellos, diciendo: "El agua es nuestra". Entonces los siervos de Isaac cavaron otro pozo, pero también este les reclamaron los pastores de Gerar. Isaac "se apartó de allí y abrió otro pozo, y ya no riñeron por él; le puso por nombre Rehbot, y dijo: 'Ahora Jehová nos ha prosperado y fructificaremos en la tierra'" (Gén. 26:18-22).

"Aquella noche se le apareció Jehová y le dijo: 'Yo soy el Dios de tu padre Abraham. No temas, porque yo estoy contigo. Te bendeciré, y multiplicaré tu simiente por amor de Abraham, mi siervo'. Entonces edificó allí un altar e invocó el nombre de Jehová. Plantó allí su tienda" (vers. 24 y 25).

Isaac tenía la promesa de una patria mejor, la celestial, por lo tanto, no contendería por la posesión de una porción de esta tierra maldita por el pecado. ¿Por qué habría de hacerlo? No era esa la herencia que el Señor le había prometido; ¿por qué habría de luchar por una parte de la tierra en la que era sólo un peregrino? Cierto, tenía que vivir, pero permitió que el Señor se encargara de eso en lugar de él. Al ser expulsado de un lugar, sencillamente se iba a otro sitio, hasta que por fin halló reposo, y entonces dijo: "Ahora Jehová nos ha prosperado". En eso demostró el verdadero espíritu de Cristo, el cual, "cuando lo maldecían, no respondía con maldición; cuando padecía, no amenazaba, sino que encomendaba la causa al que juzga justamente" (1ª Ped. 2:23).

Tenemos ahí un ejemplo. Si somos de Cristo, simiente de Abraham somos, y herederos conforme a la promesa. Por lo tanto, haremos las obras de Cristo. Sus palabras: "Yo os digo: No resistáis al que es malo; antes, a cualquiera que te hiera en la mejilla derecha, vuélvele también la otra; al que quiera ponerte a pleito y quitarte la túnica, déjale también la capa" (Mat. 5:39 y 40), son consideradas por muchos profesos cristianos como utópicas e imprácticas. Sin embargo, fueron dichas para un uso cotidiano. Cristo las puso en práctica, y en Isaac tenemos también un ejemplo.

'Pero lo habríamos de perder todo en este mundo, si hiciéramos lo que dice el texto', oímos decir. Bien, aún entonces no estaríamos en una peor condición de aquella en la que Cristo el Señor se encontró en esta tierra. Hemos de recordar que "vuestro Padre celestial sabe que tenéis necesidad de todas ellas [comida, bebida, vestido]" (Mat. 6:32). Aquel que cuida de los pájaros, es poderoso para cuidar a quienes se encomienden a él. Vemos que Isaac fue prosperado, a pesar de no "reclamar sus derechos". La misma promesa que se les hizo a ellos, también se nos hace a nosotros, por parte del mismo Dios. "Cuando ellos eran pocos en número y forasteros" en la tierra, cuando "andaban de nación en nación, de un reino a otro pueblo, no consintió que nadie los agraviara, y por causa de ellos castigó a los reyes. 'No toquéis –dijo– a mis ungidos, ni hagáis mal a mis profetas'" (Sal. 105:12-15). Dios sigue cuidando de aquellos que ponen en él su confianza.

La herencia que el Señor ha prometido a su pueblo, los descendientes de Abraham, no ha de ser obtenida mediante lucha, sino mediante las armas espirituales –la armadura de Cristo– contra las huestes de Satanás. Aquellos que buscan la patria que Dios ha prometido, se tienen por peregrinos y extranjeros en esta tierra. No pueden usar la espada, ni siquiera en defensa propia, y menos aún con afán de conquista. El Señor es su defensor. "Así ha dicho Jehová: '¡Maldito aquel que confía en el hombre, que pone su confianza en la fuerza humana, mientras su corazón se aparta de Jehová! Será como la retama en el desierto, y no verá cuando llegue el bien, sino que morará en los sequedales en el desierto, en tierra despoblada y deshabitada.

¡Bendito el hombre que confía en Jehová, cuya confianza está puesta en Jehová!, porque será como el árbol plantado junto a las aguas, que junto a la corriente echará sus raíces. No temerá cuando llegue el calor, sino que su hoja estará verde" (Jer. 17:5-8). Él no ha prometido que todos nuestros problemas serán solucionados inmediatamente, o ni siquiera necesariamente en esta vida; pero oye el clamor del pobre, y ha asegurado: "Mía es la venganza, yo pagaré, dice el Señor" (Rom. 12:19). Por lo tanto, "los que padecen según la voluntad de Dios, encomienden sus almas al fiel Creador y hagan el bien" (1ª Ped. 4:19). Podemos obrar así en la plena confianza de que "Jehová tomará a su cargo la causa del afligido y el derecho de los necesitados" (Sal. 140:12).

Infidelidad de Esaú

El caso de Esaú aporta otra prueba de que la herencia prometida a Abraham y a su simiente no era de carácter temporal, no era algo que se hubiera de disfrutar en esta vida; sino que era de naturaleza eterna, y se había de disfrutar en la vida porvenir. Se nos refiere la historia en estos términos:

"Guisó Jacob un potaje; y volviendo Esaú del campo, cansado, dijo a Jacob: –Te ruego que me des a comer de ese guiso rojo, pues estoy muy cansado (por eso fue llamado Edom). Jacob respondió: –Véndeme en este día tu primogenitura. Entonces dijo Esaú: –Me estoy muriendo, ¿para qué, pues, me servirá la primogenitura? Dijo Jacob: –Júramelo en este día. Él se lo juró, y vendió a Jacob su primogenitura. Entonces Jacob dio a Esaú pan y del guisado de las lentejas; él comió y bebió, se levantó y se fue. Así menospreció Esaú la primogenitura" (Gén. 25:29-34).

En la epístola a los Hebreos se califica a Esaú de "profano" por haber vendido su primogenitura. Eso demuestra que en su transacción hubo más que simple necesidad. Se diría que el cambiar la primogenitura por un plato de comida fue un acto pueril; pero fue peor que eso: fue iniquidad. Esaú demostró ser un infiel, manifestando sólo desprecio hacia la promesa que Dios hizo a su padre.

Observa estas palabras de Esaú, cuando Jacob le propuso venderle la primogenitura: "Me estoy muriendo, ¿para qué, pues, me servirá la primogenitura?" Carecía de toda esperanza, más allá de esta vida presente. No veía más allá. No sentía la seguridad de nada que no poseyera realmente en ese momento. No hay duda de que estaba muy hambriento. Es probable que se sintiera como a punto de morir; pero incluso esa circunstancia, para nada hizo cambiar a Abraham y a muchos otros que murieron en la fe sin haber recibido las promesas, pero estando convencidos y aferrándose a ellas. Pero Esaú no tenía una fe como esa. No creía en una herencia más allá de la tumba. Sea lo que fuere que hubiese de poseer, lo quería disfrutar ahora. Así fue como vendió su primogenitura.

De ninguna forma se puede elogiar la conducta de Jacob. Actuó como un suplantador, en armonía con la que era su tendencia natural. Su caso es el de una fe tosca, desprovista de sabiduría. Creía que había algo importante en la promesa de Dios y respetaba la fe de su padre, aunque por el momento no poseyera realmente nada de ella. Creía que la herencia que se había prometido a sus padres iba a serles otorgada, pero era tal la miseria de su conocimiento espiritual, que pensaba que era posible comprar el don de Dios con dinero. Sabemos que hasta el propio Abraham pensó en cierta ocasión que él mismo tenía que cumplir la promesa de Dios. Así, Jacob pensó sin duda, como tantos hoy, que "Dios ayuda a los que se ayudan a sí mismos". Más tarde comprendió, y se convirtió verdaderamente, ejerciendo una fe tan sincera como la de Abraham e Isaac. Su caso debiera alentarnos, pues enseña que Dios puede obrar en alguien con una disposición tan desfavorable como la de Jacob, siempre que se entregue en sus manos.

El caso de Esaú queda expuesto ante nosotros a modo de advertencia. Escribió el apóstol: "Seguid la paz con todos y la santidad, sin la cual nadie verá al Señor. Mirad bien, para que ninguno deje de alcanzar la gracia de Dios, y para que no brote ninguna raíz de amargura que os perturbe y contamine a muchos. Que no haya ningún fornicario o profano, como Esaú, que por una sola comida vendió su primogenitura. Ya sabéis que aun después, deseando heredar la bendición, fue desechado, y no tuvo oportunidad para el arrepentimiento, aunque lo procuró con lágrimas" (Heb. 12:14-17).

Esaú no ha sido la única persona insensata y profana que haya habitado el mundo. Miles de personas han hecho lo mismo que él, incluso aún culpándolo de su locura.

El Señor nos ha llamado a todos a compartir la gloria de la herencia que prometió a Abraham. Mediante la resurrección de Jesucristo de los muertos, nos ha hecho nacer a una esperanza viva, "para una herencia incorruptible, incontaminada e inmarchitable, reservada en los cielos para vosotros, que sois guardados por el poder de Dios, mediante la fe, para alcanzar la salvación que está preparada para ser manifestada en el tiempo final" (1ª Ped. 1:3-5).

Hemos de tener esa herencia de justicia mediante la obediencia de la fe, mediante la obediencia a la santa ley de Dios, los diez mandamientos. Cuando algunos ven que eso requiere la observancia del séptimo día, del sábado que observó Abraham, Isaac y Jacob, y todo Israel, sacuden sus cabezas y dicen: 'No. No puedo hacer eso. Me gustaría hacerlo, y comprendo que es un deber, pero si lo guardo no podré vivir. Perderé el empleo, y me moriré de hambre junto con mi familia'. Así es exactamente como razonó Esaú. Se estaba muriendo de hambre, o al menos, así lo creía él, y despidió su primogenitura a cambio de algo que comer. La diferencia es que la mayoría de las personas no esperan a estar a punto de morir de hambre, antes de vender su derecho a la herencia a cambio de algo que comer. No es frecuente que por servir al Señor las personas lleguen a estar a punto de morir.

Dependemos enteramente de Él para nuestra vida, en toda circunstancia; y si Él nos mantiene con vida mientras que estamos pisoteando su ley, ¿no será acaso poderoso para protegernos cuando lo servimos? El Salvador dice que angustiarse por el futuro, temiendo perecer por falta de comida, es una característica del paganismo. Él nos dio la positiva seguridad: "Buscad primeramente el reino de Dios y su justicia, y todas estas cosas os serán añadidas [comida, bebida, vestido]" (Mat. 6:21-33). Dice el salmista:

"Joven fui y he envejecido, y no he visto justo desamparado ni a su simiente que mendigue pan" (Sal. 37:25). Aún si perdiéramos la vida por causa de la verdad de Dios, estaríamos en buena compañía. Léelo en Hebreos 11:32-38. Temamos despreciar las promesas de Dios, renunciando a la herencia eterna a cambio de un trozo de pan, para darnos cuenta, cuando sea demasiado tarde, que ya no es posible el arrepentimiento.

> Mi padre es rico en casas y tierras,
> sostiene en sus manos la riqueza del mundo;
> De rubíes, diamantes, oro y plata,
> están llenos sus cofres. Posee riquezas insondables.
>
> Soy hijo del Rey, hijo del Rey;
> Con Jesús, mi Salvador, soy hijo del Rey.
>
> El Hijo de mi Padre, el Salvador de los hombres,
> caminó en esta tierra como el más pobre de los pobres;
> pero ahora reina por siempre en lo alto,
> y me dará un lugar en el cielo.
>
> Fui peregrino y errante en la tierra,
> pecador por elección, y ajeno por nacimiento;
> pero fui adoptado; mi nombre está grabado,
> y soy heredero de morada, vestidura y corona.
>
> Una tienda o una cabaña aquí, ¿qué más da?
> ¡El Señor me espera allí!
> Aunque exiliado aquí, puedo cantar:
> A Dios sea la gloria, ¡soy hijo del Rey!

Capítulo 13

Israel, príncipe de Dios

JACOB había comprado de Esaú la primogenitura por un plato de comida, y mediante el engaño había obtenido de su padre la bendición del primogénito. Pero no son esos los medios por los que se obtiene la herencia que Dios prometió a Abraham y a su simiente. A Abraham le fue asegurada por la fe, y nadie puede esperar obtenerla mediante el fraude o la fuerza. "Ninguna mentira procede de la verdad" (1ª Juan 2:21). La verdad no puede ser jamás servida por la falsedad. La herencia prometida a Abraham y a su simiente era una herencia de justicia, por lo tanto no se la podía obtener mediante injusticia alguna. Las posesiones terrenales son a menudo obtenidas y sostenidas mediante el fraude, pero no sucede así con la herencia celestial. Lo único que Jacob ganó con su agudeza y engaño, fue hacer de su hermano un eterno enemigo, y convertirse en un exiliado de la casa de su padre por más de veinte años. Además, no volvió a ver a su madre nunca más.

Sin embargo Dios había predicho con mucha antelación que Jacob sería el heredero, en lugar de su hermano mayor. El problema de Jacob y su madre es que pensaron que ellos podían cumplir las promesas de Dios a su propia manera. Se trataba del mismo tipo de equivocación que habían cometido Abraham y Sara. No podían esperar que Dios cumpliera sus propios planes, a la propia manera de El. Rebeca sabía lo que Dios había dicho en relación con su hijo Jacob. Había oído a Isaac prometer la bendición a Esaú, y pensó que a menos que ella interviniera, el plan de Dios fracasaría. Olvidó que la herencia dependía enteramente del poder del Señor, y que ningún hombre podía decidir nada con respecto al mismo, excepto rechazarlo personalmente. Incluso aún si Esaú hubiera recibido la bendición de su padre, Dios habría cumplido su plan en el momento señalado.

Elección de Dios

Jacob estaba exiliado por partida doble. No es sólo que fuera un extranjero en la tierra, sino que además era fugitivo. Pero Dios no lo abandonó. Pecaminoso como era, había esperanza para él. Alguien podría extrañarse de que Dios prefiriese a Jacob antes que a Esaú, puesto que en ese momento el carácter de Jacob en nada parecía mejor que el de Esaú.

Recordemos que Dios no elige a nadie debido al buen carácter que posea.

"Nosotros también éramos en otro tiempo insensatos, rebeldes, extraviados, esclavos de placeres y deleites diversos, viviendo en malicia y envidia, odiados y odiándonos unos a otros. Pero cuando se manifestó la bondad de Dios, nuestro Salvador, y su amor para con la humanidad, nos salvó, no por obras de justicia que nosotros hubiéramos hecho, sino por su misericordia, por el lavamiento de la regeneración y por la renovación en el Espíritu Santo, el cual derramó en nosotros abundantemente por Jesucristo, nuestro Salvador, para que, justificados por su gracia, llegáramos a ser herederos conforme a la esperanza de la vida eterna" (Tito 3:3-7).

Dios escoge a los seres humanos, no por lo que son, sino por lo que Él puede hacer de ellos. Y no hay límite en cuanto a lo que Él es capaz de hacer, hasta del más vil y depravado, si es que este lo desea y cree a su Palabra.

Un don no puede ser impuesto; por lo tanto, aquellos que esperan la justicia de Dios y la herencia de justicia, deben estar dispuestos a recibirla. "Al que cree todo le es posible" (Mar. 9:23). Dios "es poderoso para hacer las cosa mucho más abundantemente de lo que pedimos o entendemos" (Efe. 3:20) si confiamos en su Palabra, que obra eficazmente en aquel que cree.

Los fariseos eran en principio mucho más respetables que los publicanos y las prostitutas, sin embargo Cristo afirmó que estos últimos entrarían en el reino de los cielos antes que los primeros; y la razón era que los fariseos confiaban en ellos mismos, y no creían a Dios, mientras que los publicanos y las prostitutas creyeron al Señor y se entregaron a Él. Tal era el caso con Jacob y Esaú. Esaú era un incrédulo. Consideraba con desprecio la palabra de Dios. Jacob no era mejor por naturaleza, pero creyó la promesa de Dios, quien es poderoso para hacer al que cree participante de la naturaleza divina (2ª Ped. 1:4).

Dios eligió a Jacob de la misma forma en que lo hace con cualquier otro. "Bendito sea el Dios y Padre de nuestro Señor Jesucristo, el cual nos ha bendecido con toda bendición espiritual en los lugares celestiales en Cristo, según nos escogió en Él antes de la fundación del mundo, para que fuésemos santos y sin mancha delante de Él, en amor" (Efe. 1:3 y 4).

Somos escogidos en Cristo. Y puesto que todas las cosas fueron creadas en Cristo, y en Él subsisten todas las cosas, es evidente que no se requiere de nosotros que vayamos a buscar a Cristo, sino que lo reconozcamos, y permanezcamos en Él por la fe. No hubo más parcialidad en la elección de Jacob, antes que naciera, de la que hay en la elección de cualquier otro.

La elección no es arbitraria: en Cristo, si nadie lo rechazara y despreciara, nadie resultaría perdido.

> ¡Cuán amplia la gracia! ¡cuán gratuito el don!
> Sólo pedid, y se os dará,
> llamad, y se os abrirá
> la puerta que da entrada al cielo.
> Oh, levántate y toma el bien
> que tan generosamente se te da.
> Recuerda que costó la sangre
> del que dio su vida en el Calvario.

Primera lección de Jacob

Si bien Jacob creyó en la promesa de Dios lo suficiente como para que se aplicara a cumplirla por sus propios esfuerzos, no comprendió su naturaleza hasta el punto de reconocer que solamente Dios podía cumplirla mediante su justicia. Siendo así, el Señor comenzó a instruirlo. Jacob se encontraba en solitario viaje hacia Siria, huyendo de la ira de su hermano ofendido, "llegó a un cierto lugar y durmió allí, porque ya el sol se había puesto. De las piedras de aquel paraje tomó una para su cabecera y se acostó en aquel lugar. Y tuvo un sueño: Vio una escalera que estaba apoyada en tierra, y su extremo tocaba en el cielo. Ángeles de Dios subían y descendían por ella. Jehová estaba en lo alto de ella y dijo: 'Yo soy Jehová, el Dios de Abraham, tu padre, y el Dios de Isaac; la tierra en que estás acostado te la daré a ti y a tu simiente. Será tu simiente como el polvo de la tierra, y te extenderás al occidente, al oriente, al norte y al sur; y todas las familias de la tierra serán benditas en ti y en tu simiente, pues yo estoy contigo, te guardaré dondequiera que vayas y volveré a traerte esta tierra, porque no te dejaré hasta que haya hecho lo que te he dicho'. Cuando Jacob despertó de su sueño, dijo: 'Ciertamente Jehová está en este lugar, y yo no lo sabía'. Entonces tuvo miedo y exclamó: '¡Cuán terrible es este lugar! No es otra cosa que casa de Dios y puerta del cielo'" (Gén. 28:11-17).

Eso fue una gran lección para Jacob. Anteriormente, su noción acerca de Dios había sido muy burda. Había supuesto que Dios estaba confinado a un lugar. Pero ahora que se le había aparecido, comenzó a comprender que "Dios es Espíritu, y los que lo adoran, en espíritu y en verdad es necesario que lo adoren" (Juan 4:24). Comenzó a comprender lo que Jesús dijo a la mujer samaritana mucho tiempo después a propósito de que Dios no depende de un determinado lugar, sino de que el alma del creyente, esté donde esté, se aferre a Él.

Además, Jacob comenzó a comprender que la herencia que Dios había prometido a sus padres, y que él había pensado obtener mediante una astuta maniobra, era algo a obtener de una forma totalmente distinta.

No podemos saber cuánto de la lección aprendió en aquel momento; pero sabemos que en esa revelación Dios le proclamó el evangelio. Ya hemos visto que Dios proclamó el evangelio a Abraham en las palabras: "En ti serán benditas todas las familias de la tierra". Por lo tanto, estamos seguros de que cuando Dios dijo a Jacob: "todas las familias de la tierra serán benditas en ti y en tu simiente", le estaba predicando el mismo evangelio.

Esa declaración incluía la promesa de una tierra, y de una posteridad innumerable. La promesa hecha a Jacob fue idéntica a la que se hizo a Abraham. La bendición que había de venir mediante Jacob y su simiente era idéntica a la de Abraham y la suya. La simiente es la misma: Cristo y los que son suyos mediante el Espíritu; y la bendición viene mediante la cruz de Cristo.

Lo anterior venía indicado por lo que Jacob vio y por lo que oyó. Había una escalera que se apoyaba en tierra, alcanzando hasta el cielo a modo de conexión entre Dios y el hombre. Jesucristo, el unigénito Hijo de Dios, es el lazo de unión entre el cielo y la tierra; entre Dios y el hombre. La escalera que conecta el cielo con la tierra, sobre la que subían y descendían los ángeles de Dios, era una representación de lo que Jesús dijo a Natanael, aquel verdadero israelita: "Desde ahora veréis el cielo abierto y a los ángeles de Dios subiendo y bajando sobre el Hijo del hombre" (Juan 1:51). El camino al cielo es el camino de la cruz, y así le fue indicado a Jacob aquella noche. La herencia y la bendición se obtienen, no mediante la afirmación de uno mismo, sino mediante la negación del yo. "Todo el que pierda su vida por causa de mí, la hallará" (Mat. 16:25).

Aplicando la lección

No necesitamos referirnos en detalle a la estancia de Jacob en Siria. En los 20 años que sirvió a su suegro Labán tuvo amplia oportunidad de aprender que el engaño y la astucia para nada aprovechan. Fue pagado en la misma moneda que él empleara; pero Dios estuvo con él, y lo prosperó. Por toda evidencia, Jacob había aprendido bien la lección, pues en el trato con su tío no vemos indicios de su natural disposición a abusar de los demás. Parece que encomendó su causa plenamente al Señor, y sometió a él toda forma de buscar por sí mismo venganza o resarcimiento. En su respuesta a la acusación de Labán de haberle estado robando, Jacob dijo:

"Estos veinte años he estado contigo; tus ovejas y tus cabras nunca abortaron, ni yo comí carnero de tus ovejas. Nunca te traje lo arrebatado por las fieras: yo pagaba el daño; lo hurtado, así de día como de noche, a mí me lo cobrabas. De día me consumía el calor y de noche la helada, y el sueño huía de mis ojos. Así he estado veinte años en tu casa: catorce años te serví por tus dos hijas y seis años por tu ganado, y has cambiado mi salario diez veces. Si el Dios de mi padre, Dios de Abraham y Terror de Isaac, no estuviera conmigo, de cierto me enviarías ahora con las manos vacías; pero Dios ha visto mi aflicción y el trabajo de mis manos, y anoche te reprendió" (Gén. 31:38-42).

Esa fue una declaración calmada y digna, y mostraba que había actuado bajo el mismo temor respetuoso, y el mismo espíritu de Isaac. En el caso de Jacob, la predicación del evangelio no había sido en vano: se había producido en él un gran cambio.

Observa en este punto que Jacob no había obtenido beneficio alguno de la primogenitura que tan astutamente compró a su hermano. Sus propiedades eran el fruto directo de la bendición de Dios. Y en relación con eso podemos señalar el hecho de que la bendición de Isaac tenía por fin el que Dios lo bendijera. No era esa el tipo de herencia que se puede transmitir del padre al hijo, como ordinariamente sucede, sino que tenía que llegar a cada uno mediante la bendición y mediante la promesa directa y personal de Dios. Para ser "herencia de Abraham, y conforma a la promesa, los herederos", hemos de ser de Cristo. Si somos de Él, y somos coherederos con Él, entonces somos "herederos de Dios".

La prueba final

Pero Jacob había fracasado gravemente en su vida anterior, y así,

Dios, como fiel Instructor, tenía necesariamente que llevarlo al mismo terreno otra vez. Jacob había pensado ganar mediante el engaño: tenía ahora que comprender plenamente que "esta es la victoria que ha vencido al mundo, nuestra fe" (1ª Juan 5:4).

Cuando Rebeca propuso enviar fuera de casa a Jacob, ante la amenaza de muerte de Esaú, le dijo: "Ahora pues, hijo mío, obedece a mi voz: levántate y huye a casa de mi hermano Labán, en Harán, y quédate con él algunos días, hasta que el enojo de tu hermano se mitigue, hasta que se aplaque la ira de tu hermano contra ti y olvide lo que le has hecho; entonces enviaré yo a que te traigan de allá" (Gén. 27:43-45). Pero ella desconocía la naturaleza de Esaú. Él era implacable en su resentimiento. "Así ha dicho Jehová: 'Por tres pecados de Edom, y por el cuarto, no revocaré su castigo: porque persiguió a espada a su hermano y violó todo afecto natural; en su furor le ha robado siempre y ha guardado perpetuamente el rencor" (Amós 1:11. "Edom" es "Esaú", como muestra Gén. 25:30 y 36:1). Vemos aquí que, mala como era la disposición natural de Jacob, el carácter de Esaú era por demás despreciable.

A pesar de haber pasado veinte años, el odio de Esaú estaba tan fresco como el primer día. Cuando Jacob le envió mensajeros para hablarle pacíficamente, para buscar la reconciliación, le llegaron noticias de que Esaú estaba viniendo con cuatrocientos hombres. Jacob no podía ni pensar en la posibilidad de resistir a esos guerreros adiestrados; pero había aprendido a confiar en el Señor, y así lo encontramos rogando que el Señor cumpla sus promesas de este modo:

"Dios de mi padre Abraham y Dios de mi padre Isaac, Jehová, que me dijiste: 'Vuélvete a tu tierra y a tu parentela, y yo te haré bien', ¡no merezco todas las misericordias y toda la verdad con que has tratado a tu siervo!; pues con mi cayado pasé este Jordán, y ahora he de atender a dos campamentos. Líbrame ahora de manos de mi hermano, de manos de Esaú, porque le temo; no venga acaso y me hiera a la madre junto con los hijos. Y tú has dicho: 'Yo te haré bien, y tu simiente será como la arena del mar, que por ser tanta no se puede contar'" (Gén. 32:9-12).

Jacob había procurado con anterioridad obtener lo mejor de su hermano mediante el fraude. Había pensado que de esa forma podría ser heredero de las promesas de Dios. Ahora aprendió que sólo por la fe se las podía obtener, y se postró en oración a fin de ser librado de su hermano. Habiendo hecho lo mejor que pudo con su familia y ganados, buscó la soledad para continuar con su oración a Dios. Reconoció que no era digno de nada, y que abandonado a sí mismo, perecería. Sintió que todo cuanto podía hacer era entregarse plenamente a la misericordia de Dios.

"Así se quedó Jacob solo; y luchó con él un varón hasta que rayaba el alba. Cuando el hombre vio que no podía con él, tocó en el sitio del encaje de su muslo, y se descoyuntó el muslo de Jacob mientras con él luchaba. Y dijo: –Déjame, porque raya el alba. Jacob le respondió: –No te dejaré, si no me bendices. –¿Cuál es tu nombre? –le preguntó el hombre. –Jacob –respondió él. Entonces el hombre dijo: –Ya no te llamarás Jacob, sino Israel, porque has luchado con Dios y con los hombres, y has vencido. –Declárame ahora tu nombre –le preguntó Jacob. –¿Por qué me preguntas por mi nombre? –Respondió el hombre. Y lo bendijo allí mismo. Jacob llamó Peniel a aquel lugar, porque dijo: 'Vi a Dios cara a cara, y fue librada mi alma'" (Gén. 32:24-30).

Muchos hablan frecuentemente de luchar con Dios en oración, tal como hizo Jacob. No hay evidencia de que Jacob supiera que era el Señor con quien estaba luchando, sino hasta el amanecer, cuando su contendiente le dislocó la cadera. El ángel se le apareció como un hombre, y Jacob pensó sin duda que estaba siendo víctima del ataque de algún ladrón. Bien podemos suponer que Jacob estuvo toda la noche en amarga agonía. Se acercaba rápidamente el tiempo en el que habría de encontrarse con su airado hermano, y no osaría hacerle frente sin la completa seguridad de que todo estaba en paz entre él mismo y Dios. Necesitaba saber que había sido perdonado por su malvada conducta anterior. Sin embargo, las horas que había planeado dedicar a estar en comunión con el Señor, estaban siendo "malgastadas" en luchar con un supuesto enemigo. Podemos estar seguros de que mientras que aplicaba su cuerpo a resistir a su oponente, su corazón se elevaba a Dios en angustiosa súplica. El suspense y ansiedad de esa noche debieron ser terribles.

Jacob era un hombre de gran fortaleza y resistencia física. Cuidar el ganado de día y de noche durante años así lo demostraron y posibilitaron. Así, continuó luchando toda la noche sin ceder terreno. Pero no fue de ese modo como ganó la victoria. Leemos que "con su poder venció al ángel. Luchó con el ángel y prevaleció; lloró y le rogó; lo halló en Bet-el, y allí habló con nosotros. Mas Jehová es Dios de los ejércitos: ¡Jehová es su nombre!" (Oseas 12:3-5).

Jacob prevaleció por su poder, pero no fue por su poder como luchador. Su poder estuvo en su debilidad, tal como veremos.

Observa que el primer indicio que tuvo Jacob de que su oponente no era un ser humano cualquiera, fue cuando le dislocó el muslo con un toque. Eso le reveló en un instante quién era su supuesto enemigo. No se trataba de un toque humano: lo que sintió era la mano del Señor. ¿Qué hizo entonces? ¿Qué podía hacer un hombre en su condición? Imagina a un hombre luchando, al que de repente se le disloca una articulación principal de una de sus piernas. Habría significado caer al suelo, aun en el caso de que se hubiera encontrado simplemente caminando o puesto de pie. Eso le habría sucedido ciertamente a Jacob, si no fuera porque se aferró inmediatamente al Señor con firmeza. De forma automática se habría asido de lo primero que encontrase; pero la constatación de que allí estaba Aquel con quien tanto había deseado encontrarse hizo de su acto de asirse de él algo mucho más que meramente instintivo. Había llegado su oportunidad, y no la dejaría escapar.

Que Jacob dejó inmediatamente de luchar y se aferró al Señor es evidente, no sólo porque eso es lo único que podía hacer, sino también por la palabra del Señor: "Déjame". "No", respondió Jacob. "No te dejaré, si no me bendices". Era un asunto de vida o muerte. Su vida y salvación dependían de que se aferrase al Señor. La expresión "Déjame", tenía por único objeto probarlo, pues Dios no desea abandonar a ningún hombre. Jacob estaba ciertamente determinado a encontrar la bendición, y prevaleció. Fue por su fortaleza por la que prevaleció, pero se trató de la fortaleza de su fe. "Cuando soy débil, entonces soy fuerte" (2ª Cor. 12:10).

Un nombre nuevo

El cambio de nombre significó para Jacob la seguridad de que había sido aceptado. No es que el nombre le confiriese nada, sino que era la prenda de lo que ya había obtenido. Reposando en Dios, había cesado de sus propias obras, de forma que no era ya más el suplantador, buscando lograr sus propios fines, sino el príncipe de Dios, quien había luchado la buena batalla de la fe, y se había aferrado de la vida eterna. A partir de ahora se lo conocería como Israel.

Ahora podía ir a encontrarse con su hermano. Aquel que ha visto a Dios cara a cara, no tiene nada que temer del rostro de ningún hombre. El que tiene poder para con Dios, ciertamente prevalecerá ante el hombre. Ese es el secreto del poder. Sepa el siervo del Señor que si ha de tener poder para con los hombres, ha de prevalecer primeramente con Dios. Ha de conocer al Señor, y tiene que haberse encontrado con él cara a cara. Al tal dice el Señor: "Yo os daré palabra y sabiduría, la cual no podrán resistir ni contradecir todos los que se opongan" (Luc. 21:15). Esteban conocía al Señor y estaba en comunión con Él, y los que odiaban la verdad "no podían resistir la sabiduría y el Espíritu con que hablaba" (Hech. 6:10). ¿Cuál no debió ser entonces su poder para con aquellos cuyos corazones estaban abiertos a recibir la verdad?

En esa historia de Jacob volvemos a aprender la forma en la que se obtiene la herencia que Dios prometió a Abraham y a su simiente. Es solamente por la fe. El arrepentimiento y la fe son el único medio de liberación. De ninguna otra forma podía esperar ser participante de la herencia. Su salvación radicaba enteramente en su dependencia de la promesa de Dios. Así es como fue hecho participante de la naturaleza divina (2ª Ped. 1:4).

¿Quiénes son israelitas?

Aprendemos también quién constituye Israel. Ese nombre le fue dado en razón de la victoria que obtuvo por la fe. No le confirió gracia ninguna, sino que era una señal de la gracia que poseía ya. De igual modo será otorgada a todo aquel que venza por la fe, y a nadie más. Ser llamado israelita no añade nada a nadie. No es el nombre el que lleva la bendición, sino la bendición la que trae el nombre. Como sucedía con Jacob, nadie posee el nombre por naturaleza. El verdadero israelita es aquel en quien no hay engaño. Dios sólo puede complacerse en alguien así; pero "sin fe es imposible agradar a Dios" (Heb. 11:6). Por lo tanto, el verdadero israelita es aquel que tiene fe personal en el Señor. "Porque no todos los que descienden de Israel son israelitas"; "sino que son contados como simiente los hijos según la promesa" (Rom. 9:6, 8).

Que todo aquel que quisiera ser hallado auténtico israelita considere cómo recibió Jacob el nombre (Israel), y comprenda que sólo de esa forma es posible llevarlo dignamente. Cristo, en tanto en cuanto simiente prometida, tuvo que experimentar la misma lucha. Peleó y venció mediante su confianza en la palabra del Padre, y por lo tanto él es por derecho propio el Rey de Israel. Sólo israelitas compartirán con él el reino; ya que los israelitas son vencedores, y la promesa se hace "al vencedor". Dice el Señor: "Al vencedor le concederé que se siente conmigo en mi trono, así como yo he vencido y me he sentado con mi Padre en su trono" (Apoc. 3:21).

Capítulo 14

Israel en Egipto

HAY que recordar que cuando Dios hizo el pacto con Abraham, le indicó que habría de morir sin haber recibido la herencia, y que sus descendientes serían oprimidos y afligidos en tierra extraña, y que posteriormente, en la cuarta generación, regresarían a la tierra prometida.

"Le dio el pacto de la circuncisión, y así Abraham engendró a Isaac, y lo circuncidó al octavo día; e Isaac a Jacob, y Jacob a los doce patriarcas. Los patriarcas, movidos por envidia, vendieron a José para Egipto; pero Dios estaba con él y lo libró de todas sus tribulaciones, y le dio gracia y sabiduría delante del faraón, rey de Egipto, el cual lo puso por gobernador sobre Egipto y sobre toda su casa… José envió a buscar a su padre Jacob y a toda su familia, en número de setenta y cinco personas. Así descendió Jacob a Egipto, donde murió él y también nuestros padres, los cuales fueron trasladados a Siquem y puestos en el sepulcro que Abraham, a precio de dinero, había comprado a los hijos de Amor en Siquem. Pero cuando se acercaba el tiempo de la promesa que Dios había jurado a Abraham, el pueblo creció y se multiplicó en Egipto, hasta que se levantó en Egipto otro rey que no conocía a José. Este rey, usando de astucia con nuestro pueblo, maltrató a nuestros padres hasta obligarlos a que expusieran a la muerte a sus niños para que no se propagaran" (Hech. 7:8-19).

El rey "que no conocía a José" era de otra dinastía; pertenecía a un pueblo que, viniendo del Este, había conquistado Egipto. "Porque así dice Jehová: 'De balde fuisteis vendidos; por tanto, sin dinero seréis rescatados'. Porque así dijo Jehová el Señor: 'Mi pueblo descendió a Egipto en tiempo pasado, para morar allá, y el asirio lo cautivó sin razón'. Y ahora Jehová dice: '¿Qué hago aquí, ya que mi pueblo es llevado injustamente? ¡Los que de él se enseñorean lo hacen aullar, y continuamente blasfeman contra mi nombre todo el día!', dice Jehová. 'Por tanto, mi pueblo conocerá mi nombre en aquel día, porque yo mismo que hablo, he aquí estaré presente'" (Isa. 52:3-6).

Significado de Egipto

Por el texto precedente podemos saber que la opresión de Israel en Egipto implicaba oposición y blasfemia contra Dios; el rigor de esa persecución tenía relación directa con el desprecio de Egipto hacia su Dios y su religión. Es también evidente que la liberación de Egipto es un hecho idéntico a la liberación experimentada por aquel que está "vendido al pecado" (Rom. 7:14). "Ya sabéis que fuisteis rescatados de vuestra vana manera de vivir (la cual recibisteis de vuestros padres) no con cosas corruptibles, como oro o plata, sino con la sangre preciosa de Cristo, como de un cordero sin mancha y sin contaminación" (1ª Ped. 1:18 y 19). Por lo tanto, un breve estudio de lo que constituye Egipto en la Biblia, y de la condición de los israelitas en su estancia allí, nos ayudará a comprender el significado de su liberación.

La idolatría de Egipto

De entre todas las idolatrías en los tiempos antiguos, la egipcia era indudablemente la más atrevida y completa. Era tal el número de los dioses de Egipto, que era casi imposible de contar; pero cada uno de ellos tenía una relación más o menos directa con el sol, como dios principal. "Cada ciudad egipcia tenía su animal sagrado, o fetiche, y cada ciudad tenía sus propias divinidades" (*Enciclopedia Británica*). Pero "el sol era el núcleo central de la religión del estado. De varias maneras estaba a la cabeza de cualquier jerarquía" (*Imágenes del sol y el Sol de justicia, en O.T. Student,* Ene. 1886). "Ra, el dios sol, solía representarse por un ser humano con cabeza de halcón, y ocasionalmente por un hombre, en ambos casos *llevando casi siempre el disco solar sobre su cabeza*".

En Egipto había una unión perfecta de la iglesia con el estado; de hecho, ambos eran idénticos. Así lo documenta "*Religiones del mundo antiguo*" (Rawlinson), p. 20:

"Ra era el dios-sol de los egipcios, y se lo adoraba especialmente en Heliópolis. Algunos opinan que los obeliscos representaban sus rayos, y siempre o casi siempre se los erigía en su honor... Los reyes consideraban en su mayoría a Ra como su especial patrón y protector; llegaban incluso tan lejos como para identificarse personalmente con él, atribuyéndose ellos mismos los títulos de éste, y adoptando su nombre como el prefijo común a sus propios nombres y títulos. Muchos creen que ese es el origen del término *Faraón*, que sería la transliteración hebrea de *Ph'Ra*: el sol".

Además del sol y la luna, denominados Osiris e Isis, "los egipcios adoraban un sinnúmero de animales tales como el buey, el perro, el lobo, el halcón, el cocodrilo, el ibis, el gato, etc." "De entre todos esos animales, el toro Apis, que los griegos llamaban Epapris, era el más famoso. Se erigieron en su honor templos suntuosos mientras vivió, y aún más tras su muerte. En esa ocasión todo Egipto guardó luto. Fueron traídos obsequios con tal pompa y solemnidad que raya lo increíble. En el reino de Lagus Ptolomeus, la muerte del toro Apis en buena vejez, la pompa del funeral, además de los gastos ordinarios, ascendió a la suma de cincuenta mil coronas francesas. Tras haberle rendido los honores póstumos al finado, la siguiente tarea fue buscarle un sucesor, algo en lo que todo Egipto se volcó. Se lo identificó por ciertos signos que lo distinguían de todos los otros animales de la misma especie: tenía una mancha blanca en su frente, con forma de media luna creciente; en el dorso la figura de un águila; en la lengua la de un martillo. Tan pronto como se lo halló, el lamento dio paso al júbilo, y no se oyó nada en todo Egipto, excepto algazara de fiesta y alegría. El nuevo dios fue transportado a Memphis para que tomara posesión de su dignidad, y allí se le dio la bienvenida en medio de innumerables ceremonias" (*Rollin's Ancient History*, libro I, parte 2, cap. 2, secc. 1).

No es preciso apuntar que esas ceremonias tenían un carácter marcadamente obsceno, pues el culto al sol, cuando se lo llevaba hasta su plenitud, no era otra cosa más que vicio, bajo el disfraz de deber religioso.

Tan arraigada estaba la superstición entre los egipcios, que llegaban a adorar a puerros y cebollas. Es preciso especificar aquí que la superstición e idolatría más abominables no tienen necesariamente por qué ir asociadas a un bajo orden de intelecto, puesto que los antiguos egipcios cultivaban las artes y las ciencias hasta lo sumo. La práctica de la idolatría, no obstante, fue la causa de su estrepitosa caída, desde la exaltada posición que habían ostentado.

El propio nombre de Egipto es sinónimo de maldad y oposición a la religión de Jesucristo, y viene asociado con Sodoma. Se dice de los "dos testigos" del Señor, que "sus cadáveres estarán en la plaza de la gran ciudad que en sentido espiritual se llama Sodoma y Egipto, donde también nuestro Señor fue crucificado" (Apoc. 11:8). Diversos textos en la Escritura muestran que los israelitas participaron en Egipto de esa maldad e idolatría, y que se les impidió por la fuerza servir al Señor.

Primeramente, cuando Moisés fue enviado para librar a Israel, su mensaje a Faraón fue: "Jehová ha dicho así: Israel es mi hijo, mi primogénito. Ya te he dicho que dejes ir a mi hijo, para que me sirva" (Éxo. 4:22 y 23). El objetivo de liberar a Israel era que pudiera servir al Señor: una evidencia de que en Egipto no lo estaba sirviendo.

Leemos también que "se acordó de su santa palabra dada a Abraham su siervo. Sacó a su pueblo con gozo; con júbilo a sus escogidos. Les dio las tierras de las naciones y las labores de los pueblos heredaron, para que guardaran sus estatutos y cumplieran sus leyes" (Sal. 105:42-45).

Pero la mayor evidencia de que Israel estaba participando en la idolatría de Egipto la tenemos en el reproche del que se hizo merecedor por no abandonar esa práctica. "Así ha dicho Jehová el Señor: El día que escogí a Israel y que alcé mi mano para jurar a la simiente de la casa de Jacob, cuando me di a conocer a ellos en la tierra de Egipto... entonces les dije: Cada uno eche de sí las abominaciones de delante de sus ojos, y no os contaminéis con los ídolos de Egipto. Yo soy Jehová vuestro Dios. Pero ellos se rebelaron contra mí y no quisieron obedecerme; no echó de sí cada uno las abominaciones ni dejaron los ídolos de Egipto" (Eze. 20:5-8).

Todavía en la esclavitud egipcia

Ni ha sucedido aún hasta el día de hoy. Las tinieblas que cubrieron Egipto en la época de las plagas, no eran más densas de las que ha logrado proyectar en el mundo entero. La oscuridad física no era más que una vívida representación de las tinieblas morales que, procediendo de ese malvado país, se han cernido sobre los moradores de la tierra. La historia de la apostasía en la iglesia cristiana no es otra que la historia de los errores importados de Egipto.

Hacia finales del segundo siglo de la era cristiana, se desarrolló en Egipto un nuevo sistema filosófico. "Ese sistema de filosofía fue desarrollado por los eruditos de Alejandría que deseaban ser tenidos por cristianos, reteniendo al mismo tiempo el nombre, el porte y el rango de filósofos. En particular, todos que en ese siglo presidían en las escuelas de los cristianos en Alejandría. Se cita a Athenagoras, Pantaenus y Clemente de Alejandría como aprobándolo. Esos hombres estaban persuadidos de que la verdadera filosofía, el mayor y más saludable don de Dios, se encontraba entre las diversas sectas de filósofos, esparcido en incontables fragmentos; por lo tanto, era el deber de todo hombre sabio, y especialmente el de un instructor cristiano, recolectar esos fragmentos de todo lugar, y emplearlos para la defensa de la religión y refutación de la impiedad".

"Esa forma de filosofar sufrió cierta modificación, cuando Ammonius Saccas, hacia finales de siglo, fundó una prestigiosa escuela en Alejandría, estableciendo la base de esa secta que vino a conocerse como el neo-platonismo. Ammonius Saccas nació y fue educado como cristiano, y probablemente hizo toda su vida profesión de cristianismo. De genio fecundo y gran elocuencia, asumió el reto de armonizar todos los sistemas de filosofía y religión, o intentó enseñar una filosofía sobre la que todos los filósofos, tanto como los pertenecientes a las diversas religiones –sin exceptuar a los cristianos–, pudieran unirse y confraternizar. Y aquí radica de una forma muy especial la diferencia entre esa nueva secta y la filosofía ecléctica que floreciera en Egipto con anterioridad. Los eclécticos sostenían que había una mezcla de bien y mal, de verdadero y falso, en todos los sistemas; por lo tanto, seleccionaban lo que les parecía razonable, y rechazaban el resto. Sin embargo, Ammonius sostuvo que todas las sectas profesaban uno y el mismo sistema de verdad, con diferencias solamente en la forma de presentarla, y alguna diferencia menor en sus concepciones; siendo así, mediante las explicaciones adecuadas podían ser fácilmente reunidas en un cuerpo. Se adhirió a ese novedoso y singular principio según el cual, las religiones prevalecientes, y también la cristiana, debían ser comprendidas y explicadas según esa filosofía común" (Mosheim, *Historia eclesiástica del siglo II*, parte 2, cap. 1, secc. 6 y 7).

Se cita a Clemente de Alejandría, como siendo uno de los maestros cristianos devotos de esa filosofía. Mosheim nos dice que "Hay que situar a Clemente entre los primeros y principales defensores e instructores cristianos de la ciencia filosófica; verdaderamente se lo ha de situar a la cabeza de aquellos que se entregaron al cultivo de la filosofía con un celo que no conocía límites, y estaba tan ciego y desviado que se embarcó en la vana empresa de lograr la armonía entre los principios de la ciencia filosófica y los de la religión cristiana" (*Comentarios* de Mosheim, siglo II, secc. 25, nota 2).

Hay que recordar aquí que la única filosofía que existía era la filosofía pagana, y no será difícil imaginar los inevitables resultados de una devoción como la descrita, de parte de aquellos que ejercían el magisterio en la iglesia cristiana.

Sabemos por Mosheim que "los discípulos de Ammonius, y más particularmente Orígenes, quien en el siglo siguiente [el tercero] alcanzó un grado de eminencia difícilmente imaginable, introdujeron asiduamente las doctrinas que habían derivado de su maestro en las mentes de los jóvenes cuya educación se les había confiado, y a su vez, mediante el esfuerzo de estos últimos, que posteriormente fueron en su mayor parte llamados al ministerio, se difundió el amor a la filosofía en un sector considerable de la iglesia". Orígenes estaba a la cabeza de la "Escuela de catequesis", o seminario teológico de Alejandría, que era la sede del saber. Estuvo a la cabeza de los intérpretes de la Biblia en ese siglo, y fue estrechamente imitado por los jóvenes formados en ese seminario. "La mitad de los sermones de la época", dice Farrar, "eran copiados, conscientemente o no, directa o indirectamente, de los pensamientos y métodos de Orígenes". (*Vidas de los Padres*, cap. 16, secc. 8).

La destreza de Orígenes como "intérprete" de la Biblia era su destreza como filósofo, que consistía en hacer evidentes cosas inexistentes. Se empleaba la Biblia, al igual que los escritos de los filósofos, como un medio donde exhibir su habilidad mental. Leer una simple afirmación y creerla tal como está escrita, reconociéndola como verdad llana ante la mente de los estudiantes, llevando así la mente de las personas a la Palabra de Dios, fue considerado como algo pueril, e indigno de un gran instructor. Eso estaba al alcance de cualquiera, pensaban –en contraste con su lectura "sapiencial" de la Biblia–. Su obra parecía consistir en extraer de las Sagradas Escrituras algo que la gente común nunca encontraría, por la sencilla razón de que no estaba allí, ya que era únicamente la invención de sus propias mentes.

A fin de mantener su prestigio como grandes eruditos y maestros, enseñaron al pueblo que la Biblia no significa lo que dice, y que todo aquel que sigue la letra de la Escritura, ciertamente se extraviará. Enseñaron que sólo podía ser enseñada por aquellos que habían ejercitado sus facultades mediante el estudio de la filosofía. De esa forma virtualmente quitaron la Biblia de las manos del pueblo común. Habiéndoseles quitado la Biblia para todo efecto práctico, no había medio por el que las personas pudieran distinguir entre el cristianismo y el paganismo. El resultado fue, no sólo que los que profesaban ya previamente el cristianismo fueron corrompidos en gran medida, sino que los paganos acudieron a la iglesia sin cambiar sus principios o prácticas. "Vino a resultar que la mayor parte de esos platónicos, al comparar el cristianismo con el sistema de Ammonius, llegaron a la conclusión de que nada podía haber más fácil que una transición entre uno y el otro, y para gran detrimento de la causa cristiana, fueron inducidos a abrazar el cristianismo sin sentir necesidad de abandonar los principios que traían de antiguo".

Sucedió así que "casi todas esas corrupciones mediante las cuales en el siglo segundo y sucesivos el cristianismo resultó malogrado, y su prístina sencillez e inocencia vinieron a ser casi irreconocibles, tuvieron su origen en Egipto, y fueron luego transmitidas a las otras iglesias". "Observando eso en Egipto, así como en otros países, los adoradores paganos, además de sus ceremonias religiosas públicas en las que todos eran admitidos, tenían ciertos ritos secretos muy sagrados, a los que daban el nombre de *misterios*, y a la celebración de los cuales sólo las personas de la más probada fe y discreción podían asistir. Primeramente a los cristianos de Alejandría, y luego a los demás, se les inculcó la idea de que no podían hacer nada mejor que acomodar la disciplina cristiana a ese modelo. La multitud que profesaba el cristianismo quedó de ese modo dividida –para ellos– en los *profanos*, es decir, aquellos que todavía no eran admitidos en los misterios, y los *iniciados*, es decir, los fieles y perfectos... A partir de ese estado de cosas sucedió, no sólo que muchos de los términos y frases empleados en los misterios paganos fueron aplicados y transferidos a los diferentes aspectos de la adoración cristiana, particularmente a los sacramentos del bautismo y la Cena del Señor, sino que también, en no pocos casos, los ritos sagrados de la iglesia resultaron contaminados por la introducción de diversas formas y ceremonias paganas".

El llamado a salir de Egipto

No es necesario enumerar las varias falsas doctrinas y prácticas que fueron de ese modo introducidas en la iglesia. Baste aquí decir que no quedó una sola cosa que no resultase corrompida, y prácticamente no hubo dogma o ceremonia paganos que no fuesen adoptados o copiados en mayor o menor grado. Habiéndose oscurecido de ese modo la Palabra de Dios, la Edad Oscura (Edad Media) fue el inevitable resultado, que continuó hasta la época de la Reforma, en la que la Biblia fue de nuevo restituida a las manos del pueblo, permitiendo que la pudiera leer por él mismo. La Reforma, no obstante, no completó la obra. Una reforma verdadera no termina nunca, sino que tras haber corregido el abuso que la motivó en primera instancia, debe avanzar en la acción positiva. Pero los que sucedieron a los reformadores no estaban animados del mismo espíritu, y se conformaron con no creer nada más que aquello que habían creído los reformadores. En consecuencia se repitió la misma historia. Se vino a recibir la palabra del hombre como palabra de Dios, y como consecuencia los errores permanecieron en la iglesia. Hoy en día la corriente tiene un sentido marcadamente descendente, como resultado de la mayoritaria aceptación de la doctrina de la evolución, así como de la influencia de la así llamada "alta crítica". Hace algunos años, el historiador Merivale, decano de Ely, manifestó: "El paganismo no fue extirpado sino asimilado, y el cristianismo ha venido sufriendo en razón de ello desde entonces, en mayor o menor grado" (*Épocas de la historia de la iglesia*, p.159).

Es fácil de ver, por la breve exposición hecha, que las tinieblas que en cualquier época hayan cubierto la tierra, y la gran oscuridad que envuelve a la gente, son las tinieblas de Egipto. No es solamente de la esclavitud física de la que Dios se dispuso a liberar a su pueblo, sino de las muchísimo peores tinieblas espirituales. Y dado que dichas tinieblas persisten aún en gran medida, la obra de liberación continúa avanzando. Los israelitas de antaño, "en sus corazones se volvieron a Egipto" (Hech. 7:39). A lo largo de toda su historia fueron advertidos en contra de Egipto, lo que evidencia que en ningún momento estuvieron libres de su ruinosa influencia. Cristo vino a la tierra a librar a los seres humanos de toda clase de esclavitud, y con ese fin se colocó hasta lo sumo en la posición del ser humano. Había, por lo tanto, un profundo significado en la ida de Jesús a Egipto, a fin de que pudiese cumplirse lo que dijo el Señor mediante el profeta: "De Egipto llamé a mi Hijo" (Mat. 2:15; Ose. 11:1). Puesto que Cristo fue llamado a salir de Egipto, todos los que son de Cristo, es decir, todos los descendientes de Abraham, han de ser igualmente llamados a salir de Egipto. En eso consiste la labor del evangelio.

Capítulo 15

El tiempo de la promesa

Lo que Dios habría hecho por Israel

"Oye, pueblo mío, y te amonestaré.
¡Si me oyeras, Israel!
No habrá en ti dios ajeno
ni te inclinarás a Dios extraño.
Yo soy Jehová tu Dios,
que te hice subir de la tierra de Egipto;
abre tu boca y yo la llenaré.
Pero mi pueblo no oyó mi voz;
Israel no me quiso a mí.
Los dejé, por tanto, a la dureza de su corazón;
caminaron en sus propios consejos.
¡Si me hubiera oído mi pueblo!
¡Si en mis caminos hubiera andado Israel!
En un momento habría yo derribado a sus enemigos
y habría vuelto mi mano contra sus adversarios.
Los que aborrecen a Jehová se le habrían sometido
y el tiempo de ellos sería para siempre.
Los sustentaría Dios con lo mejor del trigo,
y con miel de la peña los saciaría."

(Sal. 81:8-16)

Encontramos a Israel en Egipto, y sabemos algo de lo que eso significa. Al establecerse el pacto con Abraham, se le habían anunciado tanto la esclavitud como la liberación; y ese pacto había sido confirmado mediante un juramento de parte de Dios.

Examinemos ahora las palabras que pronunció Esteban, lleno del Espíritu Santo. Comenzó su discurso demostrando que era necesaria la resurrección a fin de que se pudiera cumplir la promesa hecha a Abraham; habiendo repetido dicha promesa, declaró que Abraham no había ocupado de aquella tierra que se le había prometido, ni siquiera la extensión de tierra que quedaba bajo sus pies, a pesar de que Dios le había manifestado que él y su simiente habrían de poseerla.

Puesto que murió sin heredarla, de igual forma que sucedió con sus descendientes, incluyendo aquellos que tuvieron fe como él, la inevitable conclusión era que el cumplimiento podía producirse solamente mediante la resurrección. La única razón por la que tantos judíos rechazaron el evangelio fue su persistencia en ignorar la llana evidencia de las Escrituras de que la promesa hecha a Abraham no tenía naturaleza temporal, sino eterna. De igual forma, hoy, la creencia de que las promesas hechas a Israel implican una herencia terrenal y temporal, es incompatible con la creencia plena en Cristo.

Esteban recordó a continuación la palabra del Señor a Abraham acerca de que su simiente moraría en tierra extraña y sería afligida, para ser posteriormente liberada. Dijo entonces: "Pero cuando se acercaba el tiempo de la promesa que Dios había jurado a Abraham, el pueblo creció y se multiplicó en Egipto" (Hech. 7:17). Vino a continuación la opresión, y el nacimiento de Moisés. ¿Qué significa ese acercarse el tiempo de la promesa que Dios había jurado a Abraham? Un breve repaso de algunos de los textos ya considerados hasta aquí aclarará el asunto más allá de toda duda.

En el relato del establecimiento del pacto con Abraham leemos las palabras que le dirigió el Señor: "Yo soy Jehová, que te saqué de Ur de los caldeos para darte a heredar esta tierra" (Gén. 15:7). Siguen a continuación los detalles del establecimiento del pacto, y luego las palabras: "Ten por cierto que tu simiente habitará en tierra ajena, será esclava allí y será oprimida cuatrocientos años. Pero también a la nación a la cual servirán juzgaré yo; y después de esto saldrán con gran riqueza. Tú, en tanto, te reunirás en paz con tus padres y serás sepultado en buena vejez. Y tus descendientes volverán acá en la cuarta generación, porque hasta entonces no habrá llegado a su colmo la maldad del amorreo" (Gén. 15:13-16).

El pacto fue posteriormente sellado con la circuncisión, y cuando Abraham hubo mostrado su fe mediante la ofrenda de Isaac, el Señor añadió a la promesa su juramento, diciendo: "Por mí mismo he jurado, dice Jehová, que por cuanto has hecho esto y no me has rehusado tu hijo, tu único hijo, de cierto te bendeciré y multiplicaré tu simiente como las estrellas del cielo y como la arena que está a la orilla del mar; tu simiente se adueñará de las puertas de sus enemigos" (Gén. 22:16 y 17).

Esta es la única promesa que Dios juró a Abraham. Fue una confirmación de la promesa original. Pero como hemos visto en artículos precedentes, implicaba nada menos que la resurrección de los muertos mediante Cristo, quien es la Simiente. "Y el postrer enemigo que será destruido es la muerte" (1ª Cor. 15:26), a fin de que puedan hallar cumplimiento las palabras de Dios habladas por el profeta: "De la mano del sepulcro los redimiré, libraréllos de la muerte. Oh muerte, yo seré tu muerte; y seré tu destrucción, oh sepulcro" (Ose. 13:14). Es solamente entonces cuando se cumplirá la promesa que Dios juró a Abraham, pues no es hasta entonces que toda su simiente poseerá las puertas de sus enemigos.

A las desconsoladas madres que lloraban la pérdida de sus hijos asesinados por orden de Herodes, dijo el Señor: "Reprime del llanto tu voz y de las lágrimas tus ojos, porque salario hay para tu trabajo, dice Jehová. Volverán de la tierra del enemigo. Esperanza hay también para tu porvenir, dice Jehová, y los hijos volverán a su propia tierra" (Jer. 31:16 y 17). Sólo en virtud de la resurrección puede la simiente de Abraham, Isaac y Jacob volver a su propia tierra. Así le fue indicado a Abraham cuando se le anunció que antes de poseer la tierra, su simiente habría de morar en tierra extraña, y él mismo habría de morir; pero "tus descendientes volverán acá en la cuarta generación". No puede, por lo tanto, haber duda de que el Señor dispuso que el retorno de Israel de la esclavitud egipcia tuviera lugar en el tiempo de la resurrección y restauración de todas las cosas. Se acercó el tiempo de la promesa. ¿Cuánto tiempo tenía que haber pasado, desde su salida de Egipto, antes de que tuviera lugar la total restauración? No tenemos forma de saberlo. Tal como veremos, había mucho por hacer en lo relativo a advertir a los pobladores de la tierra; y el tiempo habría de depender de la fidelidad de los hijos de Israel. No necesitamos especular sobre cómo se habrían cumplido todas las cosas, dado que los israelitas no fueron fieles. Lo que ahora nos interesa es el hecho de que la liberación de Egipto significaba la completa liberación de todo el pueblo de Dios de la esclavitud del pecado y de la muerte, y la restauración de todas las cosas tal como fueron en un principio.

Capítulo 16

"El oprobio de Cristo"

POR LA FE Moisés, hecho ya grande, rehusó llamarse hijo de la hija del faraón, prefiriendo ser maltratado con el pueblo de Dios, antes que gozar de los deleites temporales del pecado, teniendo por mayores riquezas el oprobio de Cristo que los tesoros de los egipcios, porque tenía puesta la mirada en la recompensa" (Heb. 11:24-26).

Se nos informa aquí de la manera más clara posible, que los tesoros de los egipcios eran el precio del pecado; rehusar los tesoros de Egipto equivalía a rehusar vivir en pecado; decidir la suerte de uno del lado de los israelitas significaba asumir el oprobio de Cristo. Eso demuestra que Cristo era el auténtico dirigente de aquel pueblo, y que aquello que se les había prometido, para cuyo disfrute era necesaria su liberación de Egipto, había de serles otorgado sólo mediante Cristo, y ciertamente sometiéndose a su oprobio.

Ahora bien, el oprobio de Cristo es la cruz. Nos encontramos pues una vez más cara a cara con el hecho de que la simiente de Abraham –el verdadero Israel– son aquellos que son de Cristo por la fe en su sangre.

Pocos reparan en aquello a lo que realmente renunció Moisés por causa de Cristo. Era el hijo adoptivo de la hija del faraón, y era heredero al trono de Egipto. Todos los tesoros de Egipto estaban pues a sus disposición. Era "instruido en toda la sabiduría de los egipcios; y era poderoso en sus palabras y obras" (Hech. 7:22). El príncipe, erudito, general y orador, desechó todo prospecto halagador que el mundo pueda dar, renunciando a todo para unir su suerte con la de un pueblo despreciado, por causa de Cristo.

"Rehusó llamarse hijo de la hija del faraón". Eso nos indica que se lo debió presionar para que retuviera su posición. Fue bajo la oposición como renunció a sus perspectivas seculares, y escogió sufrir la aflicción con el pueblo de Dios. Es casi imposible que imaginemos el desprecio con el que debió ser valorada su decisión, así como los epítetos de burla que debieron amontonarse sobre él, de entre los cuales el de "loco" debía figurar entre los más moderados. Aquel que sea hoy llamado a aceptar una verdad impopular a expensas de su posición, hará bien en recordar el caso de Moisés.

¿Qué lo llevó a hacer ese "sacrificio"? "Tenía la mirada puesta en la recompensa". No es meramente que sacrificara su posición actual por la esperanza de algo mejor en el futuro. No; no había equivalencia posible en su elección. Estimó el oprobio de Cristo, que compartía ya plenamente, como mayores riquezas que los tesoros de Egipto. Eso demuestra que conocía al Señor. Comprendió el sacrificio de Cristo por el ser humano, y escogió hacerse partícipe del mismo. Jamás podría haberlo hecho, si no hubiera conocido bien el gozo del Señor. Sólo eso podía fortalecerlo en una situación como la suya. Probablemente ningún ser humano haya sacrificado honores mundanos por causa de Cristo en la medida en que él lo hizo, y por lo tanto podemos estar seguros de que Moisés poseía un conocimiento de Cristo y de su obra de una profundidad que pocos hayan podido alcanzar. La decisión que hizo evidencia que tenía un gran conocimiento del Señor; el hecho de que compartiera el oprobio y los sufrimientos de Cristo debió hacer muy estrecho el vínculo de simpatía entre ambos.

Cuando Moisés rehusó ser llamado hijo de la hija de Faraón, lo hizo por causa de Cristo y del evangelio. Pero su caso, como el de Jacob y el de muchos otros, muestra que los creyentes más sinceros tienen a menudo aún mucho que aprender. Dios llama a seres humanos a su obra, no porque estos sean perfectos, sino a fin de poder darles la preparación necesaria para ella. Moisés tuvo primeramente que aprender lo que miles de profesos cristianos están aún hoy en necesidad de aprender. Tenía que aprender que "la ira del hombre no obra la justicia de Dios" (Sant. 1:20).

Tenía que aprender que la causa de Dios no avanza nunca mediante métodos humanos; que "las armas de nuestra milicia no son carnales, sino poderosas en Dios para destrucción de fortalezas, derribando argumentos y toda altivez que se levanta contra el conocimiento de Dios, y llevando cautivo todo pensamiento a la obediencia de Cristo" (2ª Cor. 10:4 y 5).

"Cuando cumplió la edad de cuarenta años, le vino al corazón el visitar a sus hermanos, los hijos de Israel. Y al ver a uno que era maltratado, lo defendió, y dando muerte al egipcio, vengó al oprimido. Él pensaba que sus hermanos comprendían que Dios les daría libertad por mano suya, pero ellos no lo habían entendido así. Al día siguiente se presentó a unos de ellos que reñían, e intentaba ponerlos en paz, diciéndoles: 'Hermanos sois, ¿por qué os maltratáis el uno al otro?' Entonces el que maltrataba a su prójimo lo rechazó, diciendo: '¿Quién te ha puesto por gobernante y juez sobre nosotros? ¿Quieres tú matarme como mataste ayer al egipcio?' Al oír esta palabra, Moisés huyó y vivió como extranjero en tierra de Madián, donde engendró dos hijos" (Hech. 7:23-29).

Era cierto que Dios había dispuesto que el pueblo de Israel fuera liberado por mano de Moisés. Moisés mismo lo sabía, y suponía que sus hermanos comprendían también de esa forma el asunto. Pero no sucedía así. Su intento por librarlos fue un triste fracaso, y la razón de aquel fracaso radicaba en él, tanto como en ellos. Ellos no habían comprendido que Dios los libraría por mano de Moisés; éste sí lo comprendía, pero no había aprendido aún el método. Suponía que la liberación había de hacerse efectiva por la fuerza; que bajo su mando los hijos de Israel se levantarían y conquistarían a sus opresores. Pero no era ese el camino del Señor. La liberación que el Señor había planeado para su pueblo era el tipo de liberación que es imposible obtener mediante el esfuerzo humano.

En ese fracaso de Moisés aprendemos mucho acerca de la naturaleza de la obra que Dios se proponía efectuar en favor de los israelitas, así como de la herencia a la que los iba a conducir. Si se hubiera tratado de una mera liberación física la que dispusiera para ellos, y si hubiesen de ser llevados a una herencia solamente terrenal y temporal, entonces quizá habría podido efectuarse de la forma iniciada por Moisés. Los israelitas eran numerosos, y bajo el generalato de Moisés habrían podido vencer. Esa es la forma en la que se obtienen las posesiones terrenales. La historia reporta diversas ocasiones en las que un pueblo pequeño se pudo sacudir el yugo de otro mayor que él. Pero Dios había prometido a Abraham y a su simiente una herencia celestial –no terrenal–, y por consiguiente sólo mediante las agencias celestiales era posible obtenerla.

Ayudando al obrero oprimido

Hoy encontramos mucho de las condiciones existentes en el caso de los hijos de Israel. La explotación laboral prevalecía entonces, tanto o más que en cualquier otra época. Muchas horas de pesado trabajo y poco o ningún salario, eran la norma. El *capital* no oprimió nunca al trabajador tanto como en aquella época, y el pensamiento natural era, lo mismo que ahora, que la única forma de hacer valer sus derechos era empleando medidas de fuerza. Pero los caminos del hombre no son los caminos de Dios, y estos últimos son los únicos rectos. Nadie puede negar que se pisotean los derechos del pobre; pero muy pocos, de entre ellos, están dispuestos a aceptar el método divino de liberación. Nadie puede describir la opresión de los pobres por parte de los ricos, mejor de lo que lo hace la Biblia, pues Dios es el defensor del pobre.

El Señor vela por los pobres y afligidos. Se ha identificado tan estrechamente con ellos, que cualquier cosa dada al pobre se considera como dada al Señor. Jesucristo estuvo en esta tierra como hombre pobre, de forma que "el que oprime al pobre afrenta a su Hacedor" (Prov. 14:31). "Jehová oye a los menesterosos" (Sal. 69:33). "El menesteroso no para siempre será olvidado, ni la esperanza de los pobres perecerá perpetuamente" (Sal. 9:18). "Jehová tomará a su cargo la causa del afligido y el derecho de los necesitados" (Sal. 140:12). "Por la opresión de los pobres, por el gemido de los necesitados, ahora me levantaré –dice Jehová–, pondré a salvo al que por ello suspira" (Sal. 12:5). "Jehová, ¿quién como tú, que libras al afligido del más fuerte que él, y al pobre y menesteroso del que lo despoja" (Sal. 35:10). Con el Dios Omnipotente de su lado, cuán lamentable es que los pobres reciban tan mal consejo, y muy a menudo, de parte de profesos ministros del evangelio, en lo relativo a solucionar sus males.

El Señor dice: "¡Vamos ahora, ricos! Llorad y aullad por las miserias que os vendrán. Vuestras riquezas están podridas y vuestras ropas, comidas de polilla. Vuestro oro y plata están enmohecidos y su moho testificará contra vosotros y devorará del todo vuestros cuerpos como fuego. Habéis acumulado tesoros para los días finales. El jornal de los obreros que han cosechado vuestras tierras, el cual por engaño no les ha sido pagado por vosotros, clama y los clamores de los que habían segado han llegado a los oídos del Señor de los ejércitos. Habéis vivido en deleites sobre la tierra y sido libertinos. Habéis engordado vuestros corazones como en día de matanza. Habéis condenado y dado muerte al justo, sin que él os haga resistencia" (Sant. 5:1-6).

Se trata de una terrible sentencia contra el que oprime al pobre, y contra quien le defraudó en el salario merecido. Es también la promesa de un juicio justo contra el opresor. El Señor oye el clamor de los pobres, y de seguro no olvida. Considera todo acto de opresión como dirigido contra él mismo. Pero cuando el pobre se toma la justicia en sus propias manos, combatiendo una confederación con otra confederación, y enfrentando la fuerza con otra fuerza, se coloca en la misma categoría que sus opresores, privándose con ello de los buenos oficios de Dios en su favor.

Dios dice a los ricos opresores: "Habéis condenado y dado muerte al justo, sin que él os haga resistencia". El mandato: "Pero yo os digo: No resistáis al que es malo" (Mat. 5:39), significa exactamente lo que dice; y no ha perdido su vigencia. Es tan aplicable hoy, como lo era hace mil ochocientos años. El mundo no ha cambiado su carácter; la codicia del hombre es hoy la misma que entonces; y Dios es el mismo. A aquellos que oyen ese mandato, Dios los llama "justos". El justo no se resiste, cuando es condenado y defraudado con injusticia, o hasta incluso cuando se lo entrega a la muerte.

"Por tanto, hermanos, tened paciencia hasta la venida del Señor. Mirad cómo el labrador espera el precioso fruto de la tierra, aguardando con paciencia hasta que reciba la lluvia temprana y la tardía. Tened también vosotros paciencia y afirmad vuestros corazones, porque la venida del Señor se acerca" (Sant. 5:7 y 8).

Es cuando venga el Señor que cesará toda opresión. El problema es que la gente, tal como Esaú, no tiene fe ni paciencia para esperar. Así, el agricultor proporciona una lección: siembra la simiente sin impacientarse por no poder recoger la cosecha inmediatamente. Espera con paciencia el fruto de la tierra. "La siega es el fin del mundo" (Mat. 13:39). Los que encomendaron su causa al Señor recibirán entonces amplia recompensa por su confianza y paciencia. Entonces se proclamará libertad en toda la tierra, y a todos sus habitantes.

Lo que hace manifiesta la liberación y proporciona gozo, incluso ahora, por más que aflijan las penosas pruebas, es el evangelio de Jesucristo: es poder de Dios para salvación a todo aquel que cree. Los sabios según el mundo, y triste decirlo, también muchos que ocupan el puesto de ministros del evangelio, se mofan de la predicación del evangelio como remedio para la injusticia social en el presente. Pero el obrero no está hoy más oprimido de lo que lo estuvo en los días de Moisés, y la proclamación del evangelio fue el único medio que Dios aprobó y empleó para la prosperidad de su pueblo. Cuando vino Cristo, la mayor prueba de la divinidad de su misión fue que el evangelio era predicado a los pobres (Mat. 11:5).

Jesús conocía las necesidades de los pobres como ningún otro podría hacerlo, y su remedio fue el evangelio. Hay en el evangelio posibilidades en las que ni siquiera se ha soñado todavía. La correcta comprensión de la herencia que promete el evangelio es lo único capaz de hacer que el ser humano sea paciente ante la opresión terrenal.

Capítulo 17

La comisión divina

HABÍAN pasado cuarenta años desde aquel intento equivocado, antes que el Señor estuviera dispuesto a librar a su pueblo por mano de Moisés. Fue necesario todo ese tiempo a fin de preparar a Moisés para esa importante obra. Leemos de él, en un período posterior de su vida, que era manso más que cualquier otro ser humano. Pero no era así por disposición natural. La educación en la corte no estaba calculada para desarrollar la cualidad de la mansedumbre. La forma en que Moisés había intentado al principio remediar la opresión que sufría su pueblo, demuestra que tenía un temperamento impulsivo y arbitrario. El golpe seguía muy de cerca a la palabra. Pero el hombre que ha de llevar a los hijos de Abraham a la herencia prometida debe poseer muy diferentes características.

La tierra era la herencia prometida a Abraham. Se la había de ganar mediante la justicia de la fe. Pero ésta es inseparable de un espíritu apacible. "Aquel cuya alma no es recta se enorgullece; mas el justo por su fe vivirá" (Hab. 2:4). Por lo tanto, dijo el Salvador: "Bienaventurados los mansos, porque recibirán la tierra por heredad" (Mat. 5:5). "Hermanos míos amados, oíd: ¿No ha elegido Dios a los pobres de este mundo, para que sean ricos en fe y herederos del reino que ha prometido a los que lo aman?" (Sant. 2:5). Únicamente los mansos podían poseer la herencia prometida a los israelitas; por lo tanto, el encargado de llevarlos allí había de poseer necesariamente esa virtud de la mansedumbre. Cuarenta años de retiro en el desierto, trabajando como pastor, obraron en Moisés el cambio deseado.

"Aconteció que después de muchos días murió el rey de Egipto. Los hijos de Israel, que gemían a causa de la servidumbre, clamaron; y subió a Dios el clamor de ellos desde lo profundo de su servidumbre. Dios oyó el gemido de ellos y se acordó de su pacto con Abraham, Isaac y Jacob" (Éxo. 2:23 y 24).

Ese pacto, como ya hemos visto, se confirmó en Cristo. Se trataba del pacto que Dios había establecido con los padres, al decir a Abraham: "En tu simiente serán benditas todas las familias de la tierra" (Hech. 3:25). Y esa bendición consistía en apartarlos de sus iniquidades. Es el pacto que Dios recordó al enviar a Juan el Bautista, precursor de Cristo, quien habría de liberar a su pueblo de mano de sus enemigos a fin de que pudieran servir a Dios sin temor, "en santidad y en justicia delante de él" todos los días de sus vidas (Luc. 1:74 y 75). Era el pacto que aseguraba a Abraham y a su simiente la posesión de la tierra, mediante la fe personal en Cristo.

Pero la fe en Cristo no asegura una posesión terrenal a nadie. Los que son herederos de Dios son los pobres de este mundo, ricos en fe. El propio Cristo no tenía en esta tierra lugar donde recostar su cabeza; por lo tanto, nadie ha de suponer que el ser un fiel seguidor de Cristo le asegurará las posesiones de este mundo. Es más probable que suceda al contrario.

Es necesario recordar esos puntos al considerar la liberación de Israel de Egipto, y su viaje a la tierra de Canaán. Se los debiera tener presentes en el estudio de toda la historia de Israel, pues de otra forma caeremos continuamente en el mismo error de su propio pueblo, quien no recibió a Cristo cuando vino a ellos, debido a que no vino para prosperar sus intereses mundanales.

"Apacentando Moisés las ovejas de su suegro Jetro, sacerdote de Madián, llevó las ovejas a través del desierto y llegó hasta Horeb, monte de Dios. Allí se le apareció el ángel de Jehová en una llama de fuego, en medio de una zarza. Al fijarse, vio que la zarza ardía en fuego, pero la zarza no se consumía. Entonces Moisés se dijo: 'Iré ahora para contemplar esta gran visión, por qué causa la zarza no se quema'. Cuando Jehová vio que él iba a mirar, lo llamó de en medio de la zarza: –¡Moisés, Moisés! –Aquí estoy, respondió él. Dios le dijo: –No te acerques; quita el calzado de tus pies, porque el lugar en que tú estás, tierra santa es. Y añadió: –Yo soy el Dios de tu padre, el Dios de Abraham, el Dios de Isaac y el Dios de Jacob. Entonces Moisés cubrió su rostro, porque tuvo miedo de mirar a Dios. Dijo luego Jehová: –Bien he visto la aflicción de mi pueblo que está en Egipto, y he oído su clamor a causa de sus opresores, pues he conocido sus angustias. Por eso he descendido para librarlos de manos de los egipcios y sacarlos de aquella tierra a una tierra buena y ancha, a una tierra que fluye leche y miel, a los lugares del cananeo, del heteo, del amorreo, del ferezeo, del heveo y del jebuseo. El clamor, pues, de los hijos de Israel ha llegado ante mí, y también he visto la opresión con que los egipcios los oprimen. Ven, por tanto, ahora, y te enviaré al faraón para que saques de Egipto a mi pueblo, a los hijos de Israel" (Éxo. 3:1-10).

No es necesario entrar en los detalles del rechazo inicial de Moisés, y de su posterior aceptación de la comisión divina. Ahora que estaba por fin preparado para esa labor, se sentía incapaz y la rehuía. En la comisión estaba claramente especificado el poder mediante el que habría de efectuarse la liberación. Era el tipo de liberación que sólo puede cumplirse mediante el poder del Señor. Moisés había de ser únicamente el agente en sus manos.

Observa también las credenciales dadas a Moisés: "Dijo Moisés a Dios: –Si voy a los hijos de Israel y les digo: 'Jehová, el Dios de vuestros padres, me ha enviado a vosotros', me preguntarán: '¿Cuál es su nombre?' Entonces, ¿qué les responderé? Respondió Dios a Moisés: –'Yo soy el que soy'. Y añadió: –Así dirás a los hijos de Israel: 'Yo soy' me envió a vosotros" (Éxo. 3:13 y 14). Ese es el "nombre glorioso y temible" del Señor (Deut. 28:58), que ningún ser humano puede comprender, puesto que expresa su infinidad y eternidad. Observa las traducciones alternativas que proporcionan las notas al margen de la versión Revisada de la Biblia: "Soy porque soy", "soy quien soy", o "seré el que seré". Ninguna de esas traducciones es completa en ella misma, pero son todas necesarias para tener una noción del significado del título. Representan en conjunto al "Señor, el que es y que era y que ha de venir, el Todopoderoso" (Apoc. 1:8).

Cuán apropiado fue que, cuando el Señor iba a liberar a su pueblo, no meramente de la esclavitud temporal sino también de la espiritual y a darles aquella herencia que sólo podían poseer si provenía del Señor y la resurrección, se diera a conocer a sí mismo, no solamente como el Creador que posee existencia propia, sino también como Aquel que va a venir: el mismo título por el que se revela en el último libro de la Biblia, libro que está dedicado en su totalidad a la venida del Señor y la liberación final de su pueblo del gran enemigo: la muerte.

"Además dijo Dios a Moisés: –Así dirás a los hijos de Israel: 'Jehová, el Dios de vuestros padres, el Dios de Abraham, el Dios de Isaac y el Dios de Jacob, me ha enviado a vosotros'. Este es mi nombre para siempre; con él se me recordará todos los siglos" (Éxo. 3:15). Se nos recuerda que esa liberación no es otra cosa que el cumplimiento de la promesa hecha mediante Cristo a Abraham, Isaac y Jacob. Observa también el hecho significativo de que las más poderosas predicaciones registradas en el Nuevo Testamento se refieren a Dios como el Dios de Abraham, Isaac y Jacob: una evidencia de que ha de seguir siendo conocido por el mismo título, y de que las promesas hechas a los padres son buenas para nosotros, si las recibimos con la misma fe. "Este es mi nombre para siempre; con él se me recordará todos los siglos".

Respaldado por ese Nombre, con la seguridad de que Dios iba a estar con él y le daría instrucción en cuanto a lo que habría de decir, armado con el poder para efectuar milagros y confortado al saber que su hermano Aarón le asistiría en la obra, Moisés se puso en camino hacia Egipto.

Capítulo 18

Predicando el evangelio en Egipto

"FUERON, pues, Moisés y Aarón, y reunieron a todos los ancianos de los hijos de Israel. Aarón les contó todas las cosas que Jehová había dicho a Moisés, e hizo las señales delante de los ojos del pueblo. El pueblo creyó, y al oír que Jehová había visitado a los hijos de Israel y que había visto su aflicción, se inclinaron y adoraron" (Éxo. 4:29-31).

Pero no estaban aún preparados para abandonar Egipto. Todavía eran el tipo de oidor de la Palabra representado por el terreno pedregoso. Al principio la recibieron con gozo, pero en cuanto vino la persecución resultaron escandalizados. Si hubieran podido salir de Egipto sin contratiempo alguno, y si hubiesen tenido un viaje próspero a la tierra prometida, sin duda se habrían abstenido de murmurar, pero "es necesario que a través de muchas tribulaciones entremos en el reino de Dios" (Hech. 14:22), y aquellos que finalmente entren en él tienen que aprender a gozarse en las tribulaciones. Es una lección que los israelitas aún tenían que aprender.

El mensaje dado al Faraón: "Jehová, el Dios de Israel, dice así: 'Deja ir a mi pueblo'" (Éxo. 5:1), al que nos referiremos más adelante en particular, dio como resultado una agravación de la opresión que estaban sufriendo los israelitas. Eso era realmente una necesidad para ellos, primeramente para que estuvieran más deseosos de partir —teniendo luego menos deseos de retornar—, y en segundo lugar a fin de que pudieran presenciar el poder de Dios. Las plagas que sobrevinieron al país de Egipto eran tan necesarias para mostrar a los israelitas el poder de Dios, a fin de que estuvieran dispuestos a partir, como lo eran para los egipcios, a fin de que los dejasen ir. Los israelitas necesitaban aprender que no sería mediante poder humano alguno como iban a ser liberados, sino que sería enteramente la obra del Señor. Necesitaban aprender a confiarse plenamente al cuidado y conducción del Señor. Y "las cosas que se escribieron antes, para nuestra enseñanza se escribieron, a fin de que, por la paciencia y la consolación de las Escrituras, tengamos esperanza" (Rom. 15:4). Al leer esa historia debiéramos aprender la misma lección. No hay nada que haya de sorprendernos en el hecho de que el pueblo se quejara cuando la persecución se agravó en consecuencia del mensaje llevado por Moisés. El propio Moisés pareció quedar perplejo cuando eso sucedió, y consultó al Señor al respecto. "Jehová respondió a Moisés: –Ahora verás lo que yo haré al faraón, porque con mano fuerte los dejará ir, y con mano fuerte los echará de su tierra. Habló Dios a Moisés y le dijo: –Yo soy Jehová. Yo me aparecí a Abraham, a Isaac y a Jacob como Dios Omnipotente, pero con mi nombre Jehová no me di a conocer a ellos. También establecí mi pacto con ellos, para darles la tierra de Canaán, la tierra en que fueron forasteros y en la cual habitaron. Asimismo yo he oído el gemido de los hijos de Israel, a quienes hacen servir los egipcios, y me he acordado de mi pacto. Por tanto, dirás a los hijos de Israel: 'Yo soy Jehová. Yo os sacaré de debajo de las pesadas tareas de Egipto, os libraré de su servidumbre y os redimiré con brazo extendido y con gran justicia. Os tomaré como mi pueblo y seré vuestro Dios. Así sabréis que yo soy Jehová, vuestro Dios, que os sacó de debajo de las pesadas tareas de Egipto. Os meteré en la tierra por la cual alcé mi mano jurando que la daría a Abraham, a Isaac y a Jacob. Yo os la daré por heredad. Yo soy Jehová" (Éxo. 6:1-8).

El evangelio de liberación

Hemos aprendido que cuando Dios hizo la promesa a Abraham, le predicó a él el evangelio. Se deduce necesariamente que cuando él vino para cumplir esa promesa a su simiente, le predicó el mismo evangelio, en preparación para el cumplimiento. Y así fue. Sabemos por la epístola a los Hebreos que el evangelio que nos es predicado hoy, es el mismo que se les predicó entonces, y lo encontramos en la escritura precedente (Éxo. 6:1-8).

Observa los puntos siguientes:

1. Dios dijo a Abraham, Isaac y Jacob: "También establecí mi pacto con ellos, para darles la tierra de Canaán, la tierra en que fueron forasteros y en la cual habitaron".

2. Entonces añadió: "Asimismo yo he oído el gemido de los hijos de Israel, a quienes hacen servir los egipcios, y me he acordado de mi pacto".

3. Cuando el Señor declara que recuerda cierta cosa, no significa que de algún modo lo hubiese olvidado antes, ya que tal cosa es imposible. Nada hay que pueda escapar a su atención. Pero, como encontramos en varios lugares, Dios indica que está a punto de efectuar la acción predicha. Así, por ejemplo, en el juicio final de Babilonia leemos: "Dios se ha acordado de sus maldades" (Apoc. 18:5). "La gran Babilonia vino en memoria delante de Dios, para darle el cáliz del vino del ardor de su ira" (Apoc. 16:19). "Entonces se acordó Dios de Noé..." (Gén. 8:1) e hizo cesar el diluvio; sin embargo sabemos que ni por un momento olvidó Dios a Noé mientras estaba en el arca, pues ni siquiera la caída de un pajarillo a tierra le pasa desapercibida. Lee también Gén. 19:29; 30:22 y 1º Sam. 1:19, textos en los que se emplea la expresión "recordar" en el sentido de estar a punto de cumplir lo prometido.

4. Es pues evidente, por lo leído en Éxodo 6, que el Señor estaba a punto de cumplir la promesa a Abraham y a su simiente. Pero dado que Abraham estaba muerto, sólo mediante la resurrección podía ser llevado a cabo. Estaba muy cerca el tiempo de la promesa que Dios había jurado a Abraham. Pero eso es evidencia de que el evangelio estaba siendo predicado, puesto que sólo el evangelio del reino prepara para el fin.

5. Dios se estaba dando a conocer a sí mismo ante el pueblo. Pero es sólo en el evangelio donde Dios se da a conocer. Las cosas que revelan el poder de Dios, dan a conocer su Divinidad.

6. Dios dijo: "Os tomaré como mi pueblo y seré vuestro Dios. Así sabréis que yo soy Jehová, vuestro Dios". Compara con lo anterior la promesa del nuevo pacto: "Yo seré su Dios y ellos serán mi pueblo. Y no enseñará más ninguno a su prójimo, diciendo:

'Conoce a Jehová', porque todos me conocerán, desde el más pequeño de ellos hasta el más grande, dice Jehová" (Jer. 31:33 y 34). No hay duda ninguna en cuanto a que eso constituye la proclamación del evangelio; pero se trata de lo mismo que se proclamó a los Israelitas en Egipto.

7. El hecho de que la liberación de los hijos de Israel era un tipo de liberación que sólo podía tener lugar mediante la predicación del evangelio, es evidencia de que no se trataba de una liberación ordinaria de la esclavitud física a fin de poseer una herencia temporal. Se desplegaba ante los hijos de Israel un panorama mucho más glorioso que ese, si es que hubieran conocido el día de su visitación y hubiesen permanecido fieles.

Predicando al faraón

Es cierto que "Dios no hace acepción de personas, sino que en toda nación se agrada del que lo teme y hace justicia" (Hech. 10:34 y 35). Esa no era una nueva verdad aparecida en los días de Pedro, sino que expresa un principio intemporal, dado que Dios es siempre el mismo. El hecho de que el hombre haya solido ser tardo en percibirlo, no hace diferencia alguna por lo que respecta a la verdad. El hombre puede dejar de reconocer el poder de Dios, pero eso no lo hace de ninguna forma menos poderoso; así, el hecho de que la gran masa de sus profesos seguidores hayan dejado de reconocer que Dios no hace acepción de personas, y que es perfectamente imparcial, y hayan supuesto que Dios los amaba a ellos con exclusión de los demás, para nada ha estrechado su carácter.

La promesa iba dirigida a Abraham y a su simiente. Pero la promesa y la bendición vinieron a Abraham antes de haberse circuncidado, "para que fuera padre de todos los creyentes no circuncidados, a fin de que también a ellos la fe les sea contada por justicia" (Rom. 4:11). "Ya no hay judío ni griego; no hay esclavo ni libre; no hay hombre ni mujer, porque todos vosotros sois uno en Cristo Jesús. Y si vosotros sois de Cristo, ciertamente descendientes de Abraham sois, y herederos según la promesa" (Gál. 3:28 y 29).

Por consiguiente la promesa abarcaba incluso a los egipcios, tanto como a los israelitas, con tal que creyeran. Y no incluía a los israelitas incrédulos; no más de lo que incluía a los incrédulos egipcios. Abraham es el padre de los que están circuncidados, pero sólo "para los que no solamente son de la circuncisión, sino que también siguen las pisadas de la fe que tuvo nuestro padre Abraham antes de ser circuncidado" (Rom. 4:12). Si la incircuncisión guarda la justicia de la ley, su incircuncisión es contada por circuncisión (ver Rom. 2:25-29).

Es preciso recordar que Dios no envió en primera instancia las plagas al faraón y a su pueblo. No era su voluntad liberar a los israelitas dando muerte a sus opresores, sino convirtiéndolos. Dios no quiere "que ninguno perezca, sino que todos procedan al arrepentimiento" (2ª Ped. 3:9). Él "quiere que todos los hombres sean salvos y vengan al conocimiento de la verdad" (1ª Tim. 2:4). "Vivo yo, dice Jehová, el Señor, que no quiero la muerte del impío, sino que se vuelva el impío de su camino y que viva" (Eze. 33:11). Todos los hombres son criaturas de Dios, e hijos suyos; su gran corazón de amor los abraza a todos, sin diferencias de raza o nacionalidad.

De acuerdo con eso, en un principio se *pidió* al faraón que dejara ir al pueblo en libertad. Pero éste, con impudicia y altanería replicó: "¿Quién es Jehová para que yo oiga su voz y deje ir a Israel? Yo no conozco a Jehová, ni tampoco dejaré ir a Israel" (Éxo. 5:2). Entonces se obraron ante él milagros. Al principio no fueron juicios, sino simples manifestaciones del poder de Dios. Pero los magos del faraón, los siervos de Satanás, hicieron una falsificación de esos milagros, y el corazón del faraón se endureció aún más que antes. Ahora bien, el lector atento observará que incluso en los milagros que fueron imitados por los magos, se manifestó el poder superior del Señor.

El próximo artículo de esta serie de estudios sobre el evangelio eterno tratará del controvertido tema del endurecimiento del corazón del faraón.

Capítulo 19

El corazón endurecido del faraón

CUANDO las buenas maneras no lograron que el faraón reconociera el poder de Dios, fueron enviados juicios. Dios, que conoce el final desde el principio, había anunciado que se endurecería el corazón del faraón, incluso que Dios mismo se lo haría endurecer; y así ocurrió. No obstante, no hay que suponer que Dios endureció deliberadamente el corazón del faraón en contra de la voluntad de este, de forma que le hubiera resultado imposible ceder en caso de haber querido hacerlo. Dios envía operación de error, a fin de que los hombres crean en la mentira (2ª Tes. 2:11) sólo a quienes han rechazado la verdad y aman la mentira. Cada uno obtiene lo que más desea. Aquel que desea hacer la voluntad de Dios, conocerá de la doctrina (Juan 7:17); pero a quien rechaza la verdad no le queda más que tinieblas y engaño.

Es interesante observar que fue la manifestación de la misericordia de Dios lo que endureció el corazón del faraón. La sencilla demanda de parte del Señor fue objeto de negación y burla. Comenzaron entonces a caer las plagas, pero no de forma inmediata, sino dejando un intervalo suficiente como para que el faraón reflexionara. Pero como el poder de los magos parecía igual al de Moisés y Aarón, Faraón no accedió a la petición. Entonces quedó manifiesto que había un poder superior al de sus magos. Pudieron hacer subir ranas sobre la tierra de Egipto, pero no pudieron librarse de ellas. "Entonces el faraón llamó a Moisés y a Aarón, y les dijo: –Orad a Jehová para que aparte las ranas de mí y de mi pueblo, y dejaré ir a tu pueblo para que ofrezca sacrificios a Jehová" (Éxo. 8:8). Había aprendido del Señor lo suficiente como para llamarlo por su nombre.

"Entonces salieron Moisés y Aarón de la presencia del faraón. Moisés clamó a Jehová tocante a las ranas que había mandado sobre el faraón. E hizo Jehová conforme a la palabra de Moisés: murieron las ranas de las casas, de los cortijos y de los campos. Las juntaron en montones y apestaban la tierra. Pero al ver el faraón que le habían dado reposo, endureció su corazón y no los escuchó, tal como Jehová lo había dicho" (vers. 12-15).

"Se mostrará piedad al malvado, pero no aprenderá justicia, sino que en tierra de rectitud hará iniquidad y no mirará a la majestad de Jehová" (Isa. 26:10). Así sucedió con el faraón. El juicio de Dios aplacó su altanería; pero "al ver el faraón que le habían dado reposo, endureció su corazón".

Cuando el Señor envió la siguiente plaga de moscas, el faraón dijo: "Os dejaré ir para que ofrezcáis sacrificios a Jehová, vuestro Dios, en el desierto, con tal que no vayáis más lejos; orad por mí. Y Moisés respondió: –Al salir yo de tu presencia, rogaré a Jehová que las diversas clases de moscas se alejen del faraón, de sus siervos y de su pueblo mañana; con tal de que el faraón no nos engañe más, impidiendo que el pueblo vaya a ofrecer sacrificios a Jehová. Entonces Moisés salió de la presencia del faraón, y oró a Jehová. Jehová hizo conforme a la palabra de Moisés y apartó todas aquellas moscas del faraón, de sus siervos y de su pueblo, sin que quedara una. Pero también esta vez el faraón endureció su corazón y no dejó partir al pueblo" (Éxo. 8:28-32).

Y así fue sucediendo con cada una de las plagas. No se nos proporcionan todos los detalles en cada caso, pero vemos que fue la paciencia y misericordia de Dios lo que endurecía el corazón del faraón. La misma predicación que animó los corazones de tantos en los días de Jesús, lograba que otros desarrollaran más y más amargura en su contra. La resurrección de Lázaro fijó en los corazones de los judíos incrédulos la determinación de matar a Jesús. El juicio revelará el hecho de que todo aquel que rechazó al Señor endureciendo su corazón, lo hizo frente a la manifestación de su misericordia.

El propósito de Dios para el faraón

"Luego Jehová dijo a Moisés: –Levántate de mañana, ponte delante del faraón y dile: 'Jehová, el Dios de los hebreos, dice así: Deja ir a mi pueblo, para que me sirva, porque yo enviaré esta vez todas mis plagas sobre tu corazón, sobre tus siervos y sobre tu pueblo, para que entiendas que no hay otro como yo en toda la tierra. Por tanto, ahora yo extenderé mi mano para herirte a ti y a tu pueblo con una plaga, y desaparecerás de la tierra. A la verdad yo te he puesto para mostrar en ti mi poder, y para que mi nombre sea anunciado en toda la tierra" (Éxo. 9:13-16).

La traducción más literal del hebreo del Dr. Kalisch dice así: "Porque he aquí que habría podido extender mi mano, y habría podido golpearte a ti y a tu pueblo con pestilencia; y tú habrías sido cortado de la tierra. Pero sólo por esta causa he permitido que existas, a fin de mostrarte mi poder, y que mi nombre pueda ser conocido por toda la tierra". La versión 'Dios habla hoy' traduce la misma idea: "Yo podría haberte mostrado mi poder castigándote a ti y a tu pueblo con una plaga, y ya habrías desaparecido de la tierra; pero te he dejado vivir para que veas mi poder, y para darme a conocer en toda la tierra".

No se trata, como tan a menudo se supone, de que Dios trajera a la existencia al faraón con el expreso propósito de volcar su venganza sobre él. Una idea tal es un gran deshonor hacia el carácter del Señor. La verdadera idea consiste en que Dios habría podido destruir al faraón desde un principio, liberando así a su pueblo sin demora alguna. Eso, no obstante, no habría estado de acuerdo con el carácter invariable del Señor, según el cual concede a todo ser humano amplia oportunidad para que se arrepienta. Dios había tenido una gran paciencia con la obstinación del faraón, y ahora se disponía a enviarle juicios más severos; no obstante, no lo haría sin advertirle antes fielmente, de forma que incluso entonces pudiera volverse de su maldad.

Dios había mantenido con vida al faraón, y había demorado el envío de su juicio más severo que lo destruiría, a fin de poder mostrarle su poder. Pero el poder de Dios se estaba manifestando por entonces para la salvación de su pueblo, y el poder de Dios para salvación es el evangelio (Rom. 1:16). Por lo tanto, Dios estaba manteniendo al faraón con vida a pesar de la obstinación de éste, para darle cumplida ocasión de aprender el evangelio. Ese evangelio era tan poderoso para salvar al faraón, como lo era para salvar a los israelitas.

Hemos citado la versión 'Dios habla hoy' por su mayor claridad en el texto, pero no porque esa misma verdad no se encuentre también en la versión más común (Reina Valera 1995): "A la verdad yo te he puesto para mostrar en ti mi poder, y para que mi nombre sea anunciado en toda la tierra". Aún entendiendo que "te he puesto" se refiera al establecimiento del faraón en el trono, el versículo dista mucho de afirmar que Dios hizo tal cosa con el propósito de enviarle las plagas y destruirlo. Lo que el texto declara es que el propósito era mostrar el poder de Dios, y dar a conocer su nombre en toda la tierra. La suposición de que Dios puede mostrar su poder y dar a conocer su nombre sólo mediante la destrucción de los hombres, deshonra a Dios y es contraria al evangelio. "¡Alabad a Jehová, porque él es bueno, porque para siempre es su misericordia!" (Sal. 106:1).

Dios quería que su nombre se conociera en toda la tierra. Y así sucedió, pues leemos que cuarenta años más tarde los habitantes de Canaán se llenaron de pánico al acercarse los israelitas, debido a que recordaban la forma prodigiosa en que Dios los había librado de Egipto. Pero el propósito divino se habría podido cumplir igualmente si el faraón hubiera aceptado a la voluntad del Señor. Supongamos que el faraón hubiera reconocido al Señor, y aceptado el evangelio que se le predicó; ¿cuál habría sido el resultado? Habría hecho como Moisés, cambiando el trono de Egipto por el oprobio de Cristo y por un lugar en la herencia eterna. De esa forma habría sido un poderosísimo agente en la proclamación del nombre del Señor a toda la tierra. El hecho mismo de la aceptación del evangelio por un rey poderoso, habría dado a conocer el poder del Señor de una forma tan efectiva como lo hicieron las plagas. Y el propio faraón, de ser perseguidor del pueblo de Dios, habría podido, como Pablo, haberse convertido en un predicador de la fe. Pero desgraciadamente no conoció el día de su visitación.

Observa que el propósito de Dios era que *su nombre fuera declarado en toda la tierra*. No tenía que suceder en un rincón. La liberación de Egipto no era algo que concernía solamente a unos pocos en cierta región de la tierra. Había de ser "para todos" (Luc. 2:10, 'Dios habla hoy'). De acuerdo con la promesa hecha a Abraham, Dios estaba librando de la esclavitud a los hijos de Israel; pero la liberación no era sólo por causa de ellos. Mediante su liberación habría de darse a conocer su nombre y su poder hasta lo último de la tierra. El tiempo de la promesa que Dios había jurado a Abraham estaba acercándose; pero dado que esa promesa incluía a toda la tierra, se requería que el evangelio fuera proclamado con un alcance en correspondencia. Los hijos de Israel eran los agentes escogidos por Dios para llevar a cabo esa obra. Alrededor de ellos, como núcleo, se había de centrar el reino de Dios. La infidelidad de ellos a su cometido hizo que el plan de Dios se retrasara, pero no que cambiara. Aunque fracasaron en proclamar el nombre del Señor, e incluso apostataron, Dios dijo: "Sabrán las gentes que yo soy Jehová, cuando fuere santificado en vosotros delante de sus ojos" (Eze. 36:23; ver contexto en vers. 22-33).

Capítulo 20

Salvos por su vida

LEEMOS de Moisés que "por la fe dejó a Egipto, no temiendo la ira del rey, porque se sostuvo como viendo al Invisible. Por la fe celebró la pascua y la aspersión de la sangre, para que el que destruía a los primogénitos no los tocara a ellos" (Heb. 11:27 y 28).

No se puede decir de Moisés que dejara a Egipto por la fe en un principio, cuando huyó atemorizado, sino en esta ocasión, tras haber observado la pascua. Ahora la ira del rey nada podía contra él, "porque se sostuvo como viendo al Invisible". Se encontraba bajo la protección del Rey de reyes.

Aunque el texto habla sólo de Moisés, no hemos de suponer que éste fuera el único que tenía fe, de entre los hijos de Israel, ya que en el siguiente versículo leemos en referencia a toda la compañía, que "por la fe pasaron el Mar Rojo". Pero incluso si hubiera sido sólo Moisés quien hubiese salido de Egipto por fe, ese hecho probaría que todos debieron haber obrado en forma similar, y que la liberación en su conjunto era un asunto de fe.

"Se sostuvo como viendo al Invisible". Moisés vivió de la misma manera en que viven hoy los verdaderos cristianos. Aquí está el paralelo: "Bendito el Dios y Padre de nuestro Señor Jesucristo, que según su gran misericordia nos hizo renacer para una esperanza viva, por la resurrección de Jesucristo de los muertos, para una herencia incorruptible, incontaminada e inmarchitable, reservada en los cielos para vosotros, que sois guardados por el poder de Dios, mediante la fe, para alcanzar la salvación que está preparada para ser manifestada en el tiempo final. Por lo cual vosotros os alegráis, aunque ahora por un poco de tiempo, si es necesario, tengáis que ser afligidos en diversas pruebas, para que, sometida a prueba vuestra fe, mucho más preciosa que el oro (el cual, aunque perecedero, se prueba con fuego), sea hallada en alabanza, gloria y honra cuando sea manifestado Jesucristo. Vosotros, que lo amáis sin haberlo visto, creyendo en él aunque ahora no lo veáis, os alegráis con gozo inefable y glorioso, obteniendo el fin de vuestra fe, que es la salvación de vuestras almas" (1ª Ped. 1:3-9).

Moisés y los hijos de Israel fueron llamados a la misma herencia que nosotros. La promesa les fue hecha en Cristo, como sucede con nosotros. Era una herencia que sólo por la fe en Cristo se podía obtener, y esa fe había de ser tal como para permitir que Cristo fuera una presencia real, personal, si bien invisible. Más aún, la base de la fe y esperanza era la resurrección de Jesucristo. Entonces como ahora, Cristo era la cabeza de la iglesia. La verdadera iglesia no tiene ni tuvo nunca una cabeza que no sea invisible. "El Santo de Israel" fue establecido "por jefe y por maestro de las naciones" (Isa. 55:4) mucho antes de su nacimiento en Belén.

Vemos por lo tanto que la fe personal en Cristo fue la base de la liberación de Israel de Egipto. Así lo mostraba la celebración de la pascua. El asunto había llegado a una crisis. El faraón había persistido en obstinada resistencia hasta que la misericordia del Señor no tuvo efecto sobre él. El faraón había actuado deliberadamente, y había pecado contra la luz, como prueba su propia declaración tras la plaga de las langostas. En aquella ocasión llamó a Moisés y Aarón, y les dijo: "He pecado contra Jehová, vuestro Dios, y contra vosotros. Pero os ruego ahora que perdonéis mi pecado solamente esta vez, y que oréis a Jehová, vuestro Dios, para que aparte de mí al menos esta plaga mortal" (Éxo. 10:16 y 17). Había llegado a reconocer al Señor, y sabía que la rebelión contra Dios es pecado, pero tan pronto como lograba un respiro volvía a ser tan obstinado como antes. Rechazó de forma plena y definitiva al Señor, y nada se podía hacer ya, excepto ejecutar sobre él el juicio que lo compelería a desistir en su opresión, dejando ir a Israel.

La primera pascua

Era la última noche que los hijos de Israel iban a pasar en Egipto. El Señor estaba a punto de enviar su último gran juicio sobre el rey y el pueblo, en la destrucción de los primogénitos. Se instruyó a los hijos de Israel a que tomaran un cordero "sin defecto" que habían de sacrificar por la tarde, comiendo luego su carne. "Tomarán de la sangre y la pondrán en los dos postes y en el dintel de las casas en que lo han de comer". "Es la pascua de Jehová. Pues yo pasaré aquella noche por la tierra de Egipto y heriré a todo primogénito en la tierra de Egipto, así de los hombres como de las bestias, y ejecutaré mis juicios en todos los dioses de Egipto. Yo, Jehová. La sangre os será por señal en las casas donde vosotros estéis; veré la sangre y pasaré de largo ante vosotros, y no habrá entre vosotros plaga de mortandad cuando hiera la tierra de Egipto" (Éxo. 12:5-13).

La sangre de ese cordero no los salvaba, como bien sabían ellos. El Señor les dijo que no era más que una señal; la señal de su fe en aquello que representaba: "la sangre preciosa de Cristo, como de un cordero sin mancha y sin contaminación" (1ª Ped. 1:19), "porque nuestra Pascua, que es Cristo, ya fue sacrificada por nosotros" (1ª Cor. 5:7). La sangre del cordero no era, pues, sino un símbolo de la sangre del Cordero de Dios; y los que se sostuvieron como viendo al Invisible lo comprendieron así.

"La vida de la carne en la sangre está" (Lev. 17:11). En la sangre de Cristo, esto es, en su vida, tenemos redención, el perdón de los pecados, "a quien Dios puso como propiciación por medio de la fe en su sangre, para manifestar su justicia, a causa de haber *pasado por alto*, en su paciencia, los pecados pasados" (Rom. 3:25). Dios pasa por alto –pasa de largo– los pecados, no en el sentido de que entre en componendas con ellos, sino que "la sangre de Jesucristo, su Hijo, *nos limpia de* todo pecado" (1ª Juan 1:7). La vida de Cristo es la justicia de Dios, pues es del corazón de donde mana la vida, y la ley de Dios estaba en el corazón de Cristo, como perfecta justicia. La aplicación de la sangre o vida de Cristo, por lo tanto, es la aplicación de la vida de Dios en Cristo; y eso significa quitar el pecado.

La aspersión de la sangre en los postes de la puerta simbolizaba lo que más tarde quedó escrito: "Jehová, nuestro Dios, Jehová uno es. Amarás a Jehová, tu Dios, de todo tu corazón, de toda tu alma y con todas tus fuerzas. Estas palabras que yo te mando hoy, estarán sobre tu corazón... las escribirás en los postes de tu casa y en tus puertas" (Deut. 6:4-9). La justicia de la ley de Dios se encuentra únicamente en la vida de Cristo. Puede estar en el corazón sólo en tanto en cuanto la vida de Dios en Cristo en el corazón, para limpiarlo de todo pecado. Poner la sangre en los postes de la puerta de la casa es lo mismo que escribir la ley de Dios en los postes de la casa y en las puertas, y era indicativo de morar en Cristo, de estar incorporado en su vida.

Cristo es el Hijo de Dios, cuya delicia consistía en hacer la voluntad de su Padre. Él es nuestra Pascua, como lo fue para los hijos de Israel en Egipto, pues su vida es eterna e indisoluble, y aquellos que participan de ella por la fe comparten la seguridad de ella. No hubo hombre ni demonio que pudiera arrebatarle su vida, y el Padre lo amó, y no tenía deseo de tomar su vida de él. Cristo la entregó voluntariamente, y la volvió a tomar. Morar en él, por lo tanto, como estaba representado en la aspersión de la sangre sobre los postes de la puerta, es ser librado del pecado, y por lo tanto, quedar libre de la ira de Dios contra los hijos de desobediencia. "Jesucristo es el mismo ayer, hoy y por los siglos" (Heb. 13:8). La fe en su sangre, simbolizada en la aspersión de la sangre del cordero en las puertas de las casas, cumple hoy lo mismo que siempre cumplió. Cuando celebramos la Cena del Señor, que se instituyó en el tiempo de la Pascua en el que Cristo fue traicionado y crucificado, celebramos lo mismo que los israelitas en Egipto. Ellos estaban aún en Egipto cuando celebraron aquella primera pascua. Se trataba de un acto de fe, que mostraba su confianza en Cristo como su Libertador prometido. Así nosotros, mediante el emblema de la sangre de Cristo, mostramos nuestra fe en su vida para preservarnos de la destrucción que se avecina sobre la tierra debido al pecado. En ese día el Señor *pasará de largo* a aquellos cuya vida está escondida con Cristo en Dios, "como un hombre perdona al hijo que lo sirve" (Mal. 3:17). Y sucederá así por idéntica razón, porque Dios salva a su propio Hijo, y los hombres son salvos en él.

La última pascua

Cuando Cristo celebró la última pascua con sus discípulos, dijo: "¡Cuánto he deseado comer con vosotros esta Pascua antes que padezca!, porque os digo que no la comeré más hasta que se cumpla en el reino de Dios" (Luc. 22:15 y 16). Esto nos muestra que la institución de la pascua tenía relación directa con la venida del Señor para castigar a los impíos y librar a su pueblo. "Así pues, todas las veces que comáis este pan y bebáis esta copa, la muerte del Señor anunciáis hasta que él venga" (1ª Cor. 11:26). La muerte de Jesús no sería nada sin la resurrección. Y la resurrección de Cristo significa ni más ni menos que la resurrección de todos aquellos que están escondidos en su vida. Es mediante su resurrección como nos engendra a una esperanza viva de herencia incorruptible, incontaminada, que no se desvanece; y esa misma fe y esperanza, referidas a la misma herencia, las mostró el verdadero Israel en Egipto. La herencia que esperamos está guardada en los cielos; y la herencia que fue prometida a Abraham, Isaac y Jacob, herencia para la cual estaba Dios preparando a los hijos de Israel, era "mejor, esto es, celestial".

La "aspersión de la sangre" (ver Éxo. 12:5-14; Heb. 11:27 y 28; 12:14, y 1ª Ped. 1:2-10) es el gran lazo que nos une en nuestra experiencia cristiana con el antiguo Israel. Muestra que la liberación que Dios estaba obrando en favor de ellos es idéntica a la que está obrando en nuestro favor. Nos une a ellos en un mismo Señor y en una misma fe. Cristo estaba presente con ellos de forma tan real como lo está con nosotros. Podían sostenerse como viendo al Invisible, y sólo así podemos nosotros sostenernos. Cristo fue "inmolado desde el principio del mundo", y por lo tanto resucitado desde el principio del mundo, de forma que todos los beneficios de su muerte y resurrección estuvieran al alcance de ellos, tanto como al nuestro. Y la liberación que Cristo estaba obrando en su favor era de la más absoluta realidad. Su esperanza consistía en la venida del Señor para la resurrección de los muertos, completando así la liberación, y nosotros tenemos la misma bienaventurada esperanza. Aprendamos, pues de los errores subsecuentes de ellos, y "retengamos firme hasta el fin nuestra confianza del principio" (Heb. 3:14).

En lo sucesivo todo será más claro en nuestro camino, pues discerniremos cada paso en nuestro estudio como la forma en que Dios trata a su pueblo en el plan de la salvación, aprendiendo sobre su poder para salvar y para llevar adelante la obra de proclamar el evangelio. "Las cosas que se escribieron antes, para nuestra enseñanza se escribieron, a fin de que, por la paciencia y la consolación de las Escrituras, tengamos esperanza" (Rom. 15:4).

Capítulo 21

La liberación final

LEAMOS el resumen de la historia según el relato inspirado: "Aconteció que a la medianoche Jehová hirió a todo primogénito en la tierra de Egipto, desde el primogénito del faraón que se sentaba sobre su trono hasta el primogénito del cautivo que estaba en la cárcel, y todo primogénito de los animales. Se levantó aquella noche el faraón, todos sus siervos y todos los egipcios, y hubo un gran clamor en Egipto, porque no había casa donde no hubiera un muerto. E hizo llamar a Moisés y a Aarón de noche, y les dijo: –Salid de en medio de mi pueblo vosotros y los hijos de Israel, e id a servir a Jehová, como habéis dicho. Tomad también vuestras ovejas y vuestras vacas, como habéis dicho, e idos; y bendecidme también a mí. Los egipcios apremiaban al pueblo, dándose prisa a echarlos de la tierra, porque decían: 'Todos moriremos'. Y llevó el pueblo su masa antes que fermentara, la envolvieron en sábanas y la cargaron sobre sus hombros. E hicieron los hijos de Israel conforme a la orden de Moisés, y pidieron a los egipcios alhajas de plata y de oro, y vestidos. Jehová hizo que el pueblo se ganara el favor de los egipcios, y estos les dieron cuanto pedían. Así despojaron a los egipcios. Partieron los hijos de Israel de Rameses hacia Sucot. Eran unos seiscientos mil hombres de a pie, sin contar los niños. También subió con ellos una gran multitud de toda clase de gentes, ovejas y muchísimo ganado" (Éxo. 12:29-38).

"Luego que el faraón dejó ir al pueblo, Dios no los llevó por el camino de la tierra de los filisteos, que estaba cerca, pues dijo Dios: 'Para que no se arrepienta el pueblo cuando vea la guerra, y regrese a Egipto'. Por eso hizo Dios que el pueblo diera un rodeo por el camino del desierto del Mar Rojo" (Éxo. 13:17 y 18). "Partieron de Sucot y acamparon en Etam, a la entrada del desierto. Jehová iba delante de ellos, de día en una columna de nube para guiarlos por el camino, y de noche en una columna de fuego para alumbrarlos, a fin de que anduvieran de día y de noche. Nunca se apartó del pueblo la columna de nube durante el día, ni la columna de fuego durante la noche" (vers. 20-22).

"Habló Jehová a Moisés y le dijo: 'Di a los hijos de Israel que regresen y acampen delante de Pi-hahirot, entre Migdol y el mar, enfrente de Baal-zefón. Acamparéis frente a ese lugar, junto al mar. Y el faraón dirá de los hijos de Israel: "Encerrados están en la tierra; el desierto los ha encerrado". Yo endureceré el corazón del faraón, para que los siga; entonces seré glorificado en el faraón y en todo su ejército, y sabrán los egipcios que yo soy Jehová'. Ellos lo hicieron así. Cuando fue dado aviso al rey de Egipto, que el pueblo huía, el corazón del faraón y de sus siervos se volvió contra el pueblo, y dijeron: '¿Cómo hemos hecho esto? Hemos dejado ir a Israel para que no nos sirva'. Unció entonces su carro y tomó consigo a su ejército. Tomó seiscientos carros escogidos y todos los carros de Egipto, junto con sus capitanes. Endureció Jehová el corazón del faraón, rey de Egipto, el cual siguió a los hijos de Israel; pero los hijos de Israel habían salido con mano poderosa. Los egipcios los siguieron con toda la caballería y los carros del faraón, su gente de a caballo y todo su ejército; los alcanzaron donde estaban acampados junto al mar" (Éxo. 14:1-9). "Cuando el faraón se hubo acercado, los hijos de Israel alzaron sus ojos y vieron que los egipcios venían tras ellos, por lo que los hijos de Israel clamaron a Jehová llenos de temor, y dijeron a Moisés: –¿No había sepulcros en Egipto, que nos has sacado para que muramos en el desierto? ¿Por qué nos has hecho esto? ¿Por qué nos has sacado de Egipto? Ya te lo decíamos cuando estábamos en Egipto: Déjanos servir a los egipcios, porque mejor nos es servir a los egipcios que morir en el desierto. Moisés respondió al pueblo: –No temáis; estad firmes y ved la salvación que Jehová os dará hoy, porque los egipcios que hoy habéis visto, no los volveréis a ver nunca más. Jehová peleará por vosotros, y vosotros estaréis tranquilos" (vers. 10-14).

Es bien conocida la forma en que fueron librados: cómo, ante la orden del Señor, el mar se retiró, dejando un corredor en medio de él, por el que pudieron pasar los hijos de Israel pisando tierra seca, y cómo, cuando los egipcios intentaron hacer lo mismo, el mar volvió a su estado previo y los engulló. "Por la fe pasaron el Mar Rojo como por tierra seca; e intentando los egipcios hacer lo mismo, fueron ahogados" (Heb. 11:29).

Observemos algunas lecciones de esta historia.

1. Era Dios el que estaba dirigiendo al pueblo. "Luego que el faraón dejó ir al pueblo, Dios no los llevó por el camino de la tierra de los filisteos". Moisés no sabía qué tenía que hacer, o qué camino tomar, más de lo que lo sabía el pueblo. Sólo sabía aquello que el Señor le decía. Dios se lo podía comunicar a Moisés, debido a que "Moisés a la verdad fue fiel en toda la casa de Dios" (Heb. 3:5).

2. Cuando el pueblo murmuró, lo hizo contra Dios, no contra Moisés. Cuando dijeron a Moisés: "¿Por qué nos has hecho esto? ¿Por qué nos has sacado de Egipto?", realmente estaban negando la intervención divina en el asunto, a pesar de que sabían bien que era Dios quien les había enviado a Moisés.

3. Ante el primer atisbo de peligro, se vino abajo la fe del pueblo. Olvidaron lo que Dios había hecho ya por ellos, cuán poderosamente había obrado para su liberación. El último juicio sobre los egipcios debiera por sí mismo haber sido suficiente como para enseñarles a confiar en el Señor, y a confiar en que él era sobradamente capaz de salvarlos de aquellos egipcios que quedaban aún vivos.

4. No era el plan de Dios que el pueblo entrara en lucha alguna. Él los condujo a través del desierto a fin de que no vieran la guerra. No obstante sabía que yendo por ese camino, los egipcios los perseguirían. Los hijos de Israel no estuvieron nunca en mayor necesidad de luchar que cuando los egipcios los encerraron entre ellos y el Mar Rojo, sin embargo, aún entonces la palabra fue: "Jehová peleará por vosotros, y vosotros estaréis tranquilos". Se podría aducir que la razón por la que Dios no quiso que pelearan

es porque por entonces no estaban preparados para la batalla. Y es cierto; no obstante haremos bien en recordar que el Señor era perfectamente capaz de pelear en lugar de ellos con posterioridad, tanto como lo era ahora, y que en otras ocasiones los libró sin una sola acción bélica por parte del pueblo. Cuando consideramos las circunstancias de su liberación de Egipto –cómo fue efectuada con la intervención directa del poder de Dios, sin participación de poder humano alguno, excepto seguir y obedecer la voz del Señor–, comprendemos que no era la voluntad de Dios que se entregaran a acción bélica alguna en su propia defensa.

5. Debemos asimismo aprender que el camino más corto y aparentemente más fácil no siempre es el mejor camino. La ruta más directa atravesaba la tierra de los filisteos, pero no era la mejor para los israelitas. El hecho de que lleguemos a situaciones difíciles, en las que no vislumbramos un camino de salida, no es evidencia de que Dios no nos ha estado conduciendo. Dios llevó a los hijos de Israel a aquella apretura en el desierto, entre los montes y el mar, tan seguramente como que los sacó de Egipto. Sabía que no podían valerse por ellos mismos en aquella trampa, y los llevó deliberadamente allí a fin de que pudieran ver como nunca antes que Dios mismo estaba a cargo de su seguridad, y que él era capaz de realizar la tarea que se había asignado. Aquella dificultad tenía como objetivo que aprendieran a confiar en Dios.

6. Por último, hemos de aprender a no condenarlos por su incredulidad. "Eres inexcusable, hombre, tú que juzgas, quienquiera que seas, porque al juzgar a otro, te condenas a ti mismo, pues tú, que juzgas, haces lo mismo" (Rom. 2:1). Cuando los condenamos por no confiar en el Señor, reconocemos que sabemos que no hay excusa para nuestras murmuraciones y temores. Tenemos toda la evidencia del poder de Dios que tenían ellos, y aún mucha mayor que la suya. Si podemos ver lo insensato de su miedo, y la maldad de su murmuración, asegurémonos de no estar mostrando mayor insensatez y maldad que ellos.

La segunda vez

Hay aún una lección a la que debemos prestar atención, y es de una especial importancia, pues incluye a todas las demás. La encontramos en el capítulo undécimo de Isaías. Ese capítulo contiene en pocas palabras la historia completa del evangelio, desde el nacimiento de Cristo hasta la liberación final de los santos en el reino de Dios, y la destrucción de los impíos.

"Saldrá una vara del tronco de Isaí; un vástago retoñará de sus raíces y reposará sobre él el espíritu de Jehová: espíritu de sabiduría y de inteligencia, espíritu de consejo y de poder, espíritu de conocimiento y de temor de Jehová. Y le hará entender diligente en el temor de Jehová. No juzgará según la vista de sus ojos ni resolverá por lo que oigan sus oídos, sino que juzgará con justicia a los pobres y resolverá con equidad a favor de los mansos de la tierra. Herirá la tierra con la vara de su boca y con el espíritu de sus labios matará al impío. Y será la justicia cinto de sus caderas, y la fidelidad ceñirá su cintura" (Isa. 11:1-5).

Compara la primera parte del texto con Luc. 4:16-18, y la última parte con Apoc. 19:11-21, y comprenderás cuánto abarca. Nos lleva hasta la destrucción de los impíos. Abarca el día completo de la salvación.

"Acontecerá en aquel tiempo que la raíz de Isaí, la cual estará puesta por pendón a los pueblos, será buscada por las gentes; y su habitación será gloriosa. Asimismo acontecerá en aquel tiempo que Jehová alzará otra vez su mano para recobrar el resto de su pueblo que aún quede en Asiria, Egipto, Patros, Etiopía, Elam, Sinar y Hamat, y en las costas del mar. Levantará pendón a las naciones, juntará a los desterrados de Israel y desde los cuatro confines de la tierra reunirá a los esparcidos de Judá" (vers. 10-12).

Encontramos aquí expuesta una vez más la liberación del pueblo de Dios. Es la segunda vez que el Señor se dispone a esa obra, y lo logrará. Lo hizo por primera vez en los días de Moisés; pero el pueblo no entró debido a su incredulidad. La segunda vez tendrá por resultado la salvación eterna de su pueblo.

Observa que la reunión final de su pueblo tiene lugar mediante Cristo, quien es el estandarte –"pendón"– para las naciones, pues Dios está visitando a los gentiles para tomar de entre ellos un pueblo para su nombre. Han de ser reunidos de "los cuatro confines de la tierra", ya que "Enviará sus ángeles con gran voz de trompeta y juntarán a sus escogidos de los cuatro vientos, desde un extremo del cielo hasta el otro" (Mat. 24:31).

Que esa liberación tiene que ocurrir en los últimos días, al final mismo del tiempo, es evidente por el hecho de que él juntará al "resto" –remanente– de su pueblo, es decir, hasta el último resto de él. Y presta ahora atención a esta promesa y recordatorio: "Habrá camino para el resto de su pueblo, el que quedó de Asiria, de la manera que lo hubo para Israel el día que subió de la tierra de Egipto" (Isa. 11:16).

Recuerda que la obra de liberar a Israel de Egipto comenzó mucho antes del día en que abandonaron efectivamente aquella tierra.

Comenzó el día mismo en que Moisés fue a Egipto y comenzó a hablar al pueblo sobre el propósito de Dios de cumplir la promesa hecha a Abraham. Toda la demostración del poder de Dios en Egipto, que no fue otra cosa sino la proclamación del evangelio, era parte de la obra de liberación.

Así sucede en el día en que el Señor dispone su brazo por segunda vez para liberar al remanente de su pueblo. Ese día es hoy, "porque dice: 'En tiempo aceptable te he oído, y en día de salvación te he socorrido'. Ahora es el tiempo aceptable; ahora es el día de salvación" (2ª Cor. 6:2). Todo Israel será salvo, ya que "Vendrá de Sión el Libertador, que apartará de Jacob la impiedad" (Rom. 11:26).

La obra de liberar al pueblo de Dios de la esclavitud del pecado es lo mismo que la liberación final. Cuando el Señor venga por segunda vez, "transformará nuestro cuerpo mortal en un cuerpo glorioso semejante al suyo, por el poder con el cual puede también sujetar a sí mismo todas las cosas" (Fil. 3:21). El poder mediante el cual serán transformados nuestros cuerpos –el poder de la resurrección–, es el poder por el que nuestros pecados resultan dominados y somos liberados del control de ellos. Es por el mismo poder que se manifestó en la liberación de Israel de Egipto.

"No me avergüenzo del evangelio, porque es poder de Dios para salvación de todo aquel que cree, del judío primeramente y también del griego" (Rom. 1:16). Todo aquel que desee conocer la grandeza de ese poder, no tiene más que contemplar la liberación de Israel de Egipto y la división del Mar Rojo para verlo en un ejemplo práctico. Ese es el poder que ha de acompañar la predicación del evangelio en los días inmediatamente precedentes a la venida del Señor.

Capítulo 22

Cántico de liberación

ENTONCES Moisés y los hijos de Israel entonaron este cántico a Jehová:

"Cantaré yo a Jehová, porque se ha cubierto de gloria; ha echado en el mar al caballo y al jinete. Jehová es mi fortaleza y mi cántico. Ha sido mi salvación. Este es mi Dios, a quien yo alabaré; el Dios de mi Padre, a quien yo enalteceré. Jehová es un guerrero. ¡Jehová es su nombre! Echó en el mar los carros del faraón y su ejército. Lo mejor de sus capitanes en el Mar Rojo se hundió. Los abismos los cubrieron; descendieron a las profundidades como piedra. Tu diestra, Jehová, ha magnificado su poder. Tu diestra, Jehová, ha aplastado al enemigo. Con la grandeza de tu poder has derribado a los que se levantaron contra ti. Enviaste tu ira y los consumió como a hojarasca. Al soplo de tu aliento se amontonaron las aguas, se juntaron las corrientes como en un montón, los abismos se cuajaron en medio del mar. El enemigo dijo: 'Perseguiré, apresaré, repartiré despojos; mi alma se saciará de ellos. Sacaré mi espada; los destruirá mi mano'. Soplaste con tu viento, los cubrió el mar; se hundieron como plomo en las impetuosas aguas. ¿Quién como tú, Jehová, entre los dioses? ¿Quién como tú, magnífico en santidad, terrible en maravillosas hazañas, hacedor de prodigios? Extendiste tu diestra; la tierra los tragó. Condujiste en tu misericordia a este pueblo que redimiste. Lo llevaste con tu poder a tu santa morada. Lo oirán los pueblos y temblarán. El dolor se apoderará de la tierra de los filisteos. Entonces los caudillos de Edom se turbarán, a los valientes de Moab los asaltará temblor, se acobardarán todos los habitantes de Canaán. ¡Que caiga sobre ellos temblor y espanto! Ante la grandeza de tu brazo enmudezcan como una piedra, hasta que haya pasado tu pueblo, oh Jehová, hasta que haya pasado este pueblo que tú rescataste. Tú los introducirás y los plantarás en el monte de tu heredad, en el lugar donde has preparado, oh Jehová, tu morada, en el santuario que tus manos, oh Jehová, han afirmado. ¡Jehová reinará eternamente y para siempre!" (Éxo. 15:1-18).

Y veamos ahora la instrucción, el ánimo y la esperanza que nos da ese cántico.

1. El poder por el que resultó dividido el Mar Rojo, permitiendo que el pueblo lo atravesara a salvo, era el mismo poder que evitaría el ataque de sus enemigos. Relaciona Éxo. 15:14-16 con Josué 2:9-11. Si hubieran avanzado en la fe que tuvieron en el momento de su liberación, no hubiese sido necesaria batalla alguna. Ningún enemigo se habría atrevido a atacarlos. Podemos ahora comprender por qué el Señor los condujo de la forma en que lo hizo. Mediante un acto final de liberación había dispuesto enseñarles a no temer nunca más al hombre.

2. En ese mismo poder tenían que dar a conocer el nombre del Señor –predicar el evangelio del reino– en toda la tierra, como preparación para el fin. Esa era una obra que debían realizar antes de que la promesa pudiera ser plenamente cumplida. Si hubieran guardado la fe, no habría tomado mucho tiempo la consumación de la obra.

3. El objetivo de su liberación era que fuesen establecidos en el monte de la heredad del Señor –una tierra de su propiedad, en donde pudieran morar por siempre y de forma segura. Eso no se había cumplido en los días del rey David, ni siquiera cuando su reino estuvo en el apogeo, ya que fue cuando tuvo reposo de sus enemigos y propuso edificar un templo al Señor, que se le dijo: "Yo fijaré un lugar para mi pueblo Israel y lo plantaré allí, para que habite en él y nunca más sea removido, ni los inicuos lo aflijan más, como antes" (2° Sam. 7:10). Compáralo con Luc. 1:67-75.

4. El plan de Dios al librar a Israel de Egipto fue enunciado en las palabras: "Tú los introducirás y los plantarás en el monte de tu heredad, en el lugar donde has preparado, oh Jehová, tu morada,

en el santuario que tus manos, oh Jehová, han afirmado". Ningún ser humano puede construir una morada para el Señor, puesto que "el Altísimo no mora en templos hechos de mano" (Hech. 7:48). "Jehová tiene en el cielo su trono" (Sal. 11:4). El verdadero santuario, la auténtica morada de Dios "que levantó el Señor y no el hombre" (Heb. 8:1 y 2), está en el cielo, en el monte de Sión. Eso armoniza con la promesa hecha a Abraham, Isaac y Jacob, promesa que los llevó a considerarse extranjeros en esta tierra, y a esperar un país celestial, "la ciudad que tiene fundamentos, cuyo arquitecto y constructor es Dios" (Heb. 11:10). Esa esperanza por tanto tiempo anhelada, estaba ahora a punto de hallar su cumplimiento, y se habría cumplido con celeridad si los hijos de Israel hubieran guardado la fe expresada en su cántico.

5. La liberación de Israel de Egipto y el paso del Mar Rojo proveen ánimo al pueblo de Dios en los últimos días del evangelio, cuando sea manifestada la salvación del Señor. Estas son las palabras que el Señor enseña a su pueblo a que pronuncie:

"¡Despiértate, despiértate, vístete de poder, brazo de Jehová! ¡Despiértate como en el tiempo antiguo, en los siglos pasados! ¿No eres tú el que despedazó a Rahab, el que hirió al dragón? ¿No eres tú el que hirió el mar, las aguas del gran abismo, el que transformó en camino las profundidades del mar para que pasaran los redimidos? Ciertamente volverán los redimidos de Jehová; volverán a Sión cantando y gozo perpetuo habrá sobre sus cabezas. Tendrán gozo y alegría, y huirán el dolor y el gemido" (Isa. 51:9-11).

Si los israelitas de antiguo hubieran continuado cantando, y no hubieran comenzado a murmurar, habrían alcanzado rápidamente Sión, la ciudad cuyo constructor y arquitecto es Dios.

6. Cuando los redimidos del Señor moren por fin en el monte Sión, teniendo las arpas de Dios, "cantan el cántico de Moisés, siervo de Dios, y el cántico del Cordero, diciendo: 'Grandes y maravillosas son tus obras, Señor Dios Todopoderoso; justos y verdaderos son tus caminos, Rey de los santos. ¿Quién no te temerá, Señor, y glorificará tu nombre?, pues sólo tú eres santo; por lo cual todas

las naciones vendrán y te adorarán, porque tus juicios se han manifestado'" (Apoc. 15:3 y 4). Se trata de un cántico de liberación, de un cántico de victoria.

7. De igual forma en que los hijos de Israel entonaban el cántico de victoria en la orilla del Mar Rojo, antes de haber alcanzado la tierra prometida, así también los hijos de Dios en los últimos días cantarán el cántico de victoria antes de haber alcanzado la Canaán celestial. He aquí el cántico. Cuando lo leas, compáralo con la parte inicial del cántico de Moisés en el Mar Rojo. Hemos visto ya que cuando el Señor dispone su mano por segunda vez para rescatar al remanente de su pueblo, "habrá camino para el resto de su pueblo, el que quedó de Asiria, de la manera que lo hubo para Israel el día que subió de la tierra de Egipto" (Isa. 11:16).

"En aquel día dirás: 'Cantaré a ti, Jehová; pues aunque te enojaste contra mí, tu indignación se apartó y me has consolado. He aquí, Dios es mi salvación; me aseguraré y no temeré; porque mi fortaleza y mi canción es Jah, Jehová, quien ha sido salvación para mí'. Sacaréis con gozo agua de las fuentes de la salvación. Y diréis en aquel día: 'Cantad a Jehová, aclamad su nombre, haced célebres en los pueblos sus obras, recordad que su nombre es engrandecido. Cantad salmos a Jehová, porque ha hecho cosas magníficas; sea sabido esto por toda la tierra. Regocíjate y canta, moradora de Sión; porque grande es en medio de ti el Santo de Israel'" (Isaías 12).

Es el cántico con el que los redimidos del Señor han de entrar en Sión. Es un cántico de victoria, pero lo pueden cantar ahora, ya que "esta es la victoria que ha vencido al mundo, nuestra fe" (1ª Juan 5:4). Sólo compartiremos la salvación del Señor en la medida en que la proclamemos. Mientras que somos conducidos a Sión, aprendemos el cántico que entonaremos al llegar allí.

> Cuando, en escenas de gloria,
> entone el cántico nuevo,
> allí estará la antigua historia
> que tanto he amado:
> la de Jesús y el Calvario.

Capítulo 23

Pan del cielo

Es cantando como vendrán y volverán a Sión los redimidos. El cántico de victoria es una evidencia de la fe mediante la cual vivirá el justo.

Esta es la exhortación: "No perdáis, pues, vuestra confianza, que tiene una gran recompensa" (Heb. 10:35). "Somos hechos participantes de Cristo, con tal que retengamos firme hasta el fin nuestra confianza del principio" (Heb. 3:14). Los israelitas habían comenzado bien. "Por la fe pasaron el Mar Rojo como por tierra seca" (Heb. 11:29). En la otra orilla habían entonado el cántico de victoria. Cierto, estaban todavía en el desierto; pero la fe es la victoria que vence al mundo, y acababan de tener la más sobrecogedora evidencia del poder de Dios para conducirlos a salvo. Si sólo hubieran continuado cantando ese cántico de victoria, habrían llegado rápidamente a Sión.

Pero no habían aprendido perfectamente la lección. Podían confiar en el Señor por tanto tiempo como lo estuvieran viendo, pero no más allá.

"Nuestros padres, en Egipto, no entendieron tus maravillas; no se acordaron de la muchedumbre de tus misericordias, sino que se rebelaron junto al mar, el Mar Rojo. Pero él los salvó por amor de su nombre, para hacer notorio su poder. Reprendió al Mar Rojo y lo secó, y los hizo ir por el abismo como por un desierto. Los salvó de manos del enemigo, y los rescató de manos del adversario. Cubrieron las aguas a sus enemigos; ¡no quedó ni uno de ellos! Entonces creyeron a sus palabras y cantaron su alabanza. Bien pronto olvidaron sus obras; no esperaron su consejo" (Sal. 106:7-13).

Bastaron sólo tres días de camino en el desierto sin agua, para que olvidaran todo lo que el Señor había hecho por ellos. Cuando encontraron agua, era tan amarga que no había quien pudiera beberla, y murmuraron. El Señor puso remedio fácilmente al problema, mostrando a Moisés un árbol que convirtió el agua en potable al ser sumergido en ella. "Allí les dio estatutos y ordenanzas, y allí los probó" (Éxo. 15:25).

Acampados entre las palmeras y fuentes de Elim, nada había que los inquietara, de forma que debió pasar casi un mes antes que volvieran a murmurar. Durante ese tiempo sin duda debieron sentirse muy satisfechos consigo mismos, tanto como con lo que les rodeaba. Ahora sí que estaban confiando en el Señor. Nos resulta muy fácil creer que estamos haciendo progresos cuando nos encontramos anclados en aguas tranquilas; es natural que deduzcamos que hemos aprendido a confiar en el Señor cuando no hay dificultades que ponen a prueba nuestra fe.

No pasó mucho tiempo antes que el pueblo no sólo olvidó el poder del Señor, sino que estuvieron listos a negar que Él hubiera tenido nada que ver con ellos.

Había pasado solamente un mes y medio desde que abandonaron Egipto y llegaron al desierto de Sin, "que está entre Elim y Sinaí", y "toda la congregación de los hijos de Israel murmuró contra Moisés y Aarón. Los hijos de Israel les decían: –Ojalá hubiéramos muerto a manos de Jehová en la tierra de Egipto, cuando nos sentábamos ante las ollas de carne, cuando comíamos pan hasta saciarnos, pues nos habéis sacado a este desierto para matar de hambre a toda esta multitud" (Éxo. 16:1-3).

"Y Jehová dijo a Moisés: He aquí yo os haré llover pan del cielo; y el pueblo saldrá, y recogerá una porción para cada día, para que yo lo pruebe si anda en mi ley, o no. Y sucederá que en el sexto día prepararán lo que han de recoger, que será el doble de lo que solían recoger cada día. Entonces dijo Moisés y Aarón a todos los hijos de Israel: A la tarde sabréis que Jehová os ha sacado de la tierra de Egipto: Y a la mañana veréis la gloria de Jehová; porque Él ha oído vuestras murmuraciones contra Jehová; porque nosotros, ¿qué somos, para que vosotros murmuréis contra nosotros?" (vers. 4-7).

A la mañana siguiente, una vez que hubo desaparecido el rocío, "apareció sobre la faz del desierto una cosa menuda, redonda, menuda como escarcha sobre la tierra. Al verlo, los hijos de Israel se dijeron unos a otros: '¿Qué es esto?', porque no sabían qué era. Entonces Moisés les dijo: –Es el pan que Jehová os da para comer. Esto es lo que Jehová ha mandado: Recoged de él cada uno según lo que pueda comer, un gomer por cabeza, conforme al número de personas en su familia; tomaréis cada uno para los que están en su tienda. Los hijos de Israel lo hicieron así, y recogieron unos más, otros menos. Lo medían por gomer, y no sobró al que había recogido mucho, ni faltó al que había recogido poco; cada uno recogió conforme a lo que había de comer" (vers. 14-18).

"Luego les dijo Moisés: –Ninguno deje nada de ello para mañana. Pero ellos no obedecieron a Moisés, sino que algunos dejaron algo para el otro día; pero crió gusanos, y apestaba. Y se enojó con ellos Moisés. Lo recogían cada mañana, cada uno según lo que había de comer; y luego que el sol calentaba, se derretía" (vers. 19-21).

"En el sexto día recogieron doble porción de comida, dos gomeres para cada uno. Todos los príncipes de la congregación fueron y se lo hicieron saber a Moisés. Él les dijo: –Esto es lo que ha dicho Jehová: 'Mañana es sábado, el día de reposo consagrado a Jehová; lo que tengáis que cocer, cocedlo hoy, y lo que tengáis que cocinar, cocinadlo; y todo lo que os sobre, guardadlo para mañana'. Ellos lo guardaron hasta el día siguiente, según lo que Moisés había mandado, y no se agusanó ni apestó. Entonces dijo Moisés: –Comedlo hoy, porque hoy es sábado dedicado a Jehová; hoy no hallaréis nada en el campo. Seis días lo recogeréis, pero el séptimo día, que es sábado, nada se hallará" (vers. 22-26).

"Aconteció que algunos del pueblo salieron en el séptimo día a recoger, y no hallaron nada. Y Jehová dijo a Moisés: –¿Hasta cuándo os negaréis a guardar mis mandamientos y mis leyes? Mirad que Jehová os dio el sábado, y por eso en el sexto día os da pan para dos días. Quédese, pues, cada uno en su lugar, y nadie salga de él en el séptimo día. Así el pueblo reposó el séptimo día" (vers. 27-30).

Tenemos el relato en su totalidad, y podemos estudiar en detalle sus lecciones. Recuerda que no fue escrito para beneficio de los que lo estaban protagonizando, sino para nosotros. "Las cosas que se escribieron antes, para nuestra enseñanza se escribieron, a fin de que, por la paciencia y la consolación de las Escrituras, tengamos esperanza" (Rom. 15:4). Si ellos fracasaron en aprender la lección que Dios dispuso que aprendieran en aquel evento, hay mucha mayor razón para que nosotros la aprendamos a partir del relato.

La prueba

El Señor había dicho que iba a probar al pueblo, para ver si andaba o no en su ley. Y el asunto particular sobre el que iban a ser probados era el sábado. Si lo guardaban, no había duda que guardarían también el resto de la ley. El sábado, por lo tanto, era la prueba crucial de la ley de Dios. Así sucede también ahora, como muestran los siguientes puntos que ya hemos considerado con anterioridad:

1. El pueblo iba a ser librado en cumplimiento del pacto hecho con Abraham (ver Éxo. 6:3 y 4). Ese pacto había sido confirmado mediante un juramento, y el tiempo de la promesa que Dios había jurado a Abraham se había acercado. Abraham guardó la ley de Dios, y fue gracias a ello como la promesa pudo continuar pasando a sus descendientes (Gén. 26:3-5). El Señor dijo a Isaac que cumpliría íntegramente el juramento hecho a Abraham, su padre, "por cuanto oyó Abraham mi voz y guardó mi precepto, mis mandamientos, mis estatutos y mis leyes". Ahora que Dios estaba sacando de Egipto a los hijos de Israel en cumplimiento de ese juramento, quiso probarlos para ver si también ellos andarían en su ley; y el punto en el que los probó fue el sábado. Por lo tanto, eso demuestra más allá de toda duda que Abraham guardó el sábado, y que éste figuraba en el pacto que Dios hizo con él. Formaba parte de la justicia de la fe que Abraham tuvo antes de ser circuncidado.

2. "Y si vosotros sois de Cristo, ciertamente descendientes de Abraham sois, y herederos según la promesa". Puesto que el sábado –el mismo que los israelitas guardaron en el desierto, y que los descendientes de Jacob han guardado, o han profesado guardar hasta el día de hoy– estaba en el pacto hecho con Abraham, se deduce que es el sábado que todo cristiano debe guardar.

3. Hemos visto ya que nuestra esperanza radica en lo mismo que se puso ante Abraham, Isaac, Jacob y todos los hijos de Israel. "Por la esperanza de la promesa que Dios hizo a nuestros padres" fue llevado Pablo a juicio (Hech. 26:6), y la promesa hecha a los fieles consiste en que se sentarán con Abraham, Isaac y Jacob en el reino de Dios. El Señor se ha dispuesto por segunda vez a liberar al resto (remanente) de su pueblo y por lo tanto, la prueba de la obediencia en este tiempo es la misma que fue en la primera ocasión. El sábado es el recordatorio del poder de Dios como Creador y Santificador, y en el mensaje que anuncia que ha llegado la hora de su juicio, el evangelio eterno –que es la preparación para el fin– es proclamado en estos términos: "Adorad a aquel que hizo el cielo y la tierra, el mar y las fuentes de las aguas" (Apoc. 14:6 y 7).

La prueba tuvo lugar antes de que se pronunciara la ley desde el Sinaí, y antes de que el pueblo hubiese alcanzado ese lugar.

Sin embargo, podemos ver cómo todos los rasgos de la ley eran ya conocidos. La proclamación de la ley desde el Sinaí no era de ninguna forma el primer anuncio de ella, como demuestra el hecho de que más de un mes antes que ocurriera, los hijos de Israel fueron probados con respecto a la ley; y las palabras, "¿Hasta cuándo os negaréis a guardar mis mandamientos y mis leyes?" demuestran que las conocían desde largo tiempo, y que las habían transgredido repetidamente con su incredulidad.

Al llegar a los eventos relacionados con la promulgación de la ley, podremos ver más claramente que ahora que el sábado que se esperaba que los judíos guardaran no podía de forma alguna ser afectado por la muerte de Cristo, sino que estaba por siempre identificado con el evangelio, desde siglos antes de la crucifixión. En relación con eso, no obstante, hemos de prestar atención a un punto a propósito del día de sábado.

Al pueblo se le había dicho: "Seis días lo recogeréis, pero el séptimo día, que es sábado, nada se hallará". Se trata de la misma expresión empleada en el cuarto mandamiento: "Seis días trabajarás y harás toda tu obra, pero el séptimo día es de reposo para Jehová, tu Dios; no hagas en él obra alguna" (Éxo. 20:9 y 10).

Muchos han pensado que el mandamiento es indefinido en su requerimiento, y que el sábado no queda en él fijado en un día concreto de la semana, sino que cualquier día de ella responde adecuadamente al mandamiento, con tal que vaya precedido por seis días de trabajo. El registro de la forma en que fue dado el maná demuestra que se trata de una suposición errónea, y que el mandamiento requiere, no solamente una séptima parte indefinida del tiempo, sino el séptimo día de la semana (sábado).

El envío del maná demuestra de la forma más positiva que el sábado es un día definido, y que no queda al albur del ser humano el decidir de qué día se trata. Además, demuestra que "el séptimo día" no significa la séptima parte del tiempo, sino un día concreto y recurrente. Si "el séptimo día" significara la séptima parte del tiempo, entonces, "el sexto día" habría de significar la sexta parte del tiempo; pero si los hijos de Israel hubieran actuado bajo esa suposición, habrían tenido problemas desde el principio.

No hay más que un período de siete días, que es la semana conocida desde la creación. Dios obró seis días, y en esos primeros seis días terminó la obra de la creación; "y reposó el séptimo día de todo cuanto había hecho. Entonces bendijo Dios el séptimo día y lo santificó, porque en él reposó de toda la obra que había hecho en la creación" (Gén. 2:2 y 3). Por lo tanto, cuando Dios dice que el séptimo día es el sábado, significa que el sábado es el séptimo día de la semana. El sexto día, en el que los hijos de Israel debían prepararse para el sábado, es el sexto día de la semana, o viernes.

El registro inspirado lo establece así fuera de toda duda. En el relato de la crucifixión y entierro de Cristo, leemos que las mujeres vinieron al sepulcro "pasado el sábado, al amanecer del primer día de la semana" (Mat. 28:1); y en otro evangelio leemos "cuando pasó el sábado" (Mar. 16:1). Referimos esos textos para señalar cómo el primer día de la semana sigue inmediatamente al sábado, y que no pasó ningún período de tiempo entre el final del sábado y la visita de las mujeres al sepulcro. Cuando leemos el relato en Lucas observamos que cuando Cristo fue enterrado "era día de la preparación y estaba para comenzar el sábado". Las mujeres acudieron a ver dónde lo habían puesto, y "al regresar, prepararon especias aromáticas y ungüentos; y descansaron el sábado, conforme al mandamiento". Y "el primer día de la semana, muy de mañana, fueron al sepulcro" (Luc. 23:54-56; 24:1).

El sábado seguía pues al "día de la preparación", y precedía inmediatamente al "primer día de la semana". Por lo tanto, el sábado era el séptimo día de la semana. Pero se trataba del "sábado, conforme al mandamiento". Por lo tanto el sábado del mandamiento no es otra cosa que el séptimo día de la semana. Ese es el día que Dios señaló de la forma más especial como sábado, realizando en él maravillosos milagros en su honor durante cuarenta años. Ten bien presente ese hecho. Es preciso recordar que allí donde se nombra el sábado en la Biblia, se refiere al séptimo día de la semana. Al avanzar en nuestro estudio se hará evidente que antes de los días de Moisés, este sábado del cuarto mandamiento, junto al resto de la ley, estaba ya inseparablemente unido al evangelio de Jesucristo.

Capítulo 24

Vida recibida de Dios

Escuchad y vivid

HACIA el final de la peregrinación por el desierto, Moisés dijo al pueblo: "Cuidaréis de poner por obra todo mandamiento que yo os ordeno hoy, para que viváis, seáis multiplicados y entréis a poseer la tierra que Jehová prometió con juramento a vuestros padres. Te acordarás de todo el camino por donde te ha traído Jehová, tu Dios, estos cuarenta años en el desierto, para afligirte, para probarte, para saber lo que había en tu corazón, si habías de guardar o no sus mandamientos. Te afligió, te hizo pasar hambre y te sustentó con maná, comida que ni tú ni tus padres habían conocido, para hacerte saber que no sólo de pan vivirá el hombre, sino de todo lo que sale de la boca de Jehová vivirá el hombre" (Deut. 8:1-3).

"La palabra de Dios es viva, eficaz" (Heb. 4:12). Cristo dijo: "Las palabras que yo os he hablado son espíritu y son vida" (Juan 6:63). Dijo mediante el profeta: "Inclinad vuestro oído y venid a mí; escuchad y vivirá vuestra alma" (Isa. 55:3). "De cierto, de cierto os digo: Viene la hora, y ahora es, cuando los muertos oirán la voz del Hijo de Dios, y los que la oigan vivirán" (Juan 5:25). En los días en que los hijos de Israel estaban en el desierto, ese tiempo había llegado. Al darles el maná, el Señor les estaba enseñando que el hombre puede sólo vivir "de todo lo que sale de la boca de Jehová".

Observa bien esto. Dios los estaba probando mediante el maná para ver si andarían o no en su ley. Pero al mismo tiempo les estaba enseñando que la ley es vida. Jesús dijo: "Sé que su mandamiento es vida eterna" (Juan 12:50). Habían de guardar los mandamientos a fin de poder vivir, pero sólo podían guardarlos escuchándolos.

La vida está en los mandamientos mismos, y no en la persona que procura guardarlos. No puede obtener la vida por sus propios esfuerzos, sin embargo ha de obtenerla a través de los mandamientos. La gracia reina mediante la justicia para vida eterna, mediante Jesucristo nuestro Señor. La razón es que la propia palabra es vida, y si la escuchamos atentamente seremos vivificados por ella. "¡Si hubieras atendido a mis mandamientos! Fuera entonces tu paz como un río y tu justicia como las olas del mar" (Isa. 48:18).

Jesús dijo: "Si quieres entrar en la vida, guarda los mandamientos" (Mat. 19:17). Pero no es mediante nuestros esfuerzos por conformarnos a una cierta norma, ni midiéndonos a nosotros mismos por ella para ver qué progreso estamos haciendo, como obtenemos la justicia y la vida. Un camino como ese logra hacer fariseos, pero no cristianos.

Abraham guardó todos los mandamientos de Dios, sin embargo no se había escrito ni un sólo renglón de los mismos. ¿Cómo lo hizo? Escuchando la voz de Dios, y confiando en Él. Dios dio testimonio de que tenía la justicia de la fe. De la misma forma en que había guiado a Abraham, Dios estaba conduciendo a los hijos de Israel. Les había hablado por los profetas, y por los milagros que había obrado al liberarlos de Egipto, les había mostrado su poder para obrar justicia en ellos. Si solamente hubieran escuchado su voz, y la hubieran creído, no habría habido dificultad alguna en cuanto a su justicia. Si sólo hubieran confiado en Dios, y no en ellos mismos, el Señor se habría encargado de la justicia y vida de ellos. "Oye, pueblo mío, y te amonestaré. ¡Si me oyeras, Israel! No habrá en ti dios ajeno ni te inclinarás a dios extraño. Yo soy Jehová tu Dios que te hice subir de la tierra de Egipto; abre tu boca y yo la llenaré" (Sal. 81:8-10). "Bienaventurados los que tienen hambre y sed de justicia, porque serán saciados" (Mat. 5:6). Al darles el maná, Dios quería enseñarles ese hecho, y en el relato escrito del mismo quiere que nosotros lo aprendamos. Estudiémoslo, pues, en mayor detalle.

Pan viviente

El apóstol Pablo nos dice de los hijos de Israel en el desierto, que "todos bebieron la misma bebida espiritual" (1ª Cor. 10:4). Hemos leído ya las palabras del Señor cuando prometió darles alimento: "Mira, yo os haré llover pan del cielo" (Éxo. 16:4). Él "mandó a las nubes de arriba, abrió las puertas de los cielos e hizo llover sobre ellos maná para que comieran, y les dio trigo de los cielos. Pan de nobles [ángeles] comió el hombre" (Sal. 78:23-25).

El alimento que debían comer no era el producto del país que estaban atravesando. De haber sido así, lo habrían poseído antes. Pero la Escritura nos dice que les llovió del cielo. Vino directamente de Dios. Era comida "espiritual", comida de ángeles. Lo que habría sido para ellos si hubieran creído, podemos verlo a partir del relato de otra ocasión en la que la multitud del pueblo fue milagrosamente alimentada en el desierto.

En el capítulo sexto de Juan tenemos el relato de otra provisión milagrosa de alimento a una multitud en el desierto. Se reunieron "como en número de cinco mil hombres", sin contar a las mujeres y los niños, y todo cuanto disponían para comer era cinco panes y dos peces. Uno de los discípulos afirmó que doscientos denarios de pan no bastarían para que cada uno de ellos tomara un poco. No es maravilla que Pedro exclamara: "Qué es esto para tantos?"

Pero Jesús "sabía lo que iba a hacer". Tomó en sus manos los panecillos y dio gracias, y entonces dio el pan a los discípulos, quienes los distribuyeron a la multitud. Lo mismo ocurrió con los peces. El resultado fue que a partir de aquella exigua cantidad que en condiciones ordinarias no habría alcanzado ni siquiera a permitir una degustación, quedaron todos satisfechos, sobrando doce cestas llenas. Había más comida al final, que cuando comenzaron.

¿De dónde vino ese pan? Hay sólo una respuesta posible: del Señor mismo. La vida divina que en él había, que es la fuente de toda vida, hizo que se multiplicara el pan, de la misma forma en que había hecho que creciera el grano del que estaba compuesto. La multitud, por lo tanto, comió de Cristo mismo. Era su propia vida la que alimentaba sus cuerpos aquel día. El milagro fue obrado con el propósito de satisfacer sus necesidades físicas inmediatas; pero tenía el objetivo de enseñarles una lección espiritual de la mayor importancia que Jesús expuso ante ellos al día siguiente. Cuando la gente encontró a Jesús el siguiente día, él los reprendió por estar más preocupados por los panecillos y los peces que por la comida superior que él tenía para ellos. Les dijo: "trabajad, no por la comida que perece, sino por la comida que permanece para vida eterna, la cual os dará el Hijo del hombre, porque a este señaló Dios, el Padre". Le preguntaron entonces: "¿Qué debemos hacer para poner en práctica las obras de Dios?", a lo que Jesús respondió: "Esta es la obra de Dios, que creáis en aquel que él ha enviado" (Juan 6:27-29). Entonces, a pesar de todo lo que habían visto y experimentado, le pidieron una señal, diciendo: "¿Qué señal, pues, haces tú, para que veamos y te creamos? ¿Qué obra haces? Nuestros padres comieron el maná en el desierto, como está escrito: 'Les dio a comer pan del cielo'" (vers. 30 y 31).

Jesús les recordó entonces que no fue Moisés quien les dio aquel pan en el desierto, sino que sólo Dios da el verdadero pan del cielo. Dijo: "El pan de Dios es aquel que descendió del cielo y da vida al mundo". Incapaces todavía de comprender lo que significaban las palabras de Jesús, le pidieron poseer por siempre ese pan de vida, momento en el que les declaró claramente que él mismo era el pan viviente: "Yo soy el pan de vida. El que a mí viene nunca tendrá hambre, y el que en mí cree no tendrá sed jamás". Y más tarde añadió: "De cierto, de cierto os digo: El que cree en mí tiene vida eterna. Vuestros padres comieron el maná en el desierto, y aún así murieron. Este es el pan que desciende del cielo para que no muera quien coma de él. Yo soy el pan vivo que descendió del cielo; si alguien come de este pan, vivirá para siempre; y el pan que yo daré es mi carne, la cual yo daré por la vida del mundo" (vers. 32-51).

De igual manera en que la multitud comió aquel pan que procedía del Señor Jesús, resultando fortalecida por él, podía, si hubiera creído, haber recibido vida espiritual de él. Su vida es justicia, y todo el que come de él con fe, recibe esa justicia. Como el Israel de antiguo, estaban comiendo pan del cielo, y como aquellos, no lo apreciaron hasta el punto de recibir el pleno beneficio que encerraba.

Capítulo 25

Vida en la Palabra

A LOS judíos les resultó difícil creer las palabras de Cristo de que él se daría a sí mismo para que lo comieran. Se dijeron: "¿Cómo puede darnos a comer su carne?" Jesús les repitió la declaración de forma aún más enfática, y añadió: "El Espíritu es el que da vida; la carne para nada aprovecha. Las palabras que yo os he hablado son Espíritu y son vida" (Juan 6:63).

Si cada uno de los presentes hubiera podido comer la carne de Cristo, quien se encontraba ante ellos, y la carne que comían hubiese podido ser reemplazada por otra nueva, de forma que hubieran continuado comiendo de él hasta llenar sus estómagos y asimilar esa carne, no habrían recibido beneficio permanente alguno en ello. No les habría significado ningún bien espiritual. Algo así es en realidad lo que habían estado haciendo cuando comieron del pan que procedía de la vida que había en su cuerpo; pero no obtuvieron provecho de ello. Así, de ser cierta la pretensión católica según la cual los sacerdotes tienen el poder de transformar el pan en la auténtica carne de Cristo, no habría en ello provecho alguno. La persona la puede comer, y seguir siendo tan impía como antes. "La carne para nada aprovecha. Las palabras que yo os he hablado son Espíritu y son vida" (Juan 6:63).

"Por la palabra de Jehová fueron hechos los cielos; y todo el ejército de ellos, por el aliento de su boca" (Sal. 33:6). El Señor habló y dijo: "'Produzca la tierra hierba verde, hierba que dé semilla; árbol que dé fruto según su especie, cuya semilla esté en él, sobre la tierra'. Y fue así" (Gén. 1:11). La vida de cualquier planta no es más que la manifestación de la vida de la palabra del Señor. La vida que había en su palabra hizo que el grano creciera al principio, y esa misma vida lo ha hecho siempre crecer desde entonces. Por lo tanto, todo el alimento del que dispone el ser humano para comer es el que procede de la palabra de Dios. No podemos ver la vida en un grano de trigo, pero cuando comemos el pan que deriva de él, experimentamos esa vida. La fuerza física que obtenemos de los alimentos no es otra cosa que la palabra de Dios puesta en acción. Si no reconocemos a Dios en eso, obtenemos solamente fortaleza física; pero si vemos y reconocemos a Dios en todo, recibimos su vida de justicia.

Dice el Señor: "Reconócelo en todos tus caminos y él hará derechas tus veredas" (Prov. 3:6).

Cuando Dios dirige nuestros pasos, nuestros caminos serán derechos; ya que "en cuanto a Dios, perfecto es su camino" (Sal. 18:30).

La multitud que comió los panes en el desierto no creía en el Señor, no reconoció su vida, y por consiguiente no obtuvieron vida espiritual en ello. Así sucedió también a los hijos de Israel en el desierto. "No le habían creído ni habían confiado en su salvación. Sin embargo, mandó a las nubes de arriba, abrió las puertas de los cielos e hizo llover sobre ellos maná para que comieran, y les dio trigo de los cielos" (Sal. 78:22-24). Así, aunque estaban realmente alimentándose de la vida de Cristo, no recibieron vida espiritual debido a su ciega incredulidad. En la dádiva del maná, Dios les estaba dando la misma lección que Cristo dio a la multitud en el desierto: que su palabra es vida, y que "no sólo de pan vivirá el hombre, sino de todo lo que sale de la boca de Jehová vivirá el hombre" (Deut. 8:3).

En el maná estaba la prueba de su lealtad a la ley de Dios, y especialmente al sábado como sello de esa ley. Pero en el maná estaban recibiendo a Cristo, si es que se hubieran dado cuenta de ello. Por lo tanto, aprendemos que si permitimos que Cristo more en nuestros corazones por la fe en su palabra –no algunas palabras, sino toda palabra–, traerá a nuestras vidas la obediencia a toda la ley, incluyendo el sábado. Nuestras vidas necesitan toda palabra que sale de la boca de Dios.

Para los cristianos es una costumbre dar las gracias al comer. Hay una razón igual de sólida para dar gracias cuando bebemos, o cuando recibimos cualquier otra de las bendiciones de Dios. "Dad gracias en todo, porque esta es la voluntad de Dios para con vosotros en Cristo Jesús" (1ª Tes. 5:18).

El problema es que dar las gracias se convierte demasiado a menudo en una mera forma. Frecuentemente se lo practica por costumbre, y no sale del corazón. ¿Qué significa realmente? Significa que nuestra comida y bebida, así como todo lo necesario para nuestra vida, procede de Dios. Es todo ello una manifestación de su amor hacia nosotros. Pero dado que "Dios es amor", la manifestación de su amor no es más que la manifestación de su vida. Al participar de las bendiciones de su amor, estamos realmente participando de Él. Si reconocemos continuamente eso, sea que comamos, o bebamos, o hagamos cualquier otra cosa, todo será para gloria de Dios. Estaremos viviendo como en su presencia inmediata. Sabiendo que su vida es justicia, y que su palabra es su vida, nuestras gracias por la comida vendrán a ser gracias por su palabra.

¿No podemos ver que una vida tal será por necesidad una vida de rectitud? En nuestro alimento cotidiano debiéramos estar alimentándonos de Cristo, y en ello de su justicia. Eso es lo que Dios desea que aprendamos del relato del envío del maná. Para ellos significó la vida, y si hubieran reconocido a Cristo en él, su vida habría venido a ser la justicia de la ley. Pero nuestro alimento cotidiano procede de Dios tanto como sucedía con el maná. Ojalá que aprendamos la lección que ellos descuidaron.

Una lección de igualdad

En el relato del envío del maná encontramos expresiones como esta: "cada uno recogió conforme a lo que había de comer". Se les instruyó a que recogieran según las personas que había en sus respectivas tiendas. Y "los hijos de Israel lo hicieron así, y recogieron unos más, otros menos. Lo medían por gomer, y no sobró al que había recogido mucho, ni faltó al que había recogido poco" (Éxo. 16:17 y 18).

Hay en esto algo maravilloso. Se diría que hay en ello un milagro, y en cierto sentido lo había; pero el milagro no consistía en que la cantidad recogida por uno se encogiera de repente hasta dar la medida, y la escasa cantidad recogida por otro se expandiera en correspondencia de forma misteriosa. El apóstol Pablo nos ayuda a comprenderlo. Escribiendo a los hermanos en Corinto, en relación con la dadivosidad, afirmó: "No digo esto para que haya para otros holgura y para vosotros escasez, sino para que en este momento, con igualdad, la abundancia vuestra supla la escasez de ellos, para que también la abundancia de ellos supla la necesidad vuestra, para que haya igualdad, como está escrito: 'El que recogió mucho no tuvo más y el que poco, no tuvo menos'" (2ª Cor. 8:13-15).

El milagro consistió en el milagro de la gracia de Dios en la dadivosidad. El que había recogido mucho no tuvo más, porque lo repartió con aquel que recogió menos, o con aquel que no pudo recoger nada. De esa forma, el que había recogido poco, "no tuvo menos" de lo que necesitaba. Vemos así que allí en el desierto se puso en acción el mismo principio que animó a la iglesia tras Pentecostés. "La multitud de los que habían creído era de un corazón y un alma. Ninguno decía ser suyo propio nada de lo que poseía, sino que tenían todas las cosas en común. Y con gran poder los apóstoles daban testimonio de la resurrección del Señor Jesús, y abundante gracia era sobre todos ellos. Así que no había entre ellos ningún necesitado" (Hech. 4:32-34).

Hablamos mucho de las faltas de los Israelitas de antiguo; no estará de más considerar alguna vez la otra parte. De entre todas sus faltas, no había ninguna que no fuese común al resto de la humanidad. No eran peores que las personas en general, y en algunas ocasiones escalaron las cimas de la fe y la confianza hasta alturas que muy rara vez se suelen alcanzar. No hemos de suponer que conservaran siempre esa generosidad, o que faltara entre ellos el codicioso. Lo mismo cabe decir de la iglesia cuya historia relata Hechos de los apóstoles. Nos basta con saber lo que hicieron, al menos parte del tiempo, y con saber que Dios lo aprobó. Dios les dio pan en abundancia. La parte de ellos era simplemente recogerlo. Por lo tanto, no había razón alguna por la que no debieran compartirlo con sus hermanos necesitados. Verdaderamente, visto desde nuestra perspectiva, compartir parecería la cosa más natural.

Pero nuestra condición es idéntica a la de ellos. Nada tenemos que no hayamos recibido del Señor. Él nos lo da, y lo máximo que podemos hacer es recoger su bendición. Por lo tanto, no debiéramos considerar ninguna de nuestras posesiones como propias, sino como aquello que él nos confía. Pero observa que eso en nada se parece a los esquemas del comunismo. No se trataba de dividir la propiedad por leyes, sino de la dádiva cotidiana del poderoso al débil. Nadie hacía acopio para el futuro, dejando a otros destituidos de la provisión para el día, sino que confiaban en Dios para su pan cotidiano.

Ese tipo de sistema no puede ser logrado por ningún plan humano. Es el resultado de tener el amor de Dios en el corazón. "El que tiene bienes de este mundo y ve a su hermano tener necesidad y cierra contra él su corazón, ¿cómo mora el amor de Dios en él?" (1ª Juan 3:17). "Ya conocéis la gracia de nuestro Señor Jesucristo, que por amor a vosotros se hizo pobre siendo rico, para que vosotros con su pobreza fuerais enriquecidos" (2ª Cor. 8:9). Esa gracia y ese amor caracterizan al verdadero Israel.

Capítulo 26

Agua viva de la Roca

**"Roca de la eternidad,
fuiste abierta para mí"**

TODA la congregación de los hijos de Israel partió del desierto de Sin avanzando por jornadas, conforme al mandamiento de Jehová, y acamparon en Refidim, donde no había agua para que el pueblo bebiera. Y disputó el pueblo con Moisés, diciéndole: –Danos agua para que bebamos. –¿Por qué disputáis conmigo? ¿Por qué tentáis a Jehová? –les respondió Moisés. Así que el pueblo tuvo allí sed, y murmuró contra Moisés: –¿Por qué nos hiciste subir de Egipto para matarnos de sed a nosotros, a nuestros hijos y a nuestros ganados? Entonces clamó Moisés a Jehová y dijo: –¿Qué haré con este pueblo? ¡Poco falta para que me apedreen! Jehová respondió a Moisés: –Pasa delante del pueblo y toma contigo algunos ancianos de Israel; toma también en tu mano la vara con que golpeaste el río, y ve. Allí yo estaré ante ti sobre la peña, en Horeb; golpearás la peña, y saldrán de ella aguas para que beba el pueblo. Moisés lo hizo así en presencia de los ancianos de Israel. Y dio a aquel lugar el nombre de Masah y Meriba, por la rencilla de los hijos de Israel y porque tentaron a Jehová al decir: '¿Está, pues, Jehová entre nosotros o no?'" (Éxo. 17:1-7).

Hemos visto que en el maná, Dios estaba dando al pueblo comida espiritual. De igual forma leemos, en referencia al evento que narra el texto anterior, que "todos bebieron la misma bebida espiritual, porque bebían de la roca espiritual que los seguía. Esa roca era Cristo" (1ª Cor. 10:4).

El agua es uno de los elementos más esenciales para la vida. Es un emblema de la vida. Tanto los animales como las plantas dejan pronto de existir en ausencia del necesario aporte de agua. Aquel pueblo en el desierto habría perecido en poco tiempo, de no haberle sido provista el agua. Por lo tanto, para ellos el agua significaba la vida. Todo aquel que sepa lo que es sufrir de sed podrá fácilmente comprender cómo de aliviados debieron sentirse los hijos de Israel al beber aquella agua fresca, llena de vida, que brotó de la roca herida.

"Esa roca era Cristo". Al Señor se lo representa en numerosas ocasiones como a la Roca. "Jehová es mi Roca, mi castillo y mi Libertador" (Sal. 18:2). "Jehová es recto: es mi Roca y en Él no hay injusticia" (Sal. 92:16). "Proclamaré el nombre de Jehová: ¡engrandeced a nuestro Dios! Él es la Roca, cuya obra es perfecta, porque todos sus caminos son rectos. Es un Dios de verdad y no hay maldad en él; es justo y recto" (Deut. 32:3 y 4). Jesucristo es la Roca sobre la que está edificada la iglesia, es la "piedra viva, desechada ciertamente por los hombres, pero para Dios escogida y preciosa", sobre la que somos "edificados como casa espiritual" (1ª Ped. 2:4 y 5). Tanto los profetas como los apóstoles edificaron sobre él, no sólo en calidad de "principal piedra del ángulo" (Efe. 2:20), sino de entero y único fundamento (1ª Cor. 3:11). Quien no edifica sobre él, edifica sobre arenas movedizas. La roca que los israelitas vieron en el desierto no era más que una figura de la Roca, Jesucristo, quien estuvo allí, aún sin que ellos lo vieran. Aquella pétrea roca no podía proveer el agua por ella misma. No encerraba ninguna fuente inagotable que, una vez abierta, fluyera sin cesar agua fresca y pura. No había en ella vida propia. Pero Cristo, el "Autor de la vida" estaba allí, y fue de él de quien provino el agua. No hay necesidad de que teoricemos al respecto, pues es la propia Biblia la que declara llanamente que el pueblo bebió de Cristo.

Eso debía ser totalmente evidente para todo aquel que dedicara un momento a reflexionar en el asunto. El agua fue dada en respuesta a la incrédula pregunta: "¿Está, pues, Jehová entre nosotros o no?" Al darles agua desde aquella roca maciza, en medio de la sequía del desierto, el Señor mostró al pueblo que estaba realmente entre ellos, puesto que aparte de Él, nadie hubiera podido hacer algo así.

Pero no era sólo en calidad de huésped como el Señor estaba entre ellos. Él era la vida de ellos, y ese milagro tenía por objeto que lo comprendieran así. Sabían que el agua era su única esperanza de vida, y habían de reconocer necesariamente que el agua que los vivificó provenía directamente del Señor. Por lo tanto, los que se detuvieran a pensar en el hecho, no podían hacer otra cosa excepto aceptar que el Señor era su vida y sustento. Sea que lo supieran o no, estaban bebiendo directamente de Cristo, es decir, estaban recibiendo su vida. "Contigo está el manantial de la vida" (Sal. 36:9).

Era de importancia capital el que reconocieran a Cristo como la fuente de su vida. Si lo hacían así, si bebían con fe, recibían vida espiritual de la Roca. Si no reconocían al Señor en su don lleno de gracia, entonces el agua no era para ellos más de lo que lo fue para su ganado. "El hombre que goza de honores y no entiende, semejante es a las bestias que perecen" (Sal. 49:20). No sólo eso: cuando los israelitas, con sus habilidades superiores, dejaban de reconocer a Dios en los dones de él recibidos, venían demostrar un entendimiento incluso inferior al de sus animales. "El buey conoce a su dueño, y el asno el pesebre de su señor; Israel no entiende, mi pueblo no tiene conocimiento" (Isa. 1:3).

A la vista del milagro del agua que surgió de la Roca –el Señor mismo–, podemos comprender mejor la fuerza de sus palabras cuando, con posterioridad, expresó la magnitud del pecado de ellos al apartarse de Él: "¡Espantaos, cielos, sobre esto, y horrorizaos! ¡Pasmaos en gran manera!, dice Jehová. Porque dos males ha hecho mi pueblo: me dejaron a mí, fuente de agua viva, y cavaron para sí cisternas, cisternas rotas que no retienen el agua" (Jer. 2:12 y 13).

El salmista escribió del Señor:

"Jehová es recto: es mi Roca y en Él no hay injusticia". Su vida es justicia. Por lo tanto, aquellos que viven por la fe en él, viven vidas de justicia. El agua que provino de la Roca, en el desierto, era para la vida del pueblo. Se trataba de la propia vida de Cristo. Por lo tanto, si al beberla hubiesen reconocido la Fuente que la originaba, habrían bebido en justicia, y habrían sido bendecidos con la justicia, pues está escrito: "Bienaventurados los que tienen hambre y sed de justicia, porque serán saciados" (Mat. 5:6). Si tenemos sed de justicia y somos saciados, es porque bebimos de aquella justicia de la que estábamos sedientos.

Jesucristo es la fuente de agua viva. Cuando la mujer samaritana se sorprendió de que él le pidiera agua del pozo de Jacob, Jesús le respondió: "Si conocieras el don de Dios, y quién es el que te dice: 'Dame de beber', tú le pedirías, y Él te daría agua viva". Y entonces, mientras la mujer estaba aún perpleja por sus palabras, añadió: "Cualquiera que beba de esta agua volverá a tener sed; pero el que beba del agua que yo le daré no tendrá sed jamás, sino que el agua que yo le daré será en él una fuente de agua que salte para vida eterna" (Juan 4:10-14).

El "agua viva" está hoy al alcance de "cualquiera" que desee beberla, ya que "el Espíritu y la Esposa dicen: '¡Ven!' El que oye, diga: '¡Ven!' Y el que tiene sed, venga. El que quiera, tome gratuitamente del agua de la vida" (Apoc. 22:17).

Ese agua de vida de la que somos invitados a beber gratuitamente, es el "río limpio, de agua de vida, resplandeciente como cristal, que fluía del trono de Dios y del Cordero" (Apoc. 22:1). Procede de Cristo, ya que cuando Juan vio el trono del que procedía el agua de vida, vio "en medio del trono... un Cordero como inmolado, que tenía siete cuernos y siete ojos, los cuales son los siete espíritus de Dios enviados por toda la tierra" (Apoc. 5:6).

Si miramos al Calvario lo veremos aún más claramente. Cuando Cristo colgaba de la cruz, "uno de los soldados le abrió el costado con una lanza, y al instante salió sangre y agua" (Juan 19:34). "Y tres son los que dan testimonio en la tierra: el Espíritu, el agua y la sangre; y estos tres concuerdan" (1ª Juan 5:8). Sabemos que "la vida de la carne en la sangre está" (Lev. 17:11 y 14), y que "el espíritu vive a causa de la justicia" (Rom. 8:10); por lo tanto, puesto que el Espíritu, el agua y la sangre concuerdan, el agua tiene que ser también agua de vida. En la cruz, Cristo derramó su vida por la raza humana. Su cuerpo era el templo de Dios, y Dios estaba en el trono de su corazón; por lo tanto, el agua de vida que manó de su costado herido es la misma agua de vida que fluye del trono de Dios, de la que todos podemos beber y vivir. Su corazón es el "manantial abierto... para la purificación del pecado y la inmundicia" (Zac. 13:1).

Es el Espíritu de Dios quien nos trae ese agua de vida; o mejor dicho: es recibiendo el Espíritu Santo como recibimos el agua de vida; y eso lo hacemos por la fe en Cristo, a quien representa el Espíritu Santo. En el último día de la fiesta de los tabernáculos, "Jesús se puso en pie y alzó la voz, diciendo: –Si alguien tiene sed, venga a mí y beba. El que cree en mí, como dice la Escritura, de su interior brotarán ríos de agua viva. Esto dijo del Espíritu que habían de recibir los que creyeran en Él" (Juan 7:37-39).

El Espíritu Santo recibido en el corazón, nos trae la vida misma de Cristo, "la vida eterna, la cual estaba con el Padre y se nos manifestó" (1ª Juan 1:2). Aquel que recibe gozoso el Espíritu Santo, recibe el agua de vida, que concuerda con la sangre de Cristo que limpia de todo pecado. Esa habría sido la porción de los israelitas en el desierto, si solamente hubieran bebido con fe. En la roca que Moisés golpeó tenían, como los gálatas en los días de Pablo, a Jesucristo "claramente crucificado" entre ellos (Gál. 3:1). Estuvieron al pie de la cruz de Cristo tan ciertamente como lo estuvieron los judíos que procedentes de Jerusalén, se congregaron en el Calvario. Muchos de ellos no conocieron el día de su visitación, pereciendo así en el desierto, de igual forma en que los judíos dejaron de reconocer a Cristo crucificado y perecieron en sus pecados en la destrucción de Jerusalén. "Mas a todos los que lo recibieron, a quienes creen en su nombre, les dio potestad de ser hecho hijos de Dios" (Juan 1:12).

Los israelitas, en los días de Moisés, no tenían pretexto para dejar de reconocer al Señor, puesto que Él se les reveló mediante poderosos milagros. No tenían excusa para no reconocerlo como "el Cordero de Dios, que quita el pecado del mundo", pues tenían diariamente la evidencia de que Él era la vida para ellos; la roca herida les hablaba continuamente de la Roca de su salvación, derramando su vida por ellos por su costado herido.

Los redimidos del Señor han de entrar a Sión cantando, pero no se tratará de cantos obligados. Cantarán porque están felices, porque nada que no sea los cantos podrá expresar su gran alegría. Es el gozo del Señor. Él los alimenta con pan del cielo, y les da a beber del río de sus delicias. Es decir: se les da a sí mismo. Pero cuando el Señor se nos da a sí mismo, no hay nada más que se pueda dar. "El que no escatimó ni a su propio Hijo, sino que lo entregó por todos nosotros, ¿cómo no nos dará también con él todas las cosas?" (Rom. 8:32). Dios se nos da, al darnos su vida en Cristo; y eso fue expresado a los israelitas en la dádiva del agua de vida que procedía de Cristo. Por lo tanto sabemos que todo cuanto tiene para los hombres el evangelio de Cristo, estuvo allí a disposición de los hijos de Israel en el desierto.

Hemos visto ya cómo la promesa hecha a Abraham era el evangelio. El juramento que confirmó esa promesa es el juramento que nos da un fuerte consuelo cuando corremos a refugiarnos en Cristo, en el santuario de Dios. Aseguraba a los israelitas la gracia libremente otorgada por Dios, y el que pudieran beber de la vida de Cristo, si creían que el agua provenía de la Roca. Les habría de asegurar que era suya la bendición de Abraham, que es el perdón de los pecados mediante la justicia de Dios en Cristo. Así lo muestran las palabras: "Abrió la peña y fluyeron aguas; corrieron por los sequedales como un río, porque se acordó de su santa palabra dada a Abraham su siervo" (Sal. 105:41 y 42).

Jesucristo es "el Cordero que fue muerto desde la creación del mundo" (Apoc. 13:8), "él estaba destinado desde antes de la fundación del mundo" (1ª Ped. 1:20). La cruz de Cristo no es asunto de un día, sino que está allí donde haya pecadores que salvar, desde la misma caída. Está siempre presente, de forma que los creyentes pueden decir con Pablo en todo tiempo: "Con Cristo *estoy juntamente crucificado*, y ya no vivo yo, mas vive Cristo en mí" (Gál. 2:20).

No hemos de mirar muy atrás para ver la cruz, de igual forma en que los hombres del tiempo antiguo no tenían necesidad de mirar hacia el futuro para verla. Permanece con sus brazos desplegados, abarcando los siglos desde el Edén perdido hasta el Edén restaurado, y en todo tiempo y lugar, todo cuanto ha de hacer el ser humano es mirar hacia arriba, para ver a Cristo "levantado de la tierra", atrayéndolo a sí mismo mediante su amor eterno que fluye hacia él como un río de vida.

La auténtica presencia

En su murmuración por la falta de agua, el pueblo había dicho: "¿Está, pues, Jehová entre nosotros o no?" Él respondió la pregunta de la forma más convincente. En Horeb estuvo sobre la roca y les dio agua a fin de que pudieran beber y vivir. Estuvo allí realmente en persona. Se trataba de su verdadera Presencia. El que no pudieran verlo en nada disminuye la verdad del hecho. Él les estaba dando evidencia de que no estaba lejos de cada uno de ellos, de forma que si lo hubieran apercibido por la fe, lo habrían encontrado y recibido, y su presencia real habría estado en ellos tan ciertamente como estuvo en el agua que bebían.

En el maná, o pan del cielo que los israelitas estaban comiendo diariamente, y en el agua de la Roca –Jesucristo–, tenemos la correspondencia exacta con la Cena del Señor. El pan y el agua no eran Cristo, de igual forma en que el pan y el mosto no pueden de ninguna forma ser transformados en el cuerpo y la sangre de Cristo. Aún en el caso de que eso fuera posible, de nada serviría, ya que "la carne para nada aprovecha". Pero ambos señalaban la auténtica Presencia a todo aquel que, con los ojos de la fe, discerniera el cuerpo de Cristo. Mostraban que Cristo mora por la fe en el corazón, tan ciertamente como nuestro cuerpo recibe los emblemas; y que tan ciertamente como son asimilados esos emblemas, y vienen a ser carne, así también Cristo, el Verbo, se encarna en todo aquel que lo recibe por la fe. Cristo se forma en el interior mediante el poder del Espíritu.

Dios no es un mito. Tampoco lo es el Espíritu Santo. Su presencia es algo tan real como Él mismo.

Cuando Cristo afirma: "Yo estoy a la puerta y llamo; si alguno oye mi voz y abre la puerta, entraré a él y cenaré con él y él conmigo"

(Apoc. 3:20), significa exactamente lo que dice; y cuando declara: "El que me ama, mi palabra guardará; y mi Padre lo amará, y vendremos a él y haremos morada con él" (Juan 14:23), no se trata de ninguna fantasía engañosa. Viene hoy en la carne, tanto como lo hizo en Judea. Su aparición allí tenía por objeto enseñar a todos la posibilidad y perfección de ella. Y así como viene hoy en la carne para todo aquel que lo recibe, sucedió también en los días de antiguo, cuando Israel estuvo en el desierto. Sí, y también en los días de Abraham y de Abel. Nos podemos gastar en especulaciones en cuanto a cómo es posible, y morir de esa forma en el agotamiento espiritual, o bien podemos 'gustar y ver que es bueno Jehová' (Sal. 34:8) y hallar en su bendita presencia la plena felicidad y gozo, el gozo del Señor.

Capítulo 27

Una lección práctica

DIOS nos trata como a sus hijos, y nos enseña mediante lecciones prácticas. Mediante las cosas visibles, nos enseña aquello que el ojo del mortal no puede ver. Así, en el agua que surgió de la roca, y en la sangre y agua que manaron del costado herido de Cristo, aprendemos la realidad de la vida que Cristo da a quienes creen en él. Las cosas espirituales no son imaginarias, sino reales. Los hijos de Israel en el desierto podían saber que el agua que vivificaba sus cuerpos provenía directamente de Cristo, y a partir de eso podían saber que es Cristo quien realmente da la vida. No podían saber *cómo*, ni había necesidad de ello. Bastaba con que conocieran el hecho.

Si creemos la Palabra, podemos saber que bebemos tan directamente de Cristo como hicieron los israelitas en el desierto. Cristo hizo los cielos, la tierra y el mar, y las fuentes de las aguas. "Todas las cosas en él subsisten" (Col. 1:17). El agua que bebemos, que surge de la tierra, proviene tan ciertamente de Cristo como aquella que brotó de la roca en Horeb. "Él pone en depósitos los abismos" (Sal. 33:7).

Las personas se refieren al agua de la tierra como a un "producto natural", implicando casi que existe por ella misma. La lluvia que cae y el manantial, suelen ser considerados como "fenómenos naturales". Es terminología que se emplea inconscientemente, pero está calculada para evitar dar la gloria a Dios. Observa el curso de un manantial fresco y puro, desde su origen en las cimas de las montañas. Siempre está cambiando, y sin embargo es siempre el mismo. Es incesante en su fluir, ¿por qué no se agota? ¿Hay un depósito de capacidad infinita en el corazón de la tierra, que hace que el manantial brote continuamente, sin disminuir nunca su caudal? ¿No hay acaso algo maravilloso en ese fluir constante? 'Oh, no', dice el que se cree instruido, 'se trata de algo simple: el agua que se evapora de la tierra asciende para formar las nubes, y estas descargan la lluvia, que es la que mantiene el flujo constante'. Pero ¿quién causa la lluvia? "Jehová es el Dios verdadero: Él es el Dios vivo y el Rey eterno... a su voz se produce un tumulto de aguas en el cielo; él hace subir las nubes del extremo de la tierra" (Jer. 10:10-13). Él es el Dios vivo, y las acciones de la "naturaleza" no son sino manifestaciones de su incesante actividad.

Sin duda los israelitas en el desierto dejaron pronto de considerar el manantial de agua que surgió de la roca como algo milagroso. Es probable que muchos no dedicaran nunca un pensamiento al hecho, excepto para constatar que era útil para saciar su sed. Pero en su brotar año tras año, familiarizados como estaban con el hecho, debió venir a menos la maravilla, hasta desaparecer toda expectación. Les nacieron hijos, para quienes era como si siempre hubiera existido; para ellos debió ser algo así como una "causa natural", algo no muy distinto a cualquier manantial de los que hoy podemos contemplar surgiendo de la tierra. De esa forma, la Gran Fuente quedó en el olvido, como también sucede hoy.

Puedes estar seguro de que aquellos que lo atribuyen todo a "la naturaleza", y que no reconocen ni glorifican a Dios como la fuente inmediata de todo don terrenal, harían lo mismo en el cielo, si es que se los admitiera allí. Para ellos, el río de agua viva que fluye eternamente del trono de Dios, no sería más que otro "fenómeno de la naturaleza". No habiendo visto cuándo comenzó a brotar, lo verían como un hecho ordinario, no dando la gloria a Dios por él.

Aquel que no reconoce a Dios en sus obras en este mundo, sería igual de despectivo hacia él en la tierra nueva. La alabanza a Dios que procederá de los labios de los redimidos en la eternidad no será sino la plenitud del coro cuyas primeras estrofas ensayaron ya en esta tierra.

Reconociendo a Dios

"Reconócelo en todos tus caminos y él hará derechas tus veredas" (Prov. 3:6). Cuando Dios dirige los caminos de un hombre, estos son siempre perfectos, como los propios caminos de Dios. "¿Quién es el hombre que teme a Jehová? Él le enseñará el camino que ha de escoger" (Sal. 25:12). Aquel que ve y reconoce a Dios en todas sus obras, y que da gracias en todo, vivirá una vida de rectitud.

Considera el don del agua que tan continuamente empleamos. Si tan pronto como necesitáramos agua pensáramos en Dios como el proveedor de ella, y tan pronto como la viésemos o usáramos pensásemos en Cristo como el dador del agua de vida, y recordásemos que en ese agua recibimos su propia vida, ¿cuál sería el resultado? Simplemente este: que nuestras vidas estarían continuamente bajo su dirección y cuidado. Reconociendo que nuestra vida procede de él, reconoceríamos que sólo él tiene el derecho a disponer de ella, y le permitiríamos que viviera su propia vida en nosotros. De esa forma estaríamos bebiendo en justicia. La verdad brotaría para nosotros de la tierra, y la justicia miraría desde los cielos (Sal. 85:11). Hasta de los propios cielos nos llovería la justicia (Isa. 45:8).

Ese reconocimiento de Dios en todos nuestros caminos evitaría que cayéramos en el orgullo egoísta, y nos libraría de poner la confianza en "nuestras propias habilidades". Daríamos siempre oído a las palabras: "¿Quién te hace superior? ¿Y qué tienes que no hayas recibido? Y si lo recibiste, ¿por qué te glorías como si no lo hubieras recibido?" (1ª Cor. 4:7). Nos mantendría en el camino correcto, ya que la promesa es: "Encaminará a los humildes en la justicia y enseñará a los mansos su carrera" (Sal. 25:9). En lugar de nuestra propia sabiduría, que es debilidad y necedad, debiera guiarnos la sabiduría de Dios.

Aprendemos la misma verdad analizando el extremo opuesto. El hombre se vuelve un pagano y se degrada, simplemente al no reconocer a Dios tal como se revela en "las cosas hechas". No hay excusa para las densas tinieblas en las que se sumieron, "ya que, habiendo conocido a Dios, no lo glorificaron como a Dios, ni le dieron gracias. Al contrario, se envanecieron en sus razonamientos y su necio corazón fue entenebrecido. Pretendiendo ser sabios, se hicieron necios, y cambiaron la gloria del Dios incorruptible por imágenes de hombres corruptibles, de aves, de cuadrúpedos y de reptiles". "Como ellos no quisieron tener en cuenta a Dios, Dios los entregó a una mente depravada [carente de juicio], para hacer cosas que no deben. Están atestados de toda injusticia..." (Rom. 1:21-23; 28 y 29).

Así sucedió a los israelitas, a quienes fue permitido presenciar algunas de las maravillosas obras de Dios, pero sin que lo reconocieran en ellas. "Entonces hicieron un becerro, ofrecieron sacrificio al ídolo y en las obras de sus manos se regocijaron" (Hech. 7:41). "Así cambiaron su gloria por la imagen de un buey que come hierba. Olvidaron al Dios de su salvación, que había hecho grandezas en Egipto, maravillas en la tierra de Cam, cosas formidables en el Mar Rojo" (Sal. 106:20-22).

Pero no tenía por qué haber sucedido así; como tampoco hoy. Dios estaba conduciendo a los hijos de Israel para plantarlos en el monte de su heredad, en el lugar que él había establecido como morada para sí mismo, en el santuario que sus manos habían establecido; y mientras se encontraban de camino hacia allí, les haría participar de las delicias de ese lugar. Así, les dio agua directamente de sí mismo a fin de mostrarles que por la fe podían, incluso entonces, acercarse a su trono y beber del agua de vida que procede de él.

La misma lección se aplica a nosotros. Dios no desea que esperemos hasta que nos sea concedida la inmortalidad, antes de poder participar de los goces de la ciudad celestial. Gracias a la sangre de Cristo podemos acercarnos confiadamente hasta el lugar santísimo de su santuario. Se nos anima a acercarnos con decisión a su trono de gracia, para hallar misericordia. Su gracia, su favor, es vida, y fluye como río de agua viva. Puesto que se nos permite acceder al trono de Dios, de donde mana el río de agua viva, nada impedirá que bebamos de él, especialmente teniendo en cuenta que nos lo ofrece de forma gratuita (Apoc. 22:17).

"¡Bienaventurados los que habitan en tu casa; perpetuamente te alabarán!" (Sal. 84:4). Mediante las cosas que vemos, aprendemos acerca de lo invisible. Si contemplamos y reconocemos a Dios en sus obras y en todos nuestros caminos, ciertamente aún en esta tierra estaremos morando en la inmediata presencia de Dios, y estaremos alabándolo continuamente tal como hacen los ángeles en el cielo.

"Plantados en la casa de Jehová, en los atrios de nuestro Dios florecerán. Aun en la vejez fructificarán; estarán vigorosos y verdes, para anunciar que Jehová, mi fortaleza, es recto y que en él no hay injusticia" (Sal. 92:13-15). "¡Cuán preciosa, Dios, es tu misericordia! ¡Por eso los hijos de los hombres se amparan bajo la sombra de tus alas! Serán completamente saciados de la grosura de tu Casa y tú les darás de beber del torrente de tus delicias, porque contigo está el manantial de la vida; y en tu luz veremos la luz" (Sal. 36:7-9).

El Edén aquí, ahora

Observa la expresión: "les darás de beber del torrente de tus delicias". La palabra hebrea traducida por "delicias" es *Edén*. Significa placer, o delicia. El jardín de Edén es el jardín de la delicia. Así, el texto dice realmente que los que hacen su morada con Dios, andando bajo la sombra del Omnipotente, serán abundantemente satisfechos con la abundancia de su Casa, y beberán del río del Edén, que es el río de aguas vivas de Dios.

Esa es la porción del creyente, ya ahora; y podemos saberlo con la misma seguridad con la que sabemos que los israelitas bebieron agua de la roca, o que estamos viviendo diariamente por las bondades de su mano extendida. Ahora podemos por la fe refrescar nuestras almas bebiendo del río de aguas vivas, y comiendo del "maná escondido" (Apoc. 2:17). Podemos comer y beber justicia, comiendo y bebiendo la carne y sangre del Hijo de Dios.

"Después me mostró un río limpio, de agua de vida, resplandeciente como cristal, que fluía del trono de Dios y del Cordero" (Apoc. 22:1).

Ríos de agua viva

Dios bendice a las personas a fin de que sean a su vez una bendición para otros. Dios dijo a Abraham: "Te bendeciré, engrandeceré tu nombre y *serás bendición*" (Gén. 12:2). Así ha de suceder también con todos sus descendientes. Por lo tanto, leemos las palabras de Cristo, que se pueden cumplir para nosotros hoy y cada día, con tal que las creamos:

"Si alguien tiene sed, venga a mí y beba. El que cree en mí, como dice la Escritura, de su interior brotarán ríos de agua viva. Esto dijo del Espíritu que habían de recibir los que creyeran en él" (Juan 7:37-39).

Así como Cristo era el templo de Dios, y su corazón el trono de Dios, también nosotros somos templo de Dios, a fin de que Él more en nosotros. Pero Dios no puede quedar confinado. No es posible sellar herméticamente al Espíritu Santo en el corazón. Si es que está allí, su gloria se verá brillar. Si el agua de vida corre por el alma, fluirá hacia los demás. Tal como Dios estaba en Cristo, reconciliando consigo al mundo, así también hace morada en sus verdaderos creyentes, poniendo en ellos la palabra de la reconciliación, haciéndolos sus representantes en nombre de Cristo, a fin de reconciliar a los hombres con Él. A sus hijos adoptivos corresponde el maravilloso privilegio de participar en la obra de su Hijo unigénito. Como Él, también ellos vienen a ser ministros del Espíritu; no simplemente ministros enviados por el Espíritu, sino aquellos que han de ministrar el Espíritu. Así, al venir a constituirnos en moradas para Dios, a fin de reproducir nuevamente a Cristo ante el mundo, de nosotros manarán corrientes vivas que refrescarán al débil y cansado, revelando el cielo a la tierra.

Esa es la lección que Dios quería que aprendieran los israelitas en las aguas de Meriba, y la que procura con toda paciencia enseñarnos a nosotros, incluso a pesar de que, como ellos, hemos murmurado y nos hemos rebelado. ¿No aprenderemos ahora la lección? "¡Bienaventurado el pueblo que tiene todo esto! ¡Bienaventurado el pueblo cuyo Dios es Jehová!" (Sal. 144:15).

Capítulo 28

Se promulga la ley (I)

"LA LEY, pues, se introdujo para que el pecado abundara; pero cuando el pecado abundó, sobreabundó la gracia" (Rom. 5:20).

El objeto de la introducción de la ley en Sinaí fue "para que el pecado abundara". No para que hubiera más pecado, pues si se nos amonesta a no perseverar en pecado bajo el pretexto de hacer abundar la gracia, es evidente que la justicia de Dios jamás introduciría el pecado con el fin de exhibir la gracia. La ley no es pecado, pero por su propia justicia produce el efecto de poner en evidencia al pecado, de hacer "que el pecado, por medio del mandamiento, llegara a ser extremadamente pecaminoso" (Rom. 7:13). El objetivo, pues, de la proclamación de la ley en Sinaí, fue el de hacer que el pecado que existía ya antes, quedara patente en su verdadera naturaleza y extensión, de forma que la sobreabundante gracia de Dios pudiera ser apreciada en su verdadero valor.

La introducción de la ley hizo que la ofensa abundara. Pero el pecado que la ley hizo abundar existía ya previamente: "antes de la Ley ya había pecado en el mundo" (Rom. 5:13). Por lo tanto, la ley estaba también en el mundo antes de ser proclamada en Sinaí, tanto como lo estuvo después, dado que "donde no hay Ley, no se inculpa de pecado". Dios dijo a Isaac: "Oyó Abraham mi voz y guardó mi precepto, mis mandamientos, mis estatutos y mis leyes" (Gén. 26:5). La bendición de Abraham fue la de los pecados perdonados, "y recibió la circuncisión como señal, como sello de la justicia de la fe que tuvo cuando aún no había sido circuncidado, para que fuera padre de todos los creyentes no circuncidados, a fin de que también a ellos la fe les sea contada por justicia" (Rom. 4:11). Antes de que el pueblo de Israel hubiera llegado a Sinaí, al caer el maná por primera vez, Dios dijo que lo estaba probando para ver "si anda en mi ley, o no" (Éxo. 16:4).

Por lo tanto es evidente que la proclamación de la ley desde el Sinaí no marcó diferencia alguna en la relación del hombre con Dios. La misma ley existía ya antes de ese tiempo, y con el mismo efecto: mostrar a las personas que eran pecadoras; y toda la justicia que demanda la ley, y toda la que es posible tener para el humano, ha sido la posesión de los hombres de fe, de entre los cuales Enoc y Abraham fueron notables ejemplos. Por lo tanto, la única razón para la introducción de la ley en Sinaí, fue la de dar al hombre un sentido más vívido de su magna importancia, y de la terrible naturaleza del pecado que prohíbe, así como llevarlo a confiar en Dios, en lugar de confiar en sí mismo.

Las circunstancias que rodearon la proclamación de la ley tenían por objeto lograr ese fin. Jamás con anterioridad experimentó el hombre un evento de semejante majestad y poder, como tampoco después. La proclamación de la ley en Sinaí será igualada y superada solamente por la segunda venida de Cristo, "para dar retribución a los que no conocieron a Dios ni obedecen al evangelio de nuestro Señor Jesucristo", y "para ser glorificado en sus santos y ser admirado en todos los que creyeron" (2ª Tes. 1:8-10).

Paralelismos

En la proclamación de la ley, "todo el monte Sinaí humeaba, porque Jehová había descendido sobre él en medio del fuego" (Éxo. 19:18). En la segunda venida, "el Señor mismo... descenderá del cielo", "en llama de fuego" (1ª Tes. 4:16; 2ª Tes. 1:8).

Cuando Dios descendió al Sinaí "con la ley de fuego a su mano derecha" para dársela al pueblo, lo hizo "entre diez millares de santos" (Deut. 33:1 y 2). Los ángeles de Dios –los ejércitos del cielo–, estuvieron todos presentes al ser dada la ley. Pero mucho antes de ese tiempo, Enoc, séptimo desde Adán, profetizó ya sobre la segunda venida de Cristo, diciendo: "Vino el Señor con sus santas decenas de millares, para hacer juicio" (Judas 14 y 15). Cuando venga en gloria, Cristo irá acompañado de "todos los santos ángeles" (Mat. 25:31).

Dios descendió al Sinaí para proclamar su santa ley a su pueblo. "Avanzó entre diez millares de santos, con la ley de fuego a su mano derecha". Esa ley dada en Sinaí era una descripción verbal de la propia justicia de Dios. Pero cuando regrese por segunda vez, "los cielos declararán su justicia, porque Dios es el juez" (Sal. 50:6).

Para anunciar la presencia de Dios sobre el Sinaí, en su regio estado, "el sonido de la bocina se hacía cada vez más fuerte" (Éxo. 19:19). Así también, la segunda venida de Cristo será anunciada "con trompeta de Dios", "porque se tocará la trompeta, y los muertos serán resucitados incorruptibles y nosotros seremos transformados". "Enviará sus ángeles con gran voz de trompeta y juntarán a sus escogidos de los cuatro vientos" (1ª Cor. 15:52; Mat. 24:31).

Cuando la trompeta sonó intensa y prolongadamente en el Sinaí, "Moisés hablaba, y Dios le respondía con voz de trueno" (Éxo. 19:19). Entonces Dios pronunció todas las palabras de los diez mandamientos: "Estas palabras las pronunció Jehová *con potente voz*... en medio del fuego, la nube y la oscuridad, y no añadió más" (Deut. 5:22). De forma semejante, "vendrá nuestro Dios y no callará; fuego consumirá delante de Él y tempestad poderosa lo rodeará. Convocará a los cielos de arriba y a la tierra, para juzgar a su pueblo" (Sal. 50:3 y 4). "El Señor mismo, con voz de mando, con voz de arcángel y con trompeta de Dios, descenderá del cielo" (1ª Tes. 4:16).

La venida de Dios para el juicio será más imponente que cuando vino para proclamar su ley, ya que entonces nadie de entre el pueblo lo vio. "Jehová habló con vosotros de en medio del fuego; oísteis la voz de sus palabras, pero a excepción de oír la voz, ninguna figura visteis" (Deut. 4:12). Pero cuando venga por segunda vez, "todo ojo lo verá, y los que lo traspasaron; y todos los linajes de la tierra se lamentarán por causa de él" (Apoc. 1:7).

Por último, un paralelismo contrastado en el efecto de la voz de Dios: Cuando Dios pronunció su ley en el Sinaí, "todo el monte Sinaí humeaba" (Éxo. 19:18). "La tierra tembló y destilaron los cielos; ante la presencia de Dios, aquel Sinaí tembló, delante de Dios, del Dios de Israel" (Sal. 68:8). "Se estremeció y tembló la tierra" (Sal. 77:18). Pero en su segunda venida, el efecto de su voz será mucho mayor aún. En el Sinaí "su voz conmovió... la tierra, pero ahora ha prometido diciendo: 'Una vez más conmoveré no solamente la tierra, sino también el cielo'" (Heb. 12:26). "Entonces los cielos pasarán con gran estruendo" (2ª Ped. 3:10), ya que "las potencias de los cielos serán conmovidas" (Mat. 24:29).

Encontramos un maravilloso paralelismo entre la venida del Señor cuando dio la ley en el Sinaí, y su venida al fin del mundo, para llevar a cabo el juicio; y antes de terminar veremos que ese paralelismo no es de ninguna forma accidental.

El ministerio de muerte

"El aguijón de la muerte es el pecado, y el poder del pecado es la Ley" (1ª Cor. 15:56).

La ley se dio con el propósito de poner en la mayor evidencia los pecados del pueblo. El pecado que yace latente, que pasó casi desapercibido por haber prestado poca atención a la Luz que alumbra a todo hombre, el pecado de cuyo poder somos inconscientes por no haber entrado nunca en mortal combate contra él, se hace evidente, entra en actividad, revive, al venir la ley. "Sin la Ley, el pecado está muerto" (Rom. 7:8). La ley señala el pecado en su verdadero carácter y magnitud, y le provee su poder: el poder de la muerte. "Por medio de la Ley es el conocimiento del pecado" (Rom. 3:20). Señalar el pecado y mostrar su espantosa fuerza, es todo cuanto puede hacer la ley.

La muerte viene por el pecado. "El pecado entró en el mundo por un hombre y por el pecado la muerte, así la muerte pasó a todos los hombres, por cuanto todos pecaron" (Rom. 5:12). La muerte sigue al pecado allá donde esté. No es simplemente que el pecado traiga la muerte en su estela; lo trae en su seno. El pecado y la muerte son inseparables; cada uno es parte del otro. Es imposible abrir la puerta lo suficiente como para que pase sólo el pecado, dejando afuera la muerte. Por pequeña que sea la rendija, si es lo suficiente como para que pase el pecado, la muerte entra con él.

Puesto que el pecado existía ya antes de que fuera dada la ley en Sinaí, la entrada de la ley proclamó una maldición, ya que está escrito: "Maldito sea el que no permanezca en todas las cosas escritas en el libro de la Ley, para cumplirlas" (Gál. 3:10). Esa maldición consistía en la muerte, ya que fue la maldición que Cristo llevó por nosotros. Es pues evidente que el dar la ley en el Sinaí fue el ministerio de muerte. "La Ley produce ira" (Rom. 4:15). Así lo indicaban todos los fenómenos que acompañaron su proclamación. Los truenos y relámpagos, el fuego devorador, la montaña humeante y el temblor de tierra, hablaban todos de muerte. El monte Sinaí, símbolo de la ley de Dios quebrantada, significaba la muerte para todo aquel que osara tocarlo. No hubo necesidad de barrera alguna para evitar que las personas se acercaran, después que hubieron oído la sobrecogedora voz de Dios proclamando su ley, ya que "al ver esto, el pueblo tuvo miedo y se mantuvo alejado", y dijeron: "no hable Dios con nosotros, para que no muramos" (Éxo. 20:18 y 19).

"Al venir el mandamiento, el pecado revivió, y yo morí" (Rom. 7:9), "porque el aguijón de la muerte es el pecado, y el poder del pecado es la Ley" (1ª Cor. 15:56). Era imposible que se diera ley alguna que pudiera dar vida. Pero no era necesario que así sucediera, y lo veremos claramente cuando consideremos la razón profunda para ello, a la luz de la revelación dada a Israel.

Por qué fue dada la ley

¿Acaso era la voluntad de Dios burlarse del pueblo, dándole una ley que no podía traerles otra cosa distinta de la muerte? Dios "amó a su pueblo", y nunca los amó más que cuando "avanzó entre diez millares de santos, con la ley de fuego a su mano derecha" (Deut. 33:2 y 3).

Es preciso recordar que si bien la ley "se introdujo para que el pecado abundara", no obstante, "cuando el pecado abundó, sobreabundó la gracia" (Rom. 5:20). Puesto que es la ley la que hace que el pecado abunde, ¿dónde puede quedar más patente su espantosa magnitud, que en el Sinaí? Ahora bien, puesto que "cuando el pecado abundó, sobreabundó la gracia", es evidente que en el Sinaí podemos igualmente contemplar la grandeza de la gracia de Dios. Por mucho que abunde el pecado, la gracia lo sobrepasa. Si bien es cierto que "el monte ardía envuelto en un fuego que llegaba hasta el mismo cielo" (Deut. 4:11), "más grande que los cielos es tu misericordia y hasta los cielos tu fidelidad" (Sal. 108:4). "Como la altura de los cielos sobre la tierra, engrandeció su misericordia sobre los que lo temen" (Sal. 103:11).

Jesús es el Consolador. "Si alguno ha pecado, abogado tenemos para con el Padre, a Jesucristo, el justo" (1ª Juan 2:1). La palabra griega traducida como "abogado", admite el significado de "defensor" o "consolador" (margen, R.V.). Así, cuando los discípulos estaban apenados debido al anuncio que Jesús les había hecho de que los habría de dejar, les dijo: "Yo rogaré al Padre y os dará otro Consolador, para que esté con vosotros para siempre: el Espíritu de verdad" (Juan 14:16 y 17). Mientras Jesús estuvo en la tierra, fue, por así decirlo, la encarnación del Espíritu; pero no quería que su obra se viera limitada, de forma que dijo: "Os conviene que yo me vaya, porque si no me voy, el Consolador no vendrá a vosotros; pero si me voy, os lo enviaré. Y cuando él venga, convencerá al mundo de pecado, de justicia y de juicio" (Juan 16:7 y 8).

Observa bien el hecho de que la primera obra del Consolador es convencer de pecado. La espada del Espíritu es la Palabra de Dios, que "penetra hasta partir el alma y el espíritu, las coyunturas y los tuétanos, y discierne los pensamientos y las intenciones del corazón" (Heb. 4:12). Sin embargo, aún bajo la más profunda e incisiva convicción, el Espíritu es siempre el Consolador. No es menos Consolador cuando convence de pecado que cuando revela la justicia de Dios para remisión del pecado. Hay consuelo en la convicción que Dios produce. El cirujano que corta hasta lo profundo, lo hace para eliminar lo que sería veneno mortal para el cuerpo, con el objeto de aplicar el remedio sanador.

El gran pecado de los hijos de Israel fue la incredulidad: la confianza en ellos mismos, en lugar de confiar en Dios. La ley se introdujo de una forma calculada para asestar un golpe mortal a su vana confianza propia, y para resaltar el hecho de que sólo mediante la fe se obtiene la justicia, y no por obras humanas. En la propia dádiva de la ley se muestra la dependencia del hombre hacia Dios, para la justicia y salvación, puesto que el hombre no podía ni siquiera tocar el monte desde el que se estaba dando la ley, sin perecer. ¿Cómo, entonces, podría suponerse ni por un momento que el objetivo de Dios al darles la ley fuera el que obtuvieran a partir de ella la justicia? En el Sinaí, Cristo, el Crucificado, fue predicado de la forma más elocuente a todo el pueblo, con una voz tan potente como para hacer temblar la tierra.

Capítulo 29

Se promulga la ley (II)

DESPUÉS de lo aprendido de la historia de Israel, nada presenta con mayor claridad y concisión el propósito de Dios al proclamar su ley desde el Sinaí, que

El capítulo tercero de Gálatas

Lo estudiaremos brevemente. Posee la sencillez de un libro de relatos para niños, sin embargo es a la vez tan profundo y abarcante como el propio amor de Dios.

Los versículos 6 y 7 de ese capítulo revelan el hecho de que los hermanos de Galacia se estaban alejando de la fe, engañados por una falsa enseñanza, por un evangelio espurio. De ahí la vehemente exclamación del apóstol: "Si aun nosotros, o un ángel del cielo, os anuncia un evangelio diferente del que os hemos anunciado, sea anatema. Como antes hemos dicho, también ahora lo repito: Si alguien os predica un evangelio diferente del que habéis recibido, sea anatema" (Gál. 1:8 y 9).

Las únicas Escrituras que existían cuando Pablo predicaba, eran los libros comúnmente conocidos por Antiguo Testamento. Cuando predicaba, abría las Escrituras y razonaba a partir de ellas; y los que entre el auditorio quedaban interesados, escudriñaban esas mismas Escrituras para ver si las cosas que predicaban eran así (Hech. 17:3 y 11). Cuando se lo llevó a los tribunales bajo la acusación de herejía y sedición, declaró solemnemente que en todo su ministerio jamás dijo "nada fuera de las cosas que los profetas y Moisés dijeron que había de suceder" (Hech. 26:22). De eso se infiere que si alguien predica un evangelio diferente del que se encuentra en el Antiguo Testamento, atrae sobre sí la maldición de Dios. Esa es una poderosa razón por la que debiéramos estudiar fielmente a Moisés y los profetas.

Sabiendo, por lo tanto, que Pablo no predicó jamás nada que no fuera "Cristo, y Cristo crucificado", no es maravilla que irrumpiera con las palabras: "¡Gálatas insensatos!, ¿quién os fascinó para no obedecer a la verdad, a vosotros ante cuyos ojos Jesucristo fue ya presentado claramente crucificado?" (Gál. 3:1). A partir de los escritos de Moisés y los profetas los había llevado a que vieran a Cristo, no como al que *habría de ser* crucificado, tampoco como el que *había sido* crucificado hacía algunos años en el pasado, sino como al que estaba clara y visiblemente crucificado *ante los ojos de ellos*. Y es solamente a partir de esos antiguos escritos como procedió a reavivar esa fe y celo que languidecían.

La de ellos había sido una conversión genuina, puesto que habían recibido el Espíritu Santo, y habían padecido persecución por causa de Cristo. Así, el apóstol pregunta: "¿Recibisteis el Espíritu por las obras de la Ley o por el escuchar con fe?" (vers. 2). Habían escuchado las palabras de la ley, y las habían recibido con fe, y así, el Espíritu les había traído la justicia de la ley. "Esta es la obra de Dios, que creáis en aquel que él ha enviado" (Juan 6:29). El apóstol no estaba despreciando la ley, sino reprochando el cambio en la relación con ella en el que habían entrado. Cuando la oyeron con fe, recibieron el Espíritu, quien hizo morada en ellos; pero cuando comenzaron a confiar en la carne para cumplir la justicia de la ley, cesaron de obedecer a la verdad.

El apóstol sigue preguntándoles: "Aquel, pues, que os da el Espíritu y hace maravillas entre vosotros, ¿lo hace por las obras de la Ley o por el oír con fe?" (Gál. 3:5). Obviamente la pregunta admite sólo la respuesta de que fue por el oír de la fe, de igual forma en que "Abraham creyó a Dios y le fue contado por justicia" (vers. 6). Lo mismo que Abraham, habían sido justificados –hechos justos– por la fe, no por las obras.

Se promulga la ley (II)

Antes de continuar recordemos algunas definiciones:

"El pecado es la transgresión de la Ley" (1ª Juan 3:4), y "toda injusticia es pecado" (1ª Juan 5:17). Por consiguiente, toda injusticia es transgresión de la ley, tan ciertamente como que toda justicia es obediencia a la ley. Así pues, cuando leemos que Abraham creyó a Dios, y le fue contado por justicia, podemos saber que su fe le fue contada como obediencia a la ley.

El que a Abraham le fuese contada la fe por justicia no es ninguna formalidad vacía, ni lo es al sernos contada a nosotros. Recuerda que es Dios quien la cuenta por justicia, y en él no hay mentira. Él llama las cosas que no son como si lo fueran, por el poder mediante el cual hace que vivan los muertos. Abraham poseía verdaderamente la justicia. La fe obra. "Esta es la obra de Dios, que creáis en aquel que él ha enviado". "Con el corazón se cree para justicia" (Rom. 10:10).

El anterior razonamiento nos permite ver cómo en el capítulo 3 de Gálatas no hay desprecio alguno hacia la ley, sino que la justicia, que es el fruto de la fe, es siempre obediencia a la ley de Dios.

Abraham es el padre de todos los que creen. "Sabed, por tanto, que los que tienen fe, estos son hijos de Abraham. Y la Escritura, previendo que Dios había de justificar por la fe a los gentiles, dio de antemano la buena nueva a Abraham, diciendo: 'En ti serán benditas todas las naciones'" (Gál. 3:7 y 8).

El evangelio que se predicó a Abraham es el mismo que sería "para todo el pueblo", el que será predicado "en todo el mundo, para testimonio a todas las naciones" (Mat. 24:14). Ha de ser predicado a "toda criatura", y quien crea y sea bautizado, será salvo. Pero "en el evangelio, la justicia de Dios se revela por fe y para fe" (Rom. 1:17). Se predica el evangelio para conducir a "la obediencia de la fe" (Rom. 1:5). La obediencia trae con ella una bendición, ya que está escrito: "Bienaventurados los que guardan sus mandamientos" (Apoc. 22:14). "De modo que los que tienen fe son bendecidos con el creyente Abraham" (Gál. 3:9).

La maldición de la ley

"Todos los que dependen de las obras de la Ley están bajo maldición, pues escrito está: 'Maldito sea el que no permanezca en todas las cosas escritas en el libro de la Ley, para cumplirlas'" (Gál. 3:10).

Una lectura descuidada de ese versículo, o quizá solamente de su primera parte, ha llevado a algunos a suponer que la propia ley, y la obediencia a ella, constituye la maldición. Pero la lectura detenida de la última parte del versículo demuestra la gravedad de ese error. "Escrito está: 'Maldito sea el que *no* permanezca en todas las cosas escritas en el libro de la Ley, para cumplirlas'". La maldición no se refiere a la obediencia, sino a la desobediencia. No es aquel que permanece en todas las cosas escritas en el libro de la ley, sino precisamente *el que no permanece continuamente cumpliendo* todas las cosas escritas en el libro de la ley, el que se hace acreedor de la maldición. No basta con que cumpla una parte, ni con que la cumpla una parte del tiempo. Debe cumplirla todo el tiempo, y en su totalidad. El que no hace tal cosa, es maldito; por lo tanto, quien obedeciera todo el tiempo en todo, sería bendito.

En los versículos 9 y 10 del capítulo tercero encontramos el mismo contraste entre la bendición y la maldición señalado en Deuteronomio 11:26-28: "Mirad: Yo pongo hoy delante de vosotros la bendición y la maldición: la bendición, si obedecéis los mandamientos de Jehová, vuestro Dios, que yo os prescribo hoy, y la maldición, si no obedecéis los mandamientos de Jehová, vuestro Dios". De un lado tenemos la fe, obediencia, justicia, bendición y vida; del otro tenemos agrupados la incredulidad, la desobediencia, el pecado, la maldición y la muerte. Esa separación en dos grupos, de ninguna manera se ve afectada por la época de la historia en la que uno viva.

"Y que por la Ley nadie se justifica ante Dios es evidente, porque 'el justo por la fe vivirá'. Pero la Ley no procede de la fe, sino que dice: 'El que haga estas cosas vivirá por ellas'" (Gál. 3:11 y 12).

"El que haga estas cosas vivirá por ellas"; pero ningún hombre las ha hecho, "por cuanto todos pecaron y están destituidos de la gloria de Dios" (Rom. 3:23). Por lo tanto, nadie puede encontrar vida en la ley. Así, sucede "que el mismo mandamiento que era para vida, a mí me resultó para muerte" (Rom. 7:10). Y el resultado es que todo aquel que procure cumplir la ley mediante sus propias obras, está bajo maldición; y presentar la ley ante personas que no la reciben por la fe, no es para ellos más que un ministerio de muerte. La maldición de la ley es la muerte con la que sentencia al que la transgrede.

Pero "Cristo nos redimió de la maldición de la Ley, haciéndose maldición por nosotros (pues está escrito: 'Maldito todo el que es colgado en un madero')" (Gál. 3:13). Aquí encontramos nueva evidencia de que la muerte es la maldición de la ley, puesto que fue la muerte lo que Cristo sufrió sobre el madero. "La paga del pecado es muerte" (Rom. 6:23), y Cristo fue hecho pecado por nosotros (2ª Cor. 5:21). "Jehová cargó en él el pecado de todos nosotros", y "por sus llagas fuimos nosotros curados" (Isa. 53:5 y 6). No es de la obediencia a la ley de lo que Cristo nos ha redimido, sino de la transgresión de ella, y de la muerte que viene por el pecado. Su sacrificio tuvo lugar "para que la justicia de la Ley se cumpliera en nosotros" (Rom. 8:4).

Esa verdad de que "Cristo nos redimió de la maldición de la Ley, haciéndose maldición por nosotros" era tan cierta en los días de Israel en el Sinaí, como lo es hoy. Más de setecientos años antes de que la cruz se elevara en el Calvario, Isaías, cuyo pecado había sido purgado por un carbón encendido que había sido tomado del altar de Dios, y que por lo tanto conocía el tema del que hablaba, afirmó: "Ciertamente *llevó* él nuestras enfermedades y sufrió nuestros dolores", "fue herido por nuestras rebeliones, molido por nuestros pecados. Para darnos la paz, cayó sobre él el castigo, y por sus llagas fuimos nosotros curados". Eso concuerda perfectamente con Gálatas 3:13.

Isaías escribió también, en especial referencia a los hijos de Israel en su peregrinación por el desierto: "En toda angustia de ellos él fue angustiado, y el ángel de su faz los salvó; en su amor y en su clemencia los redimió, los trajo y los levantó todos los días de la antigüedad" (Isa. 63:9).

Y es a David, quien vivió mucho antes de Isaías, a quien debemos las animadoras palabras: "No ha hecho con nosotros conforme a nuestras maldades ni nos ha pagado conforme a nuestros pecados"; "Cuanto está lejos el oriente del occidente, hizo alejar de nosotros nuestras rebeliones" (Sal. 103:10 y 12). Ese lenguaje describe un hecho cumplido. La salvación era tan plena en aquellos días, como lo es hoy.

Cristo es el "Cordero que fue muerto desde la creación del mundo" (Apoc. 13:8); y desde los días de Abel hasta hoy, Cristo ha redimido de la maldición de la ley a todos los que han creído en Él. Abraham recibió la bendición de la justicia; y "los que tienen fe son bendecidos con el creyente Abraham" (Gál. 3:9).

Eso se hace aún más evidente al considerar que Cristo fue hecho maldición por nosotros, "para que en Cristo Jesús la bendición de Abraham alcanzara a los gentiles, a fin de que por la fe recibiéramos la promesa del Espíritu" (Gál. 3:14).

A Abraham, y a quienes son hijos suyos por la fe, no importando la nacionalidad o el idioma, pertenecen todas las bendiciones que vienen mediante la cruz de Cristo; y todas las bendiciones de la cruz de Cristo son precisamente aquello que obtuvo Abraham. Nada tiene de extraño que se gozara y se alegrase viendo el día de Cristo. La muerte de Cristo en la cruz nos trae precisamente la bendición de Abraham. No hay nada mejor que se pueda pedir o imaginar.

El pacto, inalterable

"Hermanos, hablo en términos humanos: Un pacto, aunque sea hecho por un hombre, una vez ratificado, nadie lo invalida, ni le añade. Ahora bien, a Abraham fueron hechas las promesas, y a su simiente. No dice: 'Y a los descendientes', como si hablara de muchos, sino como de uno: 'Y a tu simiente', la cual es Cristo. Esto, pues, digo: El pacto previamente ratificado por Dios en Cristo no puede ser anulado por la Ley, la cual vino cuatrocientos treinta años después; eso habría invalidado la promesa" (Gál. 3:15-17).

La primera declaración es muy simple: nadie puede alterar, detraer o añadir a un pacto (aunque sea humano), una vez que ha sido confirmado.

La conclusión es igualmente simple. Dios hizo un pacto con Abraham, y lo confirmó mediante un juramento. "Los hombres ciertamente juran por uno mayor que ellos, y para ellos el fin de toda controversia es el juramento para confirmación. Por lo cual, queriendo Dios mostrar más abundantemente a los herederos de la promesa la inmutabilidad de su consejo, interpuso juramento, para que por dos cosas inmutables, en las cuales es imposible que Dios mienta, tengamos un fortísimo consuelo los que hemos acudido para asirnos de la esperanza puesta delante de nosotros" (Heb. 6:16-18). Por lo tanto, ese pacto que fue confirmado en Cristo mediante el juramento de Dios, quien empeñó su propia existencia en su cumplimiento, no puede jamás ser alterado en lo más mínimo. Ni una jota ni un tilde pasará de él, mientras Dios exista.

Observa la afirmación:

"A Abraham fueron hechas las promesas, y a su simiente". Y la simiente es Cristo. Todas las promesas hechas a Abraham fueron confirmadas en Cristo. "Promesas" (en plural); no dice simplemente 'promesa'. "Todas las promesas de Dios son en él [Cristo] 'sí', y en él 'Amén', por medio de nosotros, para la gloria de Dios" (2ª Cor. 1:20).

También nuestra esperanza

Observa también que el pacto hecho con Abraham, y confirmado en Cristo por el juramento de Dios, es la base de nuestra esperanza en Cristo. Fue confirmado por el juramento, a fin de que tengamos gran consuelo los que hemos acudido para aferrarnos de la esperanza puesta delante de nosotros.

El resumen del pacto era la justicia por la fe en Jesús crucificado, como muestran las palabras de Pedro: "Vosotros sois los hijos de los profetas y del pacto que Dios hizo con nuestros padres diciendo a Abraham: 'En tu simiente serán benditas todas las familias de la tierra'. A vosotros primeramente, Dios, habiendo levantado a su hijo, lo envió para que os bendijera, a fin de que cada uno se convirtiera de su maldad" (Hech. 3:25 y 26).

La cruz de Cristo y la bendición del perdón de los pecados existía por lo tanto, no sólo en el Sinaí, sino también en los días de Abraham. La salvación no fue más segura el día en que Jesús salió de la tumba, de lo que lo era cuando Isaac cargó con la leña para su propio sacrificio en el monte Moria; la promesa de Dios y su juramento son "dos cosas inmutables". Aún el pacto hecho por un hombre, "una vez ratificado, nadie lo invalida, ni le añade". ¡Cuánto más al tratarse del pacto de Dios, confirmado por un juramento en el que comprometió su propia vida como prenda del cumplimiento! Ese pacto abarcaba la salvación de la raza humana. Por lo tanto, sin decir nada sobre el tiempo pasado, después que Dios hubiera hecho la promesa y el juramento a Abraham, ni una sola novedad podía introducirse en el plan de la salvación. Ni un solo deber de más o de menos se podía prescribir o requerir, ni había posibilidad alguna de variar los términos o condiciones de la salvación.

Por lo tanto, la introducción de la ley en Sinaí no pudo constituir ningún elemento nuevo en el pacto que Dios hizo con Abraham, confirmándolo en Cristo, ni tampoco podía de modo alguno interferir con la promesa. El pacto que fue previamente confirmado por Dios en Cristo, no puede jamás ser anulado, ni quedar sin efecto sus promesas debido a la ley que se promulgó cuatrocientos treinta años más tarde.

Sin embargo, era imprescindible guardar la ley, y el no hacerlo significaba la muerte. Ni una jota ni un tilde pueden perecer de la ley. "Maldito sea el que no permanezca en todas las cosas escritas en el libro de la Ley, para cumplirlas".

Puesto que la proclamación de la ley no añadió nada al pacto hecho con Abraham, pero era necesario guardar perfectamente la ley, la conclusión es que *la ley formaba parte del pacto hecho con Abraham*. La justicia que se confirmaba a Abraham mediante aquel pacto – la justicia que tuvo Abraham por la fe–, fue la justicia de la ley proclamada en el Sinaí. Eso lo confirma el hecho de que Abraham recibió la circuncisión como sello de la justicia que obtuvo por la fe, y la circuncisión significaba obediencia a la ley (Rom. 2:25-29).

El juramento de Dios a Abraham era el compromiso de que se pondría la justicia de Dios, plenamente bosquejada en los diez mandamientos, *en* y *sobre* todo creyente. Siendo que el pacto se confirmó en Cristo, y que la ley estaba incluida en el pacto, la conclusión es que los requerimientos de Dios para el cristiano en nuestro tiempo no son diferentes en lo más mínimo de lo que lo fueron en los días de Abraham. La proclamación de la ley no introdujo ningún nuevo elemento.

"Entonces, ¿para qué sirve la Ley?". Una pregunta muy pertinente, y que tiene cumplida respuesta.

Si la ley no estableció cambio alguno en los términos del pacto hecho con Abraham, ¿con qué objeto fue dada? La respuesta es que "fue añadida⁽*⁾ a causa de las transgresiones" (Gál. 3:19). "Se introdujo para que el pecado abundara" (Rom. 5:20). La ley no contradice de ninguna manera las promesas de Dios (Gál. 3:21), sino que armoniza perfectamente con ellas: las promesas de Dios se refieren todas ellas a la justicia, y la ley es la norma de justicia. Era necesario hacer que la ofensa abundara, "porque así como el pecado reinó para muerte, así también la gracia reinará por la justicia para vida eterna mediante Jesucristo, Señor nuestro" (Rom. 5:21).

La convicción precede necesariamente a la conversión. Sólo mediante la justicia era posible obtener la herencia, aún siendo enteramente por la promesa, dado que la justicia es "el don de la gracia". Pero a fin de que el hombre pudiera apreciar las promesas de Dios, había que lograr que sintiera su necesidad de ellas. La ley, dada de una forma tan sobrecogedora, tenía el propósito de hacerles saber cuán imposible les era lograr la justicia de la ley por sus propias fuerzas, y de esa forma hacerles comprender lo que Dios estaba deseoso de proporcionarles:

Cristo, el Mediador

Así lo enfatiza el hecho de que la ley fue entregada "en manos de un mediador". ¿Quién era ese Mediador? "Y el mediador no lo es de uno solo; pero Dios es uno" (Gál. 3:20). "Hay un solo Dios, y un solo mediador entre Dios y los hombres: Jesucristo hombre" (1ª Tim. 2:5). Por lo tanto, fue Jesucristo quien dio la ley en el Sinaí; y la dio en su función de Mediador entre Dios y los hombres. Así, aunque era imposible que se diera una ley capaz de proporcionar vida, la ley que significaba muerte para los pecadores incrédulos, estaba en la mano del Mediador que da su propia vida, que es la ley en su perfección viviente. En él la muerte es sorbida con victoria, y toma su lugar la vida. Él lleva la maldición de la ley, y viene sobre nosotros la bendición de ella. Esto permite que en el Sinaí descubramos el Calvario, para el estudio de lo cual habremos de esperar hasta un próximo capítulo.

(*) Algunos han tratado de construir una teoría a partir de la palabra "*añadida*" de Gálatas 3:19, suponiendo que es indicativa de la introducción de algo completamente nuevo en relación con las disposiciones que Dios hiciera previamente. Bastará leer Deut. 5:22 para comprender el sentido en el que se utiliza la expresión. Después de haber repetido los diez mandamientos, Moisés dijo: "Estas palabras las pronunció Jehová con potente voz ante toda vuestra congregación, en el monte, de en medio del fuego, la nube y la oscuridad, *y no añadió más*". Es decir: 'dijo todo eso, y no *dijo* más'. Podemos ver lo mismo, quizá aún más claramente, en Heb. 12:18 y 19: "No os habéis acercado al monte que se podía palpar y que ardía en fuego, a la oscuridad, a las tinieblas y a la tempestad, al sonido de la trompeta y a la voz que hablaba, la cual los que la oyeron rogaron que no les siguiera hablando". Compáralo con Éxo. 20:19. La palabra griega que se ha traducido "hablando" en ese versículo, es la misma que se tradujo "añadida" en Gál. 3:19 y en Deut. 5:22. Así, a la pregunta, ¿para qué sirve la ley, puesto que nada cambió en el pacto?, se puede responder: "fue *hablada* a causa de las transgresiones".

Capítulo 30

Sinaí y Calvario

ACORDAOS de la ley de Moisés, mi siervo, al cual encargué, en Horeb, ordenanzas y leyes para todo Israel. Yo os envío al profeta Elías antes que venga el día de Jehová, grande y terrible. Él hará volver el corazón de los padres hacia los hijos, y el corazón de los hijos hacia los padres, no sea que yo venga y castigue la tierra con maldición" (Mal. 4:4-6).

Considera cuán íntimamente relacionada está la ley que fue proclamada desde Horeb, con la tierna y subyugadora obra del Espíritu Santo.

Horeb es Sinaí, como es fácil ver en Deut. 4:10-14, donde leemos las palabras de Moisés, el siervo de Dios:

"El día que estuviste delante de Jehová, tu Dios, en Horeb, cuando Jehová me dijo: 'Reúneme el pueblo, para que yo les haga oír mis palabras, las cuales aprenderán para temerme todos los días que vivan sobre la tierra, y las enseñarán a sus hijos', os acercasteis y os pusisteis al pie del monte, mientras el monte ardía envuelto en un fuego que llegaba hasta el mismo cielo, entre tinieblas, nube y oscuridad. Entonces Jehová habló con vosotros de en medio del fuego; oísteis la voz de sus palabras, pero a excepción de oír la voz, ninguna figura visteis. Y Él os anunció su pacto, el cual os mandó poner por obra, los diez mandamientos; y los escribió en dos tablas de piedra. A mí también me mandó Jehová en aquel tiempo que os enseñara los estatutos y juicios, para que los pusierais por obra en la tierra a la que vais a pasar para tomar posesión de ella" (Deut. 4:10-14).

Cuando el Señor nos dice que recordemos la ley que promulgó en Horeb, o Sinaí, es para que podamos conocer el poder con el que va a volver el corazón de los padres y de los hijos, a fin de que estén preparados para el terrible día de su venida. "La ley de Jehová es perfecta, que vuelve el alma" (Sal. 19:7).

La Roca herida

Cuando Dios proclamó la ley desde el Sinaí, ese manantial de agua viviente que había brotado de la roca herida en Horeb, seguía fluyendo. De haberse secado, los Israelitas se habrían encontrado en una situación tan desesperada como antes, pues carecían de otro suministro de agua; esa era su única esperanza de vida. Fue desde Horeb, lugar en donde manó el agua que les restituyó la vida, que Dios pronunció la ley. La ley vino de la misma roca de la que estaba ya fluyendo agua, y "esa Roca era Cristo" (1ª Cor. 10:4).

A Sinaí se lo considera con razón como un sinónimo de la ley; pero no lo es menos de Cristo, puesto que en él hay vida. Dijo Jesús: "el hacer tu voluntad, Dios mío, me ha agradado, y tu ley está en medio de mi corazón" (Sal. 40:8). Dado que del corazón "mana la vida" (Prov. 4:23), la ley era la vida de Cristo.

"Él fue herido por nuestras rebeliones", y "por sus llagas fuimos nosotros curados". Cuando fue golpeado y herido en el Calvario, fluyó de su corazón la sangre que da vida, y esa corriente sigue hoy manando para nosotros. Pero la ley está en su corazón, de forma que cuando bebemos por la fe de ese manantial que da vida, estamos bebiendo la justicia de la ley de Dios. La ley viene a nosotros como un manantial de gracia, como un río de vida. "La gracia y la verdad vinieron por medio de Jesucristo" (Juan 1:17). Cuando creemos en él, la ley no es para nosotros meramente "letra", sino una fuente de vida.

Todo eso estaba en Sinaí. Cristo, el dador de la ley, era la Roca herida en Horeb, que es Sinaí. Ese manantial significaba la vida para aquellos que bebían de él, y a ninguno de los que lo recibían con profundo agradecimiento se le podía ocultar que provenía directamente de su Señor, del Señor de toda la tierra. Así, debieron haber resultado convencidos del tierno amor del Señor por ellos, y del hecho de que Él era su vida, y por consiguiente, su justicia. Así, aún siendo cierto que no podían acercarse al monte sin morir –una evidencia de que la ley, sin Cristo, significa la muerte para el hombre–, podían no obstante beber del manantial que de él brotaba, y de esa forma, al beber de la vida de Cristo podían beber la justicia de la ley.

Las palabras pronunciadas desde el Sinaí, proviniendo de la misma Roca de la cual manó el agua que fue la vida del pueblo, mostraban la naturaleza de la justicia que Cristo les impartiría. Si bien era una "ley de fuego", era al mismo tiempo un saludable manantial de vida. Debido que el profeta Isaías sabía que Jesús era la roca herida en Sinaí, y que ya entonces era el único Mediador, "Jesucristo hombre, el cual se dio a sí mismo en rescate por todos, de lo cual se dio testimonio a su debido tiempo", pudo afirmar que fue "molido [herido] por nuestros pecados", "y por sus llagas fuimos nosotros curados".

Los israelitas de antaño tenían allí expuesta la lección de que es sólo mediante la cruz de Cristo como la ley es vida para el hombre. Idéntica lección se nos aplica a nosotros, junto a la otra cara del mismo hecho: que la justicia que nos viene mediante la vida derramada en la cruz en nuestro favor, es precisamente la requerida por los diez mandamientos, ni más ni menos.

Leámoslos:

Lo que Dios habló

1. "Yo soy Jehová, tu Dios, que te saqué de la tierra de Egipto, de casa de servidumbre. No tendrá dioses ajenos delante de mí".
2. "No te harás imagen ni ninguna semejanza de lo que esté arriba en el cielo, ni abajo en la tierra, ni en las aguas debajo de la tierra. No te inclinarás a ellas ni las honrarás, porque yo soy tu Dios, fuerte, celoso, que visito la maldad de los padres sobre los hijos hasta la tercera y cuarta generación de los que me aborrecen, y

hago misericordia por millares a los que me aman y guardan mis mandamientos".

3. "No tomarás el nombre de Jehová, tu Dios, en vano, porque no dará por inocente Jehová al que tome su nombre en vano".
4. "Acuérdate del sábado para santificarlo. Seis días trabajarás y harás toda tu obra, pero el séptimo día es de reposo para Jehová, tu Dios; no hagas en él obra alguna, tú, ni tu hijo, ni tu hija, ni tu siervo, ni tu criada, ni tu bestia, ni el extranjero que está dentro de tus puertas, porque en seis días hizo Jehová los cielos y la tierra, el mar, y todas las cosas que en ellos hay, y reposó en el séptimo día; por tanto, Jehová bendijo el sábado y lo santificó".
5. "Honra a tu padre y a tu madre, para que tus días se alarguen en la tierra que Jehová, tu Dios, te da"
6. "No matarás"
7. "No cometerás adulterio"
8. "No hurtarás"
9. "No dirás contra tu prójimo falso testimonio"
10. "No codiciarás la casa de tu prójimo: no codiciarás la mujer de tu prójimo, ni su siervo, ni su criada, ni su buey, ni su asno, ni cosa alguna de tu prójimo"

Esa fue la ley que fue proclamada entre los terrores del Sinaí, por los labios de Aquel de quien provino y proviene la vida en ese manantial que allí estaba brotando: su propia vida dada por el pueblo.

La cruz, con su manantial sanador que trae vida, estaba en el Sinaí, por consiguiente la cruz no puede efectuar cambio alguno en la ley. La vida procedente de Cristo, tanto en el Sinaí como en el Calvario, muestra que la justicia revelada en el evangelio no es otra que la de los diez mandamientos. Ni una jota ni un tilde de ellos puede pasar. Los terrores del Sinaí estuvieron también en el Calvario en la densa oscuridad, en el terremoto y en el clamor del Hijo de Dios. La roca herida y el manantial abierto en el Sinaí representaban al Calvario; el Calvario estuvo allí; es un hecho cierto que desde el Calvario fueron proclamados los diez mandamientos, idénticamente a como sucedió en el Sinaí.

El Calvario, no menos que el Sinaí, revela la terrible e invariable santidad de la ley de Dios, tan terrible y tan invariable que no perdonó siquiera al mismo Hijo de Dios, cuando fue "contado con los pecadores". Pero por grande que pudiera ser el terror inspirado por la ley, la esperanza de la gracia es todavía mayor, ya que "cuando el pecado abundó, sobreabundó la gracia" (Rom. 5:20). Detrás de todo permanece el juramento del pacto de la gracia de Dios, que asegura la perfecta justicia y vida de la ley en Cristo; de forma que, aunque la ley decretaba muerte, estaba en realidad mostrando las grandes cosas que Dios había prometido hacer por aquellos que creen. Nos enseña a no poner nuestra confianza en la carne, sino a adorar a Dios en el Espíritu, y a gozarnos en Jesucristo. Así, Dios estaba probando a su pueblo, a fin de que pudieran saber que "no sólo de pan vivirá el hombre, sino de todo lo que sale de la boca de Jehová vivirá el hombre" (Deut. 8:3).

Por lo tanto, aunque la ley sea incapaz de dar vida, no va contra las promesas de Dios. Al contrario, las confirma con voz atronadora; ya que según el invariable juramento de Dios, el mayor requerimiento de la ley no es para el oído de la fe más que una promesa de su cumplimiento. Y de ese modo, enseñados por el Señor Jesús, podemos saber "que su mandamiento es vida eterna" (Juan 12:50).

Capítulo 31

Sinaí y Sión

GRANDE es Jehová y digno de ser en gran manera alabado en la ciudad de nuestro Dios, en su monte santo. ¡Hermosa provincia, el gozo de toda la tierra es el monte Sión, a los lados del norte! ¡La ciudad del gran Rey!" (Sal. 48:1-3).

Tenemos aquí una entusiasta expresión de alabanza acerca de la morada de Dios en el cielo. Porque "Jehová está en su santo Templo; Jehová tiene en el cielo su trono" (Sal. 11:4). De Cristo, "el cual se sentó a la diestra del trono de la Majestad en los cielos" (Heb. 8:1), dice el Señor: "Yo he puesto mi rey sobre Sión, mi santo monte" (Sal. 2:6).

Jesucristo, el rey ungido en Sión, es también sumo sacerdote "para siempre según el orden de Melquisedec" (Heb. 6:20). El Señor ha dicho del "varón llamado Retoño", que "edificará el templo del Eterno, será revestido de majestad real, y se sentará en su trono a gobernar. Será un sacerdote en su consejo de paz entre los dos" (Zac. 6:12 y 13). Así, al sentarse en el trono de su Padre en el cielo, es "ministro del santuario y de aquel verdadero tabernáculo que levantó el Señor y no el hombre" (Heb. 8:2).

Fue a ese lugar –al monte de Sión, al monte santo del Señor, a su santuario, al sitio de su morada– a donde Dios estaba dirigiendo a su pueblo Israel, cuando lo libró de Egipto. Cuando estuvieron a salvo, tras haber pasado el Mar Rojo, Moisés cantó el inspirado himno: "Tú los introducirás y los plantarás en el monte de tu heredad, en el lugar donde has preparado, oh Jehová, tu morada, en el santuario que tus manos, oh Jehová, han afirmado" (Éxo. 15:17).

Pero no lo alcanzaron, porque no retuvieron "firme hasta el fin la confianza y el gloriarnos en la esperanza" (Heb. 3:6). "Vemos que no pudieron entrar a causa de su incredulidad" (Heb. 3:19). Sin embargo, Dios no los abandonó, puesto que "si somos infieles, El permanece fiel, porque no puede negarse a sí mismo" (2ª Tim. 2:13). Así pues, instruyó a Moisés a que solicitara del pueblo ofrendas ardientes de oro, plata y piedras preciosas, junto a otros materiales, y dijo: "Me harán un Santuario, y habitaré entre ellos. Conforme a todo lo que yo te muestre, el diseño de la Morada y de sus utensilios, así lo haréis" (Éxo. 25:8 y 9).

No se trataba de "aquel verdadero Santuario que el Señor levantó" (Heb. 8:2), sino de un santuario hecho por el hombre. Ese santuario era copia o figura "de las cosas celestiales", no "las cosas celestiales mismas" (Heb. 9:23). No era más que una sombra de la realidad. Más adelante consideraremos el por qué de esa sombra. Los fieles, en aquellos tiempos antiguos, sabían tan bien como Esteban en años posteriores que "el Altísimo no habita en templos hechos de mano, como dice el profeta: 'El cielo es mi trono y la tierra el estrado de mis pies. ¿Qué casa me edificaréis? –dice el Señor–; ¿O cuál es el lugar de mi reposo?'" (Hech. 7:48 y 49). Salomón, en la dedicación de su gran templo, dijo: "¿Es verdad que Dios habitará con el hombre en la tierra? Si los cielos y los cielos de los cielos no te pueden contener, ¿cuánto menos esta Casa que te he edificado?" (2ª Crón. 6:18; N. Del T.: ver también 2ª Crón. 7:14; 30:27, y 1º Rey. 8:27-43).

Todos los fieles hijos de Dios comprendían que el tabernáculo, templo o santuario terrenal no era el auténtico lugar de la morada de Dios, sino sólo una figura o *tipo* del mismo. Lo mismo se puede decir de los utensilios contenidos en el santuario terrenal. De igual forma en que el trono de Dios está en su santo templo, en el cielo, así también en la representación de ese templo, en la tierra, había una representación de su trono. Una débil sombra o aproximación, desde luego, tan alejada de la realidad como lo están las obras del hombre de las de Dios, pero en todo caso, una figura o tipo de ese trono. Estaba en el arca que contenía las tablas de la ley. Unos pocos textos de la Escritura bastarán para mostrarlo.

Éxodo 25:10-22 contiene la descripción completa del arca. Era una estructura cuadrangular de madera, completamente cubierta de oro fino en su interior y en su exterior. El Señor instruyó a Moisés a que pusiera en el arca el Testimonio que le daría. Así lo hizo Moisés, ya que posteriormente, cuando refirió a Israel las circunstancias de la proclamación de la ley y la idolatría del pueblo que ocasionó el quebrantamiento de las primeras tablas, les dijo:

"En aquel tiempo Jehová me dijo: 'Lábrate dos tablas de piedra como las primeras, y sube hasta mí al monte. Hazte también un arca de madera. Yo escribiré en esas tablas las palabras que estaban en las primeras tablas que quebraste, y tú las pondrás en el Arca'. Hice un arca de madera de acacia, labré dos tablas de piedra como las primeras y subí al monte con las dos tablas en mis manos. Él escribió en las tablas lo mismo que había escrito antes: los diez mandamientos que Jehová había proclamado en el monte de en medio del fuego, el día de la asamblea. Y me las entregó Jehová. Entonces me volví, descendí del monte y puse las tablas en el Arca que había hecho. Allí están todavía, como Jehová me lo mandó" (Deut. 10:1-5).

La cubierta del arca se denominaba propiciatorio, que significa sede de la misericordia. Estaba compuesto por una pieza de oro macizo, en cada uno de los extremos de la cual había, formando parte de la misma pieza, la figura de un querubín con las alas extendidas. "Estarán uno frente al otro, con sus rostros mirando hacia el propiciatorio". Tras dar esas indicaciones, el Señor añadió: "Pondrás el propiciatorio encima del Arca, y en el Arca pondrás el Testimonio que yo te daré". Así lo hizo Moisés, tal como hemos leído. "Allí me manifestaré a ti, y hablaré contigo desde encima del propiciatorio, de entre los dos querubines que están sobre el Arca del testimonio, todo lo que yo te mande para los hijos de Israel" (Éxo. 25:17-22).

Dios dijo que iba a hablarle "desde encima del propiciatorio". Así, leemos: "¡El Eterno reina! Tiemblen los pueblos. ¡Está entronizado entre querubines! Estremézcase la tierra. El Señor es grande en Sión. Exaltado sobre todos los pueblos" (Sal. 99:1 y 2). Los querubines estaban sobre el arca, lugar desde el cual Dios hablaría al pueblo.

Propiciación significa gracia, de forma que en el propiciatorio del tabernáculo terrenal encontramos la representación del "trono de la gracia" al que se nos anima a acudir confiadamente, "para alcanzar misericordia y hallar gracia para el oportuno socorro" (Heb. 4:16).

Fundamento del gobierno de Dios

Los diez mandamientos escritos sobre las dos tablas de piedra estaban en el arca, bajo el propiciatorio, mostrando así que la ley de Dios es la base de su trono y gobierno. En armonía con ello, leemos:

"¡Jehová reina! ¡Regocíjese la tierra! ¡Alégrense las muchas costas! Nubes y oscuridad alrededor de Él; justicia y juicio son el cimiento de su trono". "Justicia y derecho son el cimiento de tu trono; misericordia y verdad van delante de tu rostro" (Sal. 97:1 y 2; 89:14).

Puesto que el tabernáculo y todo lo que contenía debían ser hechos exactamente según el patrón mostrado a Moisés, y constituían "la copia de las realidades celestiales" (Heb. 9:23), se deduce necesariamente que los diez mandamientos en tablas de piedra eran una copia exacta de la ley que es fundamento del verdadero trono de Dios en los cielos. Eso nos permite entender más claramente por qué es "más fácil... que pasen el cielo y la tierra, que se frustre una tilde de la Ley" (Luc. 16:17). Por tanto tiempo como perdure el trono de Dios, ha de permanecer invariable la ley de Dios, tal cual se proclamó en Sinaí. "Si son destruidos los fundamentos, ¿qué puede hacer el justo?" (Sal. 11:3). Si los diez mandamientos –las piedras angulares del trono de Dios– fuesen destruidas, caería el propio trono, y perecería la esperanza de los justos. Pero nadie necesita temer una catástrofe tal. "Jehová está en su santo Templo; Jehová tiene en el cielo su trono", porque su palabra está por siempre establecida en el cielo. Esa es en verdad una de las cosas "inconmovibles" (Heb. 12:27).

Podemos ahora ver que el monte Sinaí, que es sinónimo de ley, y que incorporaba todo el terror de ella en el momento en que se dio, es también símbolo del trono de Dios. De hecho, para aquel tiempo era el trono de Dios. Dios estaba allí presente, junto a sus santos ángeles.

Más aún, el espantoso terror del Sinaí no es más que el terror del trono de Dios en los cielos. Juan tuvo una visión del templo de Dios en el cielo y del trono en el que está sentado, y "del trono salían relámpagos, truenos y voces" (Apoc. 4:5). "El templo de Dios fue abierto en el cielo, y el Arca de su pacto se dejó ver en el templo. Hubo relámpagos, voces, truenos, un terremoto y grande granizo" (Apoc. 11:19). "Fuego irá delante de Él" (Sal. 97:3).

El terror del trono de Dios es el mismo que hubo en el Sinaí: el terror de la ley. Sin embargo, ese mismo trono es "el trono de la gracia" al que podemos acudir confiadamente. De hecho, "Moisés se acercó a la oscuridad en la cual estaba Dios" en el Sinaí (Éxo. 20:21). No sólo Moisés, sino también "Aarón, Nadab y Abiú, junto con setenta de los ancianos de Israel" subieron a aquel monte, "y vieron al Dios de Israel. Debajo de sus pies había como un embaldosado de zafiro, semejante al cielo cuando está sereno. Pero no extendió su mano contra los príncipes de los hijos de Israel: ellos vieron a Dios, comieron y bebieron" (Éxo. 24:9-11). De no haber sucedido así, careceríamos de la positiva demostración de que podemos en verdad acudir confiadamente al trono de la gracia –ese trono sobrecogedor de donde procedían los relámpagos, truenos y voces–, y encontrar allí clemencia. La ley hace que el pecado abunde, "pero cuando el pecado abundó, sobreabundó la gracia". La cruz estaba en el Sinaí: estuvo allí el trono de la gracia de Dios.

Observa bien que es sólo "por la sangre de Jesús" por la que "tenemos plena seguridad para entrar en el Santuario" (Heb. 10:19). Esa misma sangre indica que acercarnos al trono de Dios, o tomar su nombre en nuestros labios a la ligera, significaría una muerte tan cierta como la del israelita que se hubiera adentrado irreverentemente en el Sinaí. Pero como hemos visto, Moisés y otros se acercaron a Dios en Sinaí, hasta las densas tinieblas, y no murieron, lo que evidencia que la sangre de Jesús los salvó. La corriente de vida estaba manando de Cristo en el Sinaí, tal como sucede con el "río limpio, de agua de vida, resplandeciente como cristal, que fluía del trono de Dios y del Cordero" (Apoc. 22:1).

Ese río mana del corazón de Cristo, lugar donde está atesorada su ley. Cristo fue el templo de Dios, quien moraba en su corazón. Sabemos que en Sinaí, el manantial –agua de vida para el pueblo– procedía de Cristo, y que la sangre y el agua, que "concuerdan", procedieron de su costado herido en el Calvario –un manantial viviente para la vida del mundo–. Aunque la cruz del Calvario es la manifestación más sublime de la tierna misericordia y el amor de Dios hacia el hombre, no obstante, el terror del Sinaí –los terrores del trono de Dios– estaban también allí. Hubo en el Calvario densa oscuridad y terremoto, y el pueblo se sintió sobrecogido por el pánico, porque Dios manifestó allí las funestas consecuencias de la violación de su ley. La ley, con su terror para los malhechores, estuvo en el Calvario tan ciertamente como en el Sinaí: estuvo en medio del trono de Dios.

Cuando Juan vio el templo y el grandioso trono de Dios en el cielo, contempló "en medio del trono" a "un Cordero como inmolado" (Apoc. 5:6). Por lo tanto, el río de agua de vida de en medio del trono de Dios, procede de Cristo, tal como sucedió en el Sinaí y en el Calvario. El Sinaí, el Calvario y Sión, tres montes sagrados de Dios, vienen a ser coincidentes para aquel que se allega a ellos con fe. En los tres encontramos la suprema ley de Dios, instrumento de vida o de muerte, siéndonos entregada en dulce y refrescante manantial de vida, de forma que podemos cantar confiadamente:

> En presencia estar de Cristo,
> ver su rostro ¿qué será?
> cuando al fin en pleno gozo
> mi alma le contemplará.
> Cara a cara espero verle
> cuando venga en gloria y luz;
> cara a cara allá en el cielo
> he de ver a mi Jesús.

Capítulo 32

Los pactos de la promesa

ACORDAOS de que en otro tiempo vosotros, los gentiles en cuanto a la carne, erais llamados incircuncisión por la llamada circuncisión hecha con mano en la carne. En aquel tiempo estabais sin Cristo, alejados de la ciudadanía de Israel y ajenos a los pactos de la promesa, sin esperanza y sin Dios en el mundo" (Efe. 2:11 y 12).

Una idea muy extendida es la de que Dios tiene un pacto con los judíos y otro con los gentiles; que hubo un tiempo cuando el pacto con los judíos excluía totalmente a los gentiles, pero que ahora se ha hecho otro pacto que concierne principalmente, si no de forma exclusiva, a los gentiles; en definitiva, que los judíos están, o estaban bajo el viejo pacto, mientras que los gentiles lo están bajo el nuevo. Los versículos precedentes demuestran que esa idea es un gran error de principio a final.

De hecho, los gentiles como tales, no tienen parte alguna en los pactos de la promesa de Dios. El 'sí' está en Cristo. "Porque todas las promesas de Dios son en Él 'sí', y en Él 'Amén', por medio de nosotros, para la gloria de Dios" (2ª Cor. 1:20).

Los gentiles son los que están sin Cristo, por lo tanto son "ajenos a los pactos de la promesa". Ningún gentil tiene parte alguna en ningún pacto de la promesa. Pero todo el que quiera puede acudir a Cristo, y ser participante de las promesas, ya que Cristo dice: "al que a mí viene, no lo echo fuera" (Juan 6:37). Ahora bien, cuando el gentil hace así, sea cual sea su nacionalidad, *deja de ser un gentil* y viene a ser un miembro "de la ciudadanía de Israel".

Es preciso observar que el judío según la acepción común del término, es decir, el miembro de la nación judía como tal –nación que rechazó a Cristo–, no tiene más parte en las promesas de Dios, o en los pactos de la promesa, que si fuera gentil. Eso es lo mismo que decir que nadie tiene parte en las promesas, excepto quien las acepta. Cualquiera que esté "sin Cristo", llámese judío o gentil, está también "sin esperanza y sin Dios en el mundo", y es ajeno a los pactos de la promesa, y a la ciudadanía de Israel. Así lo afirma el texto introductorio. Uno debe estar *en Cristo* a fin de participar en los beneficios de "los pactos de la promesa", y de "la ciudadanía de Israel". Ser "un verdadero israelita" (Juan 1:47), por lo tanto, es sencillamente ser un cristiano. Eso es tan cierto de quienes vivían en tiempos de Moisés o en los de Pablo, como en los que viven hoy.

Alguien se preguntará posiblemente:

'Y ¿qué hay del pacto hecho en el Sinaí? ¿Está sugiriendo que fue el mismo pacto bajo el que viven los cristianos?, ¿que era tan bueno como el segundo?, ¿no leemos acaso que tenía "defecto"? Si era defectuoso, ¿cómo podrían venir por su medio la vida y la salvación?'

Son muy buenas preguntas, y tienen todas ellas fácil respuesta. Es un hecho innegable que en el Sinaí abundó la gracia –"la gracia de Dios que trae salvación (Tito 2:11)"–, dado que Cristo estuvo allí en toda su plenitud de gracia y verdad. La gracia y la verdad se besaron allí, y la justicia y la paz fluyeron como un río. Pero no fue en virtud del pacto hecho en Sinaí, como estuvieron allí la gracia y la paz. Ese pacto no trajo nada al pueblo, si bien estaba todo allí para que pudieran disfrutarlo.

El valor comparativo de los dos pactos que guardan la relación mutua de "primero" y "segundo", "viejo" y "nuevo" se presenta en esos términos en el libro de Hebreos, que describe a Cristo como al Sumo Sacerdote, y contrasta su sacerdocio con el de los hombres. Aquí se enumeran algunos de los puntos de superioridad de nuestro gran Sumo Sacerdote, por comparación con los sacerdotes terrenales:

1. "Los otros ciertamente sin juramento fueron hechos sacerdotes; pero este, con el juramento del que le dijo: 'Juró el Señor y no se arrepentirá: tú eres sacerdote para siempre, según el orden de Melquisedec'" (Heb. 7:21).
2. Eran sacerdotes durante un período breve, "debido a que por la muerte no podían continuar" (Heb. 7:23), haciendo necesaria su continua sucesión. Pero Cristo, "por cuanto permanece para siempre, tiene un sacerdocio inmutable". Los sacerdotes terrenales ejercían su sacerdocio por tanto tiempo como vivían, pero su vida era breve. También Cristo continúa su sacerdocio mientras viva, pero él "permanece para siempre".
3. Los sacerdotes levíticos eran constituidos "conforme a la ley meramente humana" (Heb. 7:16). Su sacerdocio era sólo externo, en la carne. Podían tratar con el pecado solamente en su manifestación exterior, lo que es menos que nada. Pero Cristo es Sumo Sacerdote "según el poder de una vida indestructible" (Heb. 7:16), una vida capaz de salvar eternamente. Cristo ministra la ley en el Espíritu.
4. Eran ministros de un santuario meramente terrenal, construido por el hombre. Cristo "se sentó a la diestra del trono de la Majestad en los cielos. Él es ministro del santuario y de aquel verdadero tabernáculo que levantó el Señor y no el hombre".
5. Se trataba de hombres pecadores, como demostraba su mortalidad. Por contraste, Cristo "fue declarado Hijo de Dios con poder, según el Espíritu de santidad, por su resurrección de entre los muertos" (Rom. 1:4), de forma que es "santo, inocente, sin mancha, apartado de los pecadores y hecho más sublime que los cielos" (Heb. 7:26).

"Por tanto, Jesús es hecho fiador de un mejor pacto"[*] (Heb. 7:22). El pacto del que Cristo es ministro es tanto mejor que aquel del que los sacerdotes levíticos eran ministros, siendo que el ministerio de estos surgió solamente tras el pacto hecho en Sinaí. Eso equivale a decir que el pacto en el que Cristo ministra como Sumo Sacerdote es mucho mejor que el pacto que vine desde el Sinaí, en la medida en que Cristo es superior al hombre, el cielo superior a la tierra, y el santuario celestial superior al terrenal. En la medida en que las obras de Dios son mejores que las obras de la carne, "la ley del Espíritu de vida en Cristo Jesús" (Rom. 8:2) es mejor que "la ley meramente humana" (Heb. 7:16), la vida eterna es mejor que esta otra descrita como "neblina que se aparece por un poco de tiempo y luego se desvanece" (Sant. 4:14), y el juramento divino es mejor que la palabra del hombre.

La diferencia

Y ahora podemos leer en qué consiste esa gran diferencia:

"Pero ahora tanto mejor ministerio es el suyo, cuanto es mediador de un mejor pacto, establecido sobre mejores promesas. Si aquel primer pacto hubiera sido sin defecto, ciertamente no se habría procurado lugar para el segundo, pues reprendiéndolos dice: 'Vienen días –dice el Señor– en que estableceré con la casa de Israel y la casa de Judá un nuevo pacto. No como el pacto que hice con sus padres el día que los tomé de la mano para sacarlos de la tierra de Egipto. Como ellos no permanecieron en mi pacto, yo me desentendí de ellos –dice el Señor–. Por lo cual, este es el pacto que haré con la casa de Israel después de aquellos días –dice el Señor–: Pondré mis leyes en la mente de ellos, y sobre su corazón las escribiré; y seré a ellos por Dios y ellos me serán a mí por pueblo. Ninguno enseñará a su prójimo, ni ninguno a su hermano, diciendo: 'Conoce al Señor', porque todos me conocerán, desde el menor hasta el mayor de ellos, porque seré propicio a sus injusticias, y nunca más me acordaré de sus pecados ni de sus maldades'" (Heb. 8:6-12).

Ninguno de estos hechos prominentes escapará a la atención del lector aplicado:

1. Ambos pactos se hacen exclusivamente con Israel. Los gentiles, como hemos visto ya, son "ajenos a los pactos de la promesa". Se suele admitir, e incluso se insiste en que los gentiles no tienen nada que ver con el viejo pacto; pero en realidad tienen aún menos que ver con el nuevo.

2. Ambos pactos se hacen "con la *casa* de Israel"; no con unos pocos individuos, no con una nación dividida, sino "con la casa de Israel y la casa de Judá", es decir, con todo el pueblo de Israel. El primer pacto se hizo con toda la casa de Israel antes de que se dividiera; el segundo se hará cuando Dios haya congregado a los hijos de Israel de entre los paganos, y haya hecho de ellos una nación: "Haré de ellos una sola nación en la tierra... Nunca más estarán divididos en dos reinos" (Eze. 37:22, 26). Diremos más al respecto según avancemos en el estudio.

3. Ambos pactos contienen promesas, y están fundados en ellas.

4. El "nuevo pacto" es mejor que el que se hizo en Sinaí.

5. Es mejor, debido a que son mejores las promesas en las que se basa.

6. Al comparar los términos del nuevo pacto con los del viejo se hace evidente que la finalidad deseada es la misma. El viejo decía: "Si dais oído a mi voz"; el nuevo dice: "Pondré mis leyes en la mente de ellos, y sobre su corazón las escribiré". Ambos se refieren a la ley de Dios. Los dos incluyen la santidad como objetivo, con las recompensas que conlleva. En el pacto del Sinaí se dijo a Israel: "me seréis un reino de sacerdotes y gente santa" (Éxo. 19:6). Eso es precisamente el pueblo de Dios: "linaje escogido, real sacerdocio, nación santa, pueblo adquirido" (1ª Ped. 2:5, 9).

Pero las promesas del pacto de Sinaí nunca se cumplieron, precisamente por la razón de que tenían "defecto".

Las promesas de aquel pacto dependían del pueblo. Los hijos de Israel dijeron: "Haremos todo lo que Jehová ha dicho" (Éxo. 19:8; 24:7).

Prometieron guardar sus mandamientos, a pesar de haber demostrado ya su incapacidad para hacer nada por ellos mismos. Con las promesas que hicieron de guardar la ley, sucede como con la ley misma: "era débil por la carne" (Rom. 8:3). La fuerza de ese pacto, por lo tanto, era sólo la fuerza de la ley, y eso significa la muerte.

¿Por qué el pacto en Sinaí?

¿Por qué, entonces, se hizo aquel pacto? –Por la misma razón por la que se promulgó la ley en Sinaí: "a causa de las transgresiones" (Gál. 3:19).

El Señor declara: "no permanecieron en mi pacto". Habían tomado a la ligera el "pacto eterno" que Dios hizo con Abraham, por lo tanto, Dios hizo este otro con ellos, como testimonio en su contra.

Ese "pacto eterno" que hiciera con Abraham era un pacto de fe. Era eterno, por lo tanto, la proclamación de la ley no podía abrogarlo. Fue confirmado mediante el juramento divino, por lo tanto, la ley nada podía añadirle. Debido a que la ley no añadía nada a aquel pacto, y no obstante no iba contra las promesas, concluimos que la ley estaba ya contenida en las promesas. El pacto de Dios con Abraham le aseguraba a él y a su simiente la justicia de la ley por la fe. No por obras, sino por la fe. El pacto con Abraham era tan amplio en su alcance que abarcaba a todas las naciones, a "todas las familias de la tierra" (Gén. 12:3). Es mediante ese pacto, respaldado por el juramento de Dios, por el que tenemos ahora confianza y esperanza al acudir a Jesús, en quien fue confirmado. Es únicamente en virtud de ese pacto por el que todo hombre recibe la bendición de Dios, puesto que lo que hace la cruz de Cristo es traernos las bendiciones de Abraham.

Se trataba de un pacto íntegramente de fe, y es por ello que nos asegura la salvación, "porque por gracia sois salvos por medio de la fe; y esto no de vosotros, pues es don de Dios. No por obras, para que nadie se gloríe" (Efe. 2:8 y 9). La historia de Abraham enfatiza el hecho de que la salvación viene enteramente de Dios, y no del poder del hombre. "De Dios es el poder" (Sal. 62:11); y el evangelio "es poder de Dios para salvación de todo aquel que cree" (Rom. 1:16). Mediante la experiencia de Abraham, de Isaac y de Jacob, se nos hace saber que *sólo el propio Dios puede cumplir las promesas de Dios*. Nada podían obtener los hijos de Israel mediante su propia sabiduría, destreza o poder; todo era un don de Dios. Él era quien los dirigía y protegía.

Esa era la verdad que se había hecho más prominente en la liberación de los hijos de Israel de Egipto. Dios se presentó a ellos como "Jehová, el Dios de vuestros padres, el Dios de Abraham, el Dios de Isaac y el Dios de Jacob" (Éxo. 3:15); y encargó a Moisés que les hiciera saber que iba a librarlos en cumplimiento de su pacto con Abraham. Dios habló a Moisés y le dijo:

"Yo soy Jehová. Yo me aparecí a Abraham, a Isaac y a Jacob como Dios Omnipotente, pero con mi nombre Jehová no me di a conocer a ellos. También establecí mi pacto con ellos, para darles la tierra de Canaán, la tierra en que fueron forasteros y en la cual habitaron. Asimismo yo he oído el gemido de los hijos de Israel, a quienes hacen servir los egipcios, y me he acordado de mi pacto. Por tanto, dirás a los hijos de Israel: 'Yo soy Jehová. Yo os sacaré de debajo de las pesadas tareas de Egipto, os libraré de su servidumbre y os redimiré con brazo extendido y con gran justicia. Os tomaré como mi pueblo y seré vuestro Dios. Así sabréis que yo soy Jehová, vuestro Dios, que os sacó de debajo de las pesadas tareas de Egipto. Os meteré en la tierra por la cual alcé mi mano jurando que la daría a Abraham, a Isaac y a Jacob. Yo os la daré por heredad. Yo soy Jehová'" (Éxo. 6:2-8).

Lee de nuevo las palabras de Dios, justo antes de hacer el pacto en Sinaí: "Así dirás a la casa de Jacob, y anunciarás a los hijos de Israel: 'Vosotros visteis lo que hice con los egipcios, y cómo os tomé sobre alas de águila y os he traído a mí. Ahora, pues, si dais oído a mi voz y guardáis mi pacto, vosotros seréis mi especial tesoro sobre todos los pueblos, porque mía es toda la tierra. Vosotros me seréis un reino de sacerdotes y gente santa'" (Éxo. 19:4-6).

Observa la insistencia de Dios en el hecho de que era Él mismo quien había obrado todo lo realizado en favor de ellos. Los habría librado de los egipcios, y los había traído hacia sí. Eso es lo que olvidaban continuamente, como indica su murmuración. Habían llegado a cuestionar si el Señor estaba entre ellos o no; y su murmuración era siempre indicativa de su inclinación a pensar que podían manejarse mejor de lo que Dios podía hacerlo. Dios los había conducido hacia el Mar Rojo por el desfiladero montañoso, y también al desierto en donde faltaba el agua y la comida, y les había suplido sus necesidades en todo momento a fin de llevarlos a que comprendieran que sólo podían vivir por la palabra de El (Det. 8:3).

El pacto que Dios hizo con Abraham se basaba en la fe y la confianza. "Abraham creyó a Dios, y le fue contado por justicia". Así, cuando Dios, en cumplimiento de ese pacto, liberaba a Israel de la esclavitud, en todo su trato con ellos tenía el objetivo de enseñarles a confiar en Él de forma que pudieran ser verdaderamente hijos del pacto.

Una lección de confianza

La respuesta consistió en la confianza propia. Lee el registro de su desconfianza en Dios en el Salmo 106. Él los había probado en el Mar Rojo, en el don del maná y en las aguas de Meriba. En cada caso habían fallado en confiar plenamente en él. Ahora los iba a probar una vez más, en la dádiva de la ley. Como hemos visto ya, Dios nunca pretendió que el hombre procurara la justicia a partir de la ley, ni que creyera eso posible. En la entrega de la ley, tal como indican todas las circunstancias que la acompañaron, tenía el propósito de que los hijos de Israel, y también nosotros, comprendiéramos que la ley está infinitamente más allá del alcance del esfuerzo humano, y dejar claro que, puesto que para la salvación que el Señor prometió es esencial que guardemos sus mandamientos, él mismo cumplirá la ley en nosotros. Estas son las palabras de Dios: "Oye, pueblo mío, y te amonestaré. ¡Si me oyeras, Israel! No habrá en ti dios ajeno ni te inclinarás a dios extraño" (Sal. 81:8 y 9). "Inclinad vuestro oído y venid a mí; escuchad y vivirá vuestra alma" (Isa. 55:3). Su palabra transforma el alma, de la muerte al pecado a la vida de justicia, de igual forma en que hizo salir a Lázaro de su tumba.

Una lectura atenta de Éxo. 19:1-6 muestra que no hay indicación alguna de que fuese a establecerse otro pacto distinto. Al contrario. El Señor hizo referencia a su pacto –el pacto que había hecho con Abraham mucho tiempo antes–, y los exhortó a que lo guardaran, explicitando cuál sería el resultado de hacerlo así. El pacto con

Abraham era, tal como ya hemos visto, un pacto de fe, y podían guardarlo únicamente guardando la fe. Dios no les pidió que entraran en otro pacto con él, sino que aceptaran su pacto de paz, pacto que había dado a los padres desde antiguo.

Por consiguiente, la respuesta apropiada del pueblo debiera haber sido: "Amén, Señor; sea hecho con nosotros según tu voluntad". Pero en lugar de ello, dijeron: "*Haremos* todo lo que Jehová ha dicho", y repitieron la promesa que habían hecho con énfasis renovado, incluso después de haber escuchado la proclamación de la ley. Se trataba de la misma confianza propia que hizo que sus descendientes dijeran a Cristo: "¿Qué debemos hacer para poner en práctica las obras de Dios?" (Juan 6:28). ¡Daban por sentado que el hombre mortal es capaz de hacer las obras de Dios! Cristo les respondió: "Esta es la obra de Dios, que creáis en aquel que él ha enviado". Lo mismo sucedía en el desierto de Sinaí, cuando se dio la ley y se hizo el pacto.

El que se atribuyeran la responsabilidad de obrar las obras de Dios denotaba la falta de aprecio hacia su grandeza y santidad. Es sólo cuando el hombre es ignorante de la justicia de Dios, cuando está pronto a establecer la suya propia, y rehúsa someterse a la de Dios (Rom. 10:3). Las promesas de ellos eran peor que inútiles, ya que carecían del poder para cumplirlas. Por lo tanto, el pacto que estaba basado en esas promesas era rematadamente inútil, en lo concerniente a darles vida. Todo cuanto podían obtener de ese pacto era exactamente lo que podían obtener de ellos mismos, que no es otra cosa que la muerte. Confiar en eso equivalía a hacer un pacto con la muerte, a hacer un convenio con la tumba. Su compromiso con ese pacto fue una virtual notificación al Señor de que se las podían arreglar muy bien sin él; que eran capaces de cumplir toda promesa que hicieran.

Pero Dios no los abandonó, "Porque Él me dijo: 'Ciertamente mi pueblo son, hijos que no mienten'. Y fue su salvador" (Isa. 63:8).

El Señor sabía que los movían buenas intenciones al hacer aquella promesa, y que no se daban cuenta de su significado. Tenían celo por Dios, pero no conforme a ciencia (Rom. 10:2). Él los había sacado de la tierra de Egipto a fin de enseñarles a conocerle, y no se indignó con ellos debido a su lentitud en aprender la lección. Había sido paciente con Abraham, cuando este pensaba que podía cumplir por él mismo los planes de Dios, y lo había sido también con Jacob en su ignorancia al pensar que la heredad de Dios se podía obtener mediante maniobras astutas y fraude. Y ahora fue paciente con la ignorancia y la falta de fe de los hijos de Abraham y de Jacob, a fin de poderlos hacer venir a la fe.

La compasión divina

Dios va al encuentro de los seres humanos en el punto en donde están. Es "paciente con los ignorantes y extraviados" (Heb. 5:2). En todo tiempo y lugar intenta atraer a todos hacia sí, no importa lo depravados que puedan ser; por lo tanto, cuando aprecia aunque sea el más débil indicio de disposición o deseo de servirle, lo alimenta inmediatamente, haciendo lo mejor por llevar al alma a un amor superior y a un conocimiento más perfecto. Así, aunque los hijos de Israel fracasaron en la prueba decisiva de su confianza en Dios, el Señor hizo lo mejor posible de su deseo expreso de servirle, aunque fuera en la forma imperfecta y débil que ellos escogieron. Debido a su incredulidad no pudieron disfrutar de todo lo que Dios había dispuesto que tuvieran; pero lo que obtuvieron a pesar de su falta de fe, quedó como perenne recordatorio de lo que habrían podido obtener de haber creído plenamente. Debido a su ignorancia de la grandeza de la santidad del Señor, expresada en su promesa de cumplir la ley, Dios procedió, mediante la proclamación de la ley, a hacerles ver la grandeza de su justicia, y la absoluta imposibilidad de que ellos mismos obraran esa justicia.

(*)Algunas versiones antiguas de la Biblia traducen "testamento" en lugar de "pacto". Ambas palabras proceden de una misma voz griega. En algunos sitios se ha traducido como "pacto", y en otros como "testamento". Dado que la traducción se ha hecho a partir de lo que en hebreo se llama siempre "pacto", esa es la palabra que debiera preferirse a fin de evitar confusiones.

Capítulo 33

El velo y la sombra

SI TODAVÍA nuestro evangelio está velado, entre los que se pierden está velado. El dios de este siglo cegó el entendimiento de los incrédulos, para que no vean la luz del evangelio de la gloria de Cristo, que es la imagen de Dios" (2ª Cor. 4:3 y 4).

"Descendió Moisés del monte Sinaí con las dos tablas del Testimonio en sus manos. Al descender del monte, la piel de su rostro resplandecía por haber estado hablando con Dios, pero Moisés no lo sabía" (Éxo. 34:29).

Tras haber estado hablando con Dios, el rostro de Moisés resplandecía incluso después de abandonar la presencia inmediata de Dios. "Aarón y todos los hijos de Israel miraron a Moisés, y al ver que la piel de su rostro resplandecía, tuvieron miedo de acercarse a él. Entonces Moisés los llamó; Aarón y todos los príncipes de la congregación se acercaron a él, y Moisés les habló. Luego se acercaron todos los hijos de Israel, a los cuales mandó todo lo que Jehová le había dicho en el monte Sinaí. Cuando acabó Moisés de hablar con ellos, puso un velo sobre su rostro. Cuando Moisés iba ante Jehová para hablar con Él, se quitaba el velo hasta que salía. Al salir, comunicaba a los hijos de Israel lo que le era mandado. Al mirar los hijos de Israel el rostro de Moisés, veían que la piel de su rostro resplandecía, y entonces Moisés volvía a ponerse el velo sobre el rostro, hasta que entraba a hablar con Dios" (vers. 30-35).

La incredulidad ciega la mente. Actúa como un velo que atenúa la luz. Es sólo por la fe como comprendemos. Moisés tenía una fe profunda y consistente; por lo tanto, "se sostuvo como viendo al invisible" (Heb. 11:27). No tenía necesidad alguna de velar su rostro, aún en la presencia inmediata de la gloria de Dios. El velo con el que cubría su rostro cuando hablaba con los hijos de Israel lo llevaba solamente por causa de ellos, debido a que su rostro brillaba de forma que no podían mirarlo. Pero se retiraba el velo cuando regresaba para hablar con el Señor.

El velo en el rostro de Moisés era una concesión a la debilidad del pueblo. De no haberlo llevado, cada uno de ellos se habría visto obligado a poner un velo sobre su propio rostro a fin de poder acercarse a escuchar a Moisés. No eran capaces, como lo fue Moisés, de contemplar la gloria del Señor a cara descubierta. Por lo tanto, para fines prácticos, cada uno de ellos llevaba un velo en su propio rostro. Moisés, por contraste, no lo llevaba.

Ese velo en los rostros de los hijos de Israel representaba la incredulidad que albergaban sus corazones. Se puede decir, por lo tanto, que el velo estaba en sus corazones. "El entendimiento de ellos se embotó", "y aun hasta el día de hoy, cuando se lee a Moisés, el velo está puesto sobre el corazón de ellos" (2ª Cor. 3:14 y 15). Eso es cierto, no sólo del pueblo judío, sino de todos cuantos son incapaces de ver a Cristo en todos los escritos de Moisés.

Un velo interpuesto entre la luz y el pueblo, deja a éste en la sombra. Así, cuando los hijos de Israel interpusieron el velo de incredulidad entre ellos y "la luz del evangelio de la gloria de Cristo" (2ª Cor. 4:4), sólo pudieron obtener la sombra de esa luz. Recibieron solamente la sombra de los bienes que les habían sido prometidos, en lugar de la sustancia misma de ellos. Analicemos cuáles fueron algunas de las sombras, por contraste con las realidades.

Sombra y realidad

1. Dios les había dicho: "Si dais oído a mi voz y guardáis mi pacto... vosotros me seréis un reino de sacerdotes" (Éxo. 19:5 y 6). Pero nunca fueron un reino de sacerdotes. Sólo una tribu, la de Leví, podía tener algo que ver con el santuario, y de esa tribu solamente una familia, la de Aarón, podía tener sacerdotes. Cualquiera que

pretendiera servir como sacerdote en la forma que fuera, sin pertenecer a la familia de Aarón, se enfrentaba a una muerte segura. No obstante, todos los que son realmente hijos de Dios mediante la fe en Jesucristo son "sacerdocio santo, para ofrecer sacrificios espirituales aceptables a Dios por medio de Jesucristo" (1ª Ped. 2:5). Eso es lo que Dios prometió en el Sinaí a la nación judía; pero nunca lo alcanzaron, pues no guardaron el pacto divino de la fe sino que confiaron en sus propias fuerzas.

2. En lugar de ser llevados al santuario celestial que estableció la mano de Dios, para ser plantados allí, tuvieron un santuario terrenal hecho por el hombre, y ni siquiera en éste se les permitía entrar.

3. El trono de Dios, en el santuario de arriba, es un trono viviente, con movimiento propio, que va y viene como el relámpago, en respuesta inmediata a los designios del Espíritu (Ezequiel 1). Por el contrario, lo que tenían en el santuario terrenal no era sino la débil representación de ese trono en la forma de un arca de madera y oro que necesitaba ser transportada sobre los hombros del humano.

4. La promesa, en el pacto con Abraham que el pueblo de Dios había de guardar, consistía en que la ley sería puesta en sus corazones. Los hijos de Israel obtuvieron la ley en tablas de piedra. En lugar de recibir por la fe "la ley del Espíritu de vida en Cristo Jesús" (Rom. 8:2), es decir, la "piedra viva" en medio del trono de Dios (1ª Ped. 2:3 y 4; Apoc. 5:6), que les habría impartido vida y habría hecho de ellos piedras vivientes, recibieron la ley solamente en tablas de fría piedra, desprovista de vida, que no podía traerles otra cosa que la muerte.

5. Resumiendo, en lugar del ministerio de la justicia de Dios en Cristo, recibieron sólo el ministerio de muerte (2ª Cor. 3:7-18), porque lo mismo que es sabor de vida para el que cree, es sabor de muerte para quien no lo hace.

Pero observa la bondad y misericordia de Dios incluso en eso: les estaba ofreciendo los brillantes rayos de su glorioso evangelio y respondieron interponiendo un velo de incredulidad, de forma que sólo pudieron recibir la sombra. Sin embargo, esa misma sombra era un continuo recordatorio de la realidad. Cuando una densa nube arroja su sombra sobre la tierra, sabemos, si es que reflexionamos, que sería imposible que diese una sombra de no ser por la presencia del sol, de forma que aun la propia nube proclama la existencia del sol. Por lo tanto, si la gente en nuestros días no fuese tan ciega como lo fueron casi siempre los hijos de Israel, estaría continuamente gozándose en la luz del rostro de Dios, puesto que hasta incluso la más negra nube es prueba de la presencia de la luz, y la fe siempre tiene por efecto que la nube se disipe, o bien que se vea en ella el arco de la promesa.

El testimonio de Dios en la incredulidad

Era preferible que los judíos tuvieran la ley, aunque fuera como un testimonio en su contra, a que no la tuvieran en absoluto. Significaba para ellos una gran ventaja en todo respecto, el que se les hubieran confiado los oráculos de Dios (Rom. 3:2). Es preferible que esté presente la ley y reprenda nuestros pecados, señalando el camino de justicia, que estar enteramente sin ella. Así los judíos, en su incredulidad, estaban en ventaja con respecto a los paganos: Tenían "en la Ley la forma del conocimiento y de la verdad" (Rom. 2:20). Si bien es cierto que esa forma no podía salvarlos, y no hacía sino agravar su condenación si rechazaban la instrucción para cuyo fin estaba designada, era no obstante una ventaja en el sentido de que era para ellos un continuo testimonio de Dios. Dios no dejó a los paganos sin testimonio, por cuanto les habló también a ellos mediante las cosas que había creado, predicándoles el evangelio en la creación; pero el testimonio que dio a los judíos, además del precedente, era la imagen misma de las realidades eternas del propio Dios.

Y las realidades mismas eran para su pueblo. Únicamente el velo de incredulidad en sus corazones evitó que recibieran la sustancia, en lugar de meramente la sombra; pero Cristo quita ese velo (2ª Cor. 3:15), y él estuvo allí presente con ellos. Allí donde el corazón se vuelva hacia el Señor, será quitado el velo. Hasta el más ciego puede ver que el santuario del viejo pacto y las ordenanzas del servicio divino con él relacionadas, no eran las realidades que Dios prometió dar a Abraham y a su simiente. Por lo tanto, podían haberse vuelto cabalmente al Señor, tal como hicieron algunos individuos en la historia de Israel.

Moisés habló con Dios con el rostro descubierto. Mientras que los demás se mantenían a distancia, Moisés se acercaba. Es sólo mediante la sangre de Cristo como puede uno acercarse. Por su sangre tenemos valor para entrar en el santísimo, la morada secreta de Dios. El hecho de que Moisés procedió como lo hizo, demuestra el conocimiento y confianza que tenía en el poder de esa preciosa sangre. Pero la sangre que otorgaba valentía y acceso a Moisés, podía haber hecho lo mismo en favor de todos los demás, si hubieran creído como hizo él.

No olvides que una sombra es indicativa de la presencia del brillante sol. Si la gloria de la justicia de Dios no hubiera estado presente en su plenitud, ni siquiera la sombra habría podido estar al alcance del pueblo de Israel. Y dado que fue la incredulidad lo que ocasionó la sombra, la fe los habría llevado directamente a la plenitud del sol, y habrían podido ser "para alabanza de la gloria de su gracia" (Efe. 1:6).

Moisés contempló la gloria a rostro descubierto, y fue transformado por él. Así, si creemos, "nosotros todos, mirando con el rostro descubierto y reflejando como en un espejo la gloria del Señor, somos transformados de gloria en gloria en su misma imagen, por la acción del Espíritu del Señor" (2ª Cor. 3:18). Tal habría podido suceder con los hijos de Israel, si hubieran creído, puesto que Dios no hace acepción de personas. Lo que Moisés tuvo, lo habrían podido tener todos.

Lo que fue abolido

"El fin de la Ley es Cristo, para justicia a todo aquel que cree" (Rom. 10:4). Cristo "quitó la muerte y sacó a la luz la vida y la inmortalidad por el evangelio" (2ª Tim. 1:10), y ese evangelio le fue predicado a Abraham y a Israel en Egipto, y en el desierto. Pero debido a la incredulidad del pueblo, no podían fijar "la vista en el fin de aquello que había de desaparecer" (2ª Cor. 3:13). Debido a no aferrarse de Cristo por la fe, obtuvieron la ley solamente como el "ministerio de muerte" (vers. 7), en lugar de "la ley del Espíritu de vida en Cristo Jesús" (Rom. 8:2).

La gente habla de "la era del evangelio" y de la "dispensación del evangelio" como si el evangelio fuera una idea sobrevenida *a posteriori* por parte de Dios, o en el mejor caso como algo que Dios mantuvo por mucho tiempo fuera del alcance de la humanidad. Pero las Escrituras nos enseñan que la "dispensación evangélica" abarca desde el Edén perdido hasta el Edén restaurado. Sabemos que "será predicado este evangelio del Reino en todo el mundo, para testimonio a todas las naciones, y entonces vendrá el fin" (Mat. 24:14). Ahí tenemos el final, pero el principio tuvo lugar cuando el hombre cayó. El apóstol Pablo dirige nuestra atención al hombre en su estado primitivo, coronado de gloria y honor, y puesto sobre las obras de las manos de Dios. Dirigiendo nuestra atención al hombre en el Edén, en su señorío sobre todo aquello que podía ver, el apóstol continúa así: "aunque todavía no vemos que todas las cosas le sean sujetas" (Heb. 2:8). ¿Por qué no? Porque cayó, perdiendo el reino y la gloria. Pero miramos aún a donde vimos primeramente al hombre en la gloria y el poder de la inocencia, y en donde lo vimos pecar y quedar destituido de la gloria de Dios, y "vemos... a Jesús". Cristo vino a buscar y a salvar lo que se perdió; y ¿dónde había de buscarlo, si no es donde se perdió? Él vino a salvar al hombre de la caída, por lo tanto vino necesariamente allí donde el hombre cayó. Allí donde abundó el pecado, sobreabundó la gracia. Así, la "dispensación evangélica", con la cruz de Cristo derramando la luz de la gloria de Dios en las tinieblas del pecado, viene desde la caída de Adán. Allá donde cayó el primer Adán, se levanta el segundo Adán, ya que allí está erigida la cruz.

"Pues por cuanto la muerte entró por un hombre, también por un hombre la resurrección de los muertos", ya que el segundo hombre Adán, es espíritu que da vida (1ª Cor. 15:21, 45), es "la resurrección y la vida" (Juan 11:25). Por lo tanto, en Cristo fue abolida la muerte, y salió a la luz la vida y la inmortalidad por el evangelio, el día mismo en que Adán pecó. De no haber sucedido así, Adán hubiera perecido ese mismo día. Abraham y Sara demostraron en sus propios cuerpos que Dios había abolido la muerte, pues ambos experimentaron el poder de la resurrección, gozándose por ver el día de Cristo. Por lo tanto, la "dispensación evangélica" estaba aún mucho más en su plena gloria en un tiempo de la historia del mundo como el del Sinaí. Cualquier otra dispensación en la que la gente pueda haber militado, que no sea la evangélica, lo ha sido únicamente por la dureza e impenitencia de su corazón, que desprecia las riquezas de la bondad y paciencia de Dios, y atesora para sí ira, para el día de la ira.

Así, en el Sinaí, en Cristo fue quitado el ministerio de muerte. La ley fue dada "en manos de un Mediador" (Gál. 3:19), de forma que significaba vida para todos los que la recibieran en Cristo. Fue abolida la muerte, que viene por el pecado, y la potencia de la cual está en la ley (1ª Cor. 15:56), y en su lugar se estableció la vida para todo aquel que creyera, fueran pocos o muchos en número.

Pero no hay que olvidar que, si bien el evangelio brilló en su plena gloria en el Sinaí, también la ley, tal como fue dada en el Sinaí, está siempre presente en el evangelio. La ley escrita en tablas de piedra no era más que una sombra; no obstante era una sombra exacta de la ley viviente en la Piedra viva, Jesucristo. Dios quiere que todos sepan, allí donde sea oída su voz, que la justicia que la obediencia de Cristo imparte al creyente es la justicia que describe la ley proclamada en el Sinaí. Ni una sola letra de ella puede ser alterada. Es una fotografía exacta del carácter de Dios en Cristo. Una fotografía no es más que un sombra, es cierto; pero si la luz es clara, se trata de una representación exacta de alguna realidad. En este caso la luz era "la luz del evangelio de la gloria de Cristo, el cual es la imagen de Dios" (2ª Cor. 4:4), a fin de que podamos saber que los diez mandamientos son la forma exacta y literal de la justicia de Dios. Nos describen precisamente lo que el Espíritu Santo grabará en letras brillantes y vivientes sobre las tablas de carne de nuestros corazones, si es que están sensibilizadas por la fe sincera.

Capítulo 34

Dos leyes

POR LO que precede se hace evidente que hay dos leyes, así como hay dos pactos. Ambas leyes se relacionan la una con la otra de la misma forma en que lo hacen los pactos. Una es la sombra de la otra, el resultado de poner el velo de incredulidad ante la Luz de la vida.

"Porque el mandamiento es lámpara, la enseñanza es luz, y camino de vida son las reprensiones que te instruyen" (Prov. 6:23). Pero Cristo es la única Luz del mundo, la Luz de la vida; de forma que sólo en él se encuentra la ley verdadera y viviente. Es su vida, puesto que está en su corazón, y del corazón mana la vida (Sal. 40:8; Prov. 4:23). Él es la Piedra viva; en él encontramos la personificación de la ley, lleno de gracia y de verdad. La ley escrita en tablas de piedra no fue más que la sombra de él, si bien una sombra exacta y perfecta. Nos dice exactamente lo que vamos a encontrar en Cristo.

Aunque la ley escrita en tablas de piedra describe la perfecta justicia de Dios, no tiene poder para hacerse manifiesta en nosotros, por más que así lo deseemos. Es "débil por la carne" (Rom. 8:3). Es un guía fiel, que nos señala el camino, pero sin llevarnos por él. Pero Cristo tiene "potestad sobre toda carne" (Juan 17:2), y en él encontramos la ley tan llena de vida, que si simplemente aceptamos que la ley es buena y confesamos que Cristo ha venido en la carne, se manifestará a sí misma en los pensamientos, palabras y actos de nuestras vidas, a pesar de la debilidad de la carne.

Para aquellos que solamente conocen la ley tal como está escrita en una página, y que por consiguiente creen que a ellos les toca la tarea de cumplirla, es una ley de obras, y como tal lo único que hace es pronunciar una maldición sobre ellos. Pero para quienes conocen la ley en Cristo, es una ley de fe, que proclama la bendición del perdón y la paz. Reconocida solamente tal como está escrita en tablas de piedra o en un libro, es una "ley del pecado y de la muerte" (Rom. 8:2), "porque el aguijón de la muerte es el pecado, y el poder del pecado es la Ley" (1ª Cor. 15:56). Pero reconocida en Cristo, es "le ley del Espíritu de vida" y "el espíritu vive a causa de la justicia" (Rom. 8:2 y 10).

"Grabado con letras en piedras", no puede ser otra cosa que el "ministerio de muerte" (2ª Cor. 3:7). Quien predica simplemente la ley escrita, señalando a la gente su deber de guardarla, y animándola a que haga lo mejor que pueda para cumplirla, está ministrando condenación. Pero la misma ley, escrita en las tablas de carne del corazón "con el Espíritu del Dios vivo" (2ª Cor. 3:3), "es vida y paz" (Rom. 8:6); y quien predica "que Jesucristo ha venido en carne" (1ª Juan 4:2), y que cuando mora hoy en un hombre, es tan obediente a la ley como lo fue hace mil ochocientos años, es un ministro de justicia. Reconocido solamente como un código de reglas al que debemos conformar nuestra vida –"la ley de los mandamientos expresados en ordenanzas" (Efe. 2:15)–, no es otra cosa sino "yugo de esclavitud" (Gál. 5:1), porque los mejores esfuerzos por guardarla son en ellos mismos sólo pecado, ya que "la Escritura lo encerró todo bajo pecado" (Gál. 3:22), y en cada obra hecha según nuestra propia justicia, la ley no hace sino afirmar su presa sobre nosotros, y engrosar los barrotes de nuestra prisión. Pero "el Señor es el Espíritu; y donde está el Espíritu del Señor, allí hay libertad" (2ª Cor. 3:17). Por lo tanto, en Cristo, la ley es "la perfecta ley, la de la libertad" (Sant. 1:25).

Cuando los judíos, en el Sinaí, se dispusieron a obrar las obras de Dios en su lugar, tomaron su salvación en sus propias manos. Ignoraron la historia de Abraham y el pacto de Dios con él, pacto a cuya consideración se les había llamado particularmente (Éxo. 19:5). Pero Dios es paciente, no queriendo que ninguno perezca, sino que todos procedan al arrepentimiento; por lo tanto, en consonancia con su pacto con Abraham, no desechó al pueblo, sino que hizo todo esfuerzo por instruirles acerca de él mismo y de su salvación, valiéndose incluso de la propia incredulidad de ellos. Les dio un sistema de sacrificios y ofrendas, y un ciclo diario y anual de ceremonias que cumplían exactamente la función de hacerles guardar la ley que habían elegido guardar, es decir, la ley de las obras.

Desde luego, ese sistema de sacrificios no podía salvarlos más de lo que podía hacerlo la quebrantada ley de las obras sobre la que se erigió. Todo aquel que tuviera el entendimiento suficiente como para reconocer la naturaleza del pecado y la necesidad de expiación, tenía la clara noción de que el perdón y la justicia no podían jamás obtenerse mediante las ceremonias relacionadas con el tabernáculo. El ofrecimiento mismo de un sacrificio indicaba que la muerte es la paga y fruto del pecado. Pero era evidente para todos que la vida de un cordero, macho cabrío o carnero, no tenía el valor equivalente a la propia vida del hombre. Por lo tanto, ninguno de esos animales, ni tampoco todos ellos juntos, podían responder por la vida de un solo hombre. Ni millares de carneros, ni siquiera el sacrificio de un ser humano, podían expiar un solo pecado (Miq. 6:6 y 7).

Los fieles, de entre el pueblo, lo comprendían bien. David exclamó, tras haber cometido un gran pecado: "Porque no quieres sacrificio, que yo lo daría; no quieres holocausto" (Sal. 51:16). Y Dios enseñó al pueblo mediante los profetas: "¿Para qué me sirve, dice Jehová, la multitud de vuestros sacrificios? Hastiado estoy de holocaustos... no quiero sangre de bueyes ni de ovejas ni de machos cabríos" (Isa. 1:11). "Vuestros holocaustos no son aceptables ni vuestros sacrificios me agradan" (Jer. 6:20). No había en ellos virtud, pues la ley tenía sólo "la sombra de los bienes venideros, no la imagen misma de las cosas", y nunca podía "por los mismos sacrificios que se ofrecen continuamente cada año, hacer perfectos a los que se acercan" (Heb. 10:1).

Por supuesto habría sido mucho mejor si el pueblo hubiera preservado la fe firme y sincera de Abraham y de Moisés, en cuyo caso no habrían tenido el tabernáculo terrenal, sino "aquel verdadero tabernáculo que levantó el Señor y no el hombre" (Heb. 8:2), cuyo sumo sacerdote no es otro que el propio Cristo, hecho "sacerdote para siempre según el orden de Melquisedec" (Heb. 7:17), sin limitaciones para el sacerdocio, de forma que cada uno de ellos hubiera podido ser un sacerdote "para ofrecer sacrificios espirituales aceptables a Dios por medio de Jesucristo" (1ª Ped. 2:5); sin ninguna otra ley, excepto "la ley del espíritu de vida en Cristo Jesús"; en definitiva, sólo la realidad, y no más la sombra. Pero dado que no creyeron, tuvo que darse una maravillosa exhibición de bondad, amor y paciencia por parte de Dios, quien les dio lo que había de servirles como una continua lección. La propia "debilidad e ineficacia" (Heb. 7:18) de la ley de obras fue siempre evidente para la persona reflexiva; y cuando el alma despertaba, esa ley cuyo único provecho era la convicción, y cuyo único poder era el de la muerte, les hablaba de Cristo, llevándolos a él para libertad y vida. Hizo para ellos evidente que en Cristo podían hallar salvación. La verdad que santifica es la verdad tal cual es en Jesús.

Cómo viene el perdón

Otro punto al que es necesario prestar particular atención, aunque ya ha sido objeto de estudio, es que nadie recibió jamás salvación ni el perdón de pecado alguno por virtud de la ley de las obras o los sacrificios con ella relacionados. Más aún, nunca fue la voluntad de Dios que el pueblo pensara que la ley podía salvar, y nadie de los que creyeron verdaderamente en Dios pensó de tal forma. Samuel dijo a Saúl: "El obedecer es mejor que los sacrificios, y el prestar atención mejor que la grasa de los carneros" (1º Sam. 15:22).

El profeta rey, con corazón quebrantado y contrito por la misericordia de Dios, escribió: "No quieres sacrificio, que yo lo daría; no quieres holocausto. Los sacrificios de Dios son el espíritu quebrantado; al corazón contrito y humillado no despreciarás tú, oh Dios" (Sal. 51:16 y 17). El Señor dijo mediante Oseas: "Misericordia quiero y no sacrificios, conocimiento de Dios más que holocaustos" (Ose. 6:6). En lugar de la ofrenda de animales engordados, el Señor quería de su pueblo: "corra el juicio como las aguas y la justicia como arroyo impetuoso" (Amós 5:24). Recuerda el capítulo referente a beber de la justicia de Dios.

"Por la fe Abel ofreció a Dios más excelente sacrificio que Caín, por lo cual alcanzó testimonio de que era justo" (Heb. 11:4). No es que obtuviera justicia mediante el sacrificio de las primicias de su ganado, sino mediante la fe que le impulsó a ese sacrificio. "Justificados, pues, por la fe, tenemos paz para con Dios por medio de nuestro Señor Jesucristo" (Rom. 5:1). "Por gracia sois salvos por medio de la fe; y esto no de vosotros, pues es don de Dios" (Efe. 2:8). Y así ocurrió desde el principio; ya que "Abraham creyó a Jehová y le fue contado por justicia" (Gén. 15:6), y lo mismo se afirma de Enoc, de Noé y de todos los patriarcas y profetas.

Tras la construcción del tabernáculo, no se podían ofrecer sacrificios en ningún otro sitio; sin embargo, muchos, de entre el pueblo, habrían de habitar necesariamente alejados de él. Tenían que acudir allí tres veces al año para adorar. Pero no habían de esperar a esas ocasiones para obtener el perdón de los pecados que pudieran haber cometido mientras tanto. Estuviera donde estuviere el que pecaba, al hacerse consciente de la plaga en su propio corazón, podía reconocer su pecado al Señor, quien estaba siempre cerca, y experimentar, tanto como nosotros hoy, que "si confesamos nuestros pecados, Él es fiel y justo para perdonar nuestros pecados y limpiarnos de toda maldad" (1ª Juan 1:9). Así lo demuestra el caso de David, al ser reprendido por el profeta del Señor por su gran pecado. David dijo: "Pequé contra Jehová", e inmediatamente se le dio la seguridad: "También Jehová ha perdonado tu pecado" (2º Sam. 12:13).

Una vez que eso había sucedido, el alma arrepentida y perdonada podía ofrecer "sacrificios de justicia" (Sal. 4:5; 51:19) que fuesen aceptables a Dios. Entonces el Señor se complacería con las ofrendas encendidas ofrecidas sobre su altar. ¿Por qué? Porque mostraban la gratitud del corazón, porque eran un reconocimiento del hecho de que todo pertenece a Dios, y de que todo procede de él. En todo verdadero sacrificio subyace el principio de que Aquel que salva el alma es abundantemente capaz de cubrir toda necesidad física, incluso aunque resulte consumido todo vestigio de bien terrenal. No se trata nunca de la idea de que estamos dando algo a Dios, sino de que Dios nos da a nosotros; Él es el único que efectúa el verdadero sacrificio, puesto que el único auténtico sacrificio es el sacrificio de Cristo. Eso quedó plenamente demostrado en todo sacrificio ofrecido. El pueblo podía ver que no estaba enriqueciendo al Señor, pues el sacrificio resultaba consumido. Todo aquel que ofreciera inteligentemente –todo aquel que adorara en espíritu y en verdad–, indicaba simplemente que dependía por entero de Dios, tanto para la vida presente, como para la porvenir.

La inutilidad del viejo pacto

El viejo pacto, por lo tanto, junto a la ley que le pertenecía, no tuvo jamás valor alguno en lo que respecta al perdón y la salvación del pecado. Fue un paco quebrantado desde el principio mismo (Sal. 89:39). Así lo indica el ruego de Moisés a Dios, después que los hijos de Israel se hicieron y adoraron al becerro de oro. Cuando Dios dijo: "Ahora, pues, déjame que se encienda mi ira contra ellos y los consuma", Moisés rogó a Dios y dijo:

"¿Por qué, Jehová, se encenderá tu furor contra tu pueblo, el que tú sacaste de la tierra de Egipto con gran poder y con mano fuerte? ¿Por qué han de decir los egipcios: 'Para mal los sacó, para matarlos en los montes y para exterminarlos de sobre la faz de la tierra'? Vuélvete del ardor de tu ira y arrepiéntete de este mal contra tu pueblo. Acuérdate de Abraham, de Isaac y de Israel, tus siervos, a los cuales has jurado por ti mismo y les has dicho: 'Yo multiplicaré vuestra simiente como las estrellas del cielo, y le daré a vuestra simiente toda esta tierra de que os he hablado, y ellos la poseerán como heredad para siempre" (Éxo. 32:10-13).

No había allí ni una sola palabra en relación con el pacto que se acababa de hacer, sino sólo con el pacto hecho con Abraham. Ni en una sola partícula dependió ese ruego de las promesas que el pueblo había hecho, sino exclusivamente de la promesa y el juramento de Dios. Si ese pacto del Sinaí hubiera tenido algún valor en algún momento, habría sido sin duda recién hecho; pero vemos que incluso entonces quedó totalmente ignorado. No tenía más poder para salvar al pueblo, del que tenía el pergamino sobre el que fue escrito.

En años posteriores Jeremías oró así:

"Aunque nuestras iniquidades testifican contra nosotros, Jehová, ¡actúa por amor de tu nombre! Porque nuestras rebeliones se han multiplicado, contra ti hemos pecado". "Reconocemos, Jehová, nuestra impiedad y la iniquidad de nuestros padres, porque contra ti hemos pecado. Por amor de tu nombre, no nos deseches ni deshonres tu glorioso trono; acuérdate, no invalides tu pacto con nosotros. ¿Hay entre los ídolos de las naciones alguno capaz de hacer llover? ¿Acaso darán lluvias los cielos? ¿No eres tú, Jehová, nuestro Dios? En ti, pues, esperamos, pues tú has hecho todas estas cosas" (Jer. 14:7, 20-22).

Entonces y ahora, eso es todo cuanto el Señor desea de nosotros: "Vuélvete, rebelde Israel, dice Jehová; no haré caer mi ira sobre ti, porque misericordioso soy yo, dice Jehová; no guardaré para siempre el enojo. Reconoce, pues, tu maldad, porque contra Jehová, tu Dios, te has levantado" (Jer. 3:12 y 13). Era tan cierto entonces como ahora, que "si confesamos nuestros pecados, Él es fiel y justo para perdonar nuestros pecados y limpiarnos de toda maldad".

El poder de Dios como Creador y Redentor, y su promesa y juramento, es todo de cuanto dependió para su salvación cualquier judío realmente arrepentido, en todo tiempo. Ninguno de ellos pensó jamás en depender de sus propias obras o promesas como medio de salvación.

Resumiendo, desde los días de Abel hasta los nuestros, no ha habido más que un sólo camino a la vida y la salvación; una sola manera de acudir a Dios; sólo hay un Nombre bajo el cielo, dado a los hombres, en que podamos ser salvos (Hech. 4:12). Desde el día en que se dio a conocer a Adán y Eva la salvación mediante la Simiente de la mujer, antes incluso de ser expulsados del Edén, no ha habido cambio alguno en el plan de la salvación, ni en los requerimientos de Dios para la salvación, como tampoco en el número de personas a quienes se ofreció la salvación; no más del que ha habido en Dios mismo y en su trono en los cielos.

El hombre ha cambiado, pero Dios no. Siempre ha habido hombres que han confiado en sus propias palabras y promesas, y en las ceremonias; pero eso no demuestra que Dios quisiera tal cosa. En los días de Moisés y de Cristo la mayoría de los hombres confiaban principalmente en la forma y las ceremonias, y así sucede hoy también. Los hombres siempre han estado más ávidos de la sombra que de la realidad. Pero eso no demuestra que en los días de antiguo fuese la voluntad de Dios que los hombres se salvaran por la ley de las obras, no más de lo que demostraría que la justificación no es ahora por la fe.

Más allá de la obligación

Ha habido siempre en el hombre una tendencia a multiplicar los ritos y ceremonias. Es el resultado inevitable de confiar en las obras para la salvación. Tal sucedía en los días de Cristo, y también en los nuestros. Cuando las personas llegan a la conclusión de que *sus* obras han de salvarlos, o de que ellos mismos han de realizar las obras de Dios, no pueden estar satisfechos con hacer aquello que indican los mandamientos de Dios. Entonces enseñan "como doctrinas mandamientos de hombres" (Mat. 15:9), añadiéndoles continuamente hasta que nadie puede siquiera enumerar las "buenas obras" requeridas, y aún menos realizarlas. El yugo que ya desde el principio es amargo e insoportable, se vuelve cada vez más pesado, hasta que por fin la religión se convierte en un objeto de mercadeo, y las personas, mediante el dinero o bien alguna otra consideración, compran su exención de tener que realizar las obras que se les han impuesto. Y dado que para el hombre es todavía más imposible cumplir mediante sus propios esfuerzos los mandamientos de Dios, que cumplir los mandamientos de los hombres, la estimación de la ley de Dios se hunde pronto incluso bajo la de los preceptos de los hombres. Todo eso es la tendencia natural e inevitable del fracaso en ver a Cristo en los escritos de Moisés, y de comprender que toda ceremonia que Dios les dio tenía en su inherente vacuidad el propósito de impresionar a las personas con la absoluta necesidad de depender sólo de Cristo, único en quien se encuentra la sustancia y realidad.

La semejanza

Una palabra más a propósito de la sombra y la sustancia. Como hemos visto, la ley dada al pueblo en el desierto del Sinaí no era más que la sombra de la ley real, que es la vida de Dios. Ese hecho es frecuentemente "empleado" para despreciar la ley. Muchos parecieran pensar que, puesto que la ley no es más que la sombra de los "bienes venideros", debiéramos escoger lo que sea tan opuesto a ella como nos sea posible. Pero no es esa la lógica que se aplica a los asuntos comunes. Si tenemos una fotografía –una sombra– de alguien a quien deseamos encontrar, no vamos a buscar personas cuyos rasgos sean los opuestos a los del retrato, diciendo entonces: 'Este es el hombre'. No. Lo que hacemos es buscar a alguien cuya apariencia sea exactamente como la del retrato, y entonces sabemos que hemos encontrado a la persona. La ley real es la vida de Dios, y la ley dada a los hijos de Israel –"la sombra de los bienes venideros" (Heb. 10:1)–, es la fotografía del carácter de Dios.

El único hombre en el mundo que cumple las especificaciones de esa fotografía en todo respecto, es "Jesucristo hombre" (1ª Tim. 2:5), en cuyo corazón estaba la ley. Él es la imagen del Dios invisible, la imagen viviente, la Piedra viva. Acudiendo a El por la fe, también nosotros venimos a ser hechos piedras vivas, teniendo escrita en nosotros la misma ley que estuvo en Él, ya que su Espíritu nos transforma en la misma imagen viviente; y la ley del Sinaí escrita en tablas de piedra será el testimonio de que la imagen es perfecta. Pero si en el particular que sea hay una desviación de la perfecta fotografía, la falta de similitud será la demostración de que no pertenecemos a la verdadera familia de Dios.

Capítulo 35

Entrada en la tierra prometida

"POR UN tiempo como de cuarenta años los soportó en el desierto" (Hech. 13:18). En su discurso en la sinagoga de Antioquía, el apóstol Pablo se refirió con esas breves palabras a los cuarenta años que los israelitas vagaron por el desierto; y para lo que nos interesa estudiar ahora, los podemos pasar con igual rapidez. Su conducta fue tal que Dios, literalmente, los "soportó". Es un relato saturado de murmuración y rebelión. "Por cuanto no le habían creído ni habían confiado en su salvación" (Sal. 78:22). "¡Cuántas veces se rebelaron contra él en el desierto, y lo enojaron en el yermo! Y volvían, y tentaban a Dios, y provocaban al Santo de Israel. No se acordaban de su mano, del día que los redimió de la angustia; cuando manifestó en Egipto sus señales y sus maravillas en el campo de Zoán" (vers. 40-43). A pesar de que vieron durante cuarenta años las obras de Dios, no aprendieron sus caminos; "Por eso [dice el Señor] me disgusté contra aquella generación y dije: 'Siempre andan vagando en su corazón y no han conocido mis caminos'. Por tanto, juré en mi ira: 'No entrarán en mi reposo'" (Heb. 3:10 y 11).

Una herencia de fe

"Y vemos que no pudieron entrar a causa de su incredulidad" (Heb. 3:19). ¿Qué nos dice eso en cuanto a la naturaleza de la herencia a la que Dios estaba guiando a su pueblo? Simplemente esto: que era una herencia que solamente podían poseer los que tuvieran fe; sólo la fe podía otorgarla. En el mundo, las posesiones temporales suelen ser la ganancia de hombres incrédulos, incluso de quienes desprecian y blasfeman a Dios. De hecho, hombres incrédulos poseen la mayor parte de los bienes de este mundo. Muchos, además de David, han envidiado la prosperidad de los malvados; pero un sentimiento de envidia como ese surge solamente cuando miramos a las cosas temporales, en lugar de mirar a las eternas. "La prosperidad de los necios los echará a perder" (Prov. 1:32). Dios ha elegido "a los pobres de este mundo, para que sean ricos en fe y herederos del reino que ha prometido a los que lo aman" (Sant. 2:5). La esperanza de los patriarcas estaba puesta en un reino que "no es de este mundo" (Juan 18:36), sino que es "mejor, esto es, celestial" (Heb. 11:16). Es a ese reino o patria a donde Dios prometió guiar a su pueblo, cuando lo liberó de Egipto. Pero sólo los "ricos en fe" podían poseerlo.

Había llegado el tiempo en el que Dios podría llevar a cabo su propósito para con su pueblo. Los incrédulos que habían anunciado que sus pequeños morirían en el desierto, habían perecido, y ahora esos mismos niños, que habían crecido hasta la edad adulta, habiendo confiado en el Señor, estaban a punto de entrar en la tierra prometida. Después de la muerte de Moisés, Dios dijo a Josué: "Levántate y pasa este Jordán, tú y todo este pueblo, hacia la tierra que yo les doy a los hijos de Israel. Yo os he entregado, tal como lo dije a Moisés, todos los lugares que pisen las plantas de vuestros pies" (Josué 1:2 y 3).

Cruzando el Jordán

Pero el Jordán se interponía entre ellos y la tierra a la que habían de ir con todos sus pequeños y ganados. El río estaba en su fase más crecida, desbordándose de las riberas, y no había puentes; pero el mismo Dios que había conducido a su pueblo a través del Mar Rojo seguía guiándolos aún, y era tan poderoso como entonces para obrar maravillas. Todos en el pueblo ocuparon sus puestos, según la instrucción que el Señor había dado. Los sacerdotes que llevaban el arca iban unos 900 metros adelantados a la multitud. Se dirigieron al río, que seguía discurriendo por su cauce. Llegaron al borde de la corriente, y las aguas no retrocedieron ni un ápice. Pero ese pueblo había aprendido a confiar en el Señor, y puesto que Él les había dicho que avanzaran, no dudaron ni por un instante.

Entraron en el agua, a pesar de saber que era profunda como para no tocar fondo, y con una corriente de la suficiente intensidad como para arrastrarlos. No era su parte el considerar las dificultades, sino obedecer al Señor, y él les abriría el camino. "Aconteció que… cuando los que llevaban el Arca entraron en el Jordán y los pies de los sacerdotes que llevaban el Arca se mojaron a la orilla del agua (porque el Jordán suele desbordarse por todas sus orillas todo el tiempo de la siega), las aguas que venían de arriba se amontonaron bien lejos de la ciudad de Adam, que está al lado de Saretan, y las que descendían al mar del Arabá, al Mar Salado, quedaron separadas por completo, mientras el pueblo pasaba en dirección a Jericó. Pero los sacerdotes que llevaban el Arca del pacto de Jehová, permanecieron firmes sobre suelo seco en medio del Jordán, hasta que todo el pueblo acabó de pasar el Jordán. Y todo Israel pasó por el cauce seco" (Josué 3:14-17).

¡Qué demostración de fe y confianza en Dios! El cauce del Jordán estaba seco a su paso, es cierto, pero a su derecha había una pared de agua que aumentaba en altura continuamente, sin ninguna contención visible. Imagina la escena, con aquella masa de agua aparentemente amenazando al pueblo, y podrás apreciar mejor su fe al pasar en calma ante ella. Todo el tiempo de la travesía los sacerdotes permanecieron incólumes en medio del cauce, y el pueblo lo atravesó sin romper las filas. No hubo ningún desorden ni apresuramiento indebido por miedo a que las aguas cayeran sobre ellos, ya que "el que crea, no se apresure" (Isa. 28:16).

Por fin libres

"En aquel tiempo, Jehová dijo a Josué: 'Hazte cuchillos afilados y vuelve a circuncidar por segunda vez a los hijos de Israel'… Los hijos de Israel anduvieron por el desierto durante cuarenta años, hasta que todos los hombres aptos para la guerra que habían salido de Egipto perecieron. Como no obedecieron a la voz de Jehová, Jehová juró que no les dejaría ver la tierra que Él había jurado a sus padres que nos daría, tierra que fluye leche y miel. A sus hijos, los que Él había puesto en lugar de ellos, Josué los circuncidó, pues eran incircuncisos, ya que no habían sido circuncidados por el camino. Cuando acabaron de circuncidar a toda la gente, se quedaron en su lugar en el campamento hasta que sanaron. Entonces Jehová dijo a Josué: 'Hoy he quitado de encima de vosotros el oprobio de Egipto'. Por eso se llamó Gilgal aquel lugar, hasta hoy" (Josué 5:2-9).

A fin de apreciar la importancia de esa ceremonia en aquella circunstancia, hemos de recordar el significado de la circuncisión, y hemos de saber también en qué consistía el "oprobio de Egipto". La circuncisión significaba la justicia por la fe (Rom. 4:11); la verdadera circuncisión, la alabanza de la cual no viene de los hombres, sino de Dios, es la obediencia –"del corazón, en espíritu"– a la ley (Rom. 2:25-29); es desconfianza total en el "yo", y confianza y gozo en Cristo Jesús (Fil. 3:3). En el caso que estamos considerando vemos que el propio Dios ordenó al pueblo que fuera circuncidado, una prueba positiva de que él los aceptaba como justos. Les sucedió como a Abraham: su fe les fue contada por justicia.

"La justicia engrandece a la nación; el pecado es afrenta de las naciones" (Prov. 14:34). El "oprobio de Egipto" era el pecado. Fue el pecado lo que Dios quitó "de encima" de los hijos de Israel, ya que la genuina circuncisión del corazón, la única que Dios considera circuncisión, es "despojaros del cuerpo de los pecados, mediante la circuncisión hecha por Cristo" (Col. 2:11). "Así ha dicho Jehová, el Señor: El día que escogí a Israel y que alcé mi mano para jurar a la simiente de la casa de Jacob, cuando me di a conocer a ellos en la casa de Egipto, cuando alcé mi mano y les juré diciendo: Yo soy Jehová, vuestro Dios... entonces les dije: Cada uno eche de sí las abominaciones de delante de sus ojos, y no os contaminéis con los ídolos de Egipto. Yo soy Jehová vuestro Dios. Pero ellos se rebelaron contra mí y no quisieron obedecerme; no echó de sí cada uno las abominaciones de delante de sus ojos ni dejaron los ídolos de Egipto" (Ezeq. 20:5-8).

Los que salieron de Egipto junto con Moisés no entraron en la tierra prometida debido a que no abandonaron los ídolos de Egipto. Un pueblo no puede ser libre y esclavo a la vez. La esclavitud de Egipto

—"el oprobio de Egipto"— no era simplemente las labores cansinas que estaban obligados a realizar, sin ser remunerados en correspondencia, sino la abominable idolatría de Egipto en la que habían caído. Es de eso de lo que Dios iba a librar a su pueblo, cuando dijo al faraón: "Deja ir a mi pueblo, para que me sirva" (Éxo. 7:16).

El pueblo había obtenido por fin esa libertad. Dios declaró que la esclavitud, el pecado, el oprobio de Egipto, les había sido quitado de encima. Se podía entonces cantar: "Abrid las puertas y entrará la gente justa, guardadora de verdades" (Isa. 26:2).

La victoria de la fe

"Por la fe cayeron los muros de Jericó después de rodearlos siete días" (Heb. 11:30).

"Es, pues, la fe, la sustancia de lo que se espera, la convicción de lo que no se ve" (Heb. 11:1).

"Porque las armas de nuestra milicia no son carnales, sino poderosas en Dios para destrucción de fortalezas" (2ª Cor. 10:4).

Los hijos de Israel estaban en la tierra prometida, pero sin embargo, por toda apariencia, no poseían aquella tierra más que antes. Seguían morando en tiendas, mientras que los habitantes de la tierra vivían afianzados en sus ciudades, que estaban "amuralladas hasta el cielo" (Deut. 1:28), con la misma fortaleza que tenían cuando el simple informe traído sobre ellas había hecho que desmayara el corazón de los hijos de Israel cuarenta años antes. Pero las paredes amuralladas y las multitudes armadas no cuentan, cuando la batalla es del Señor.

"Jericó estaba cerrada, bien cerrada, por temor a los hijos de Israel: nadie entraba ni salía" (Josué 6:1).

Jericó fue la primera ciudad que se tomó, y el modo de operación indicado por el Señor estaba calculado para poner a prueba la fe de los israelitas. Todo el pueblo tenía que marchar alrededor de la ciudad en perfecto silencio, con excepción de los sacerdotes que iban a la cabeza con el Arca, haciendo sonar sus trompetas. "Josué dio esta orden al pueblo: 'Vosotros no gritaréis, ni se oirá vuestra voz, ni saldrá palabra de vuestra boca hasta el día que yo os diga: "Gritad". Entonces gritaréis'" (Josué 6:10). Tan pronto como hubieron completado ese silencioso rodeo a la ciudad, tenían que ir al campamento. Habían de repetirlo por seis días sucesivos, y en el séptimo día lo habían de realizar siete veces.

Imagina la situación: toda la multitud marchando alrededor de la ciudad y regresando al campamento. Repitieron eso una vez tras otra sin ningún resultado aparente. Las murallas se alzaban tan altas e imponentes como antes; ni una sola piedra se derrumbaba, no cedía ninguna parte del cemento. Sin embargo, no se oyó ni una sola palabra de queja por parte de miembro alguno del pueblo.

Podemos bien suponer que los primeros uno o dos días, la visión de esa numerosa hueste marchando silenciosamente alrededor de la ciudad llenó a sus habitantes de aprensión, más aún teniendo en cuenta que ya se habían aterrorizado previamente al escuchar los informes acerca de lo que Dios había hecho en favor de aquel pueblo. Pero al repetirse la marcha día tras día sin un propósito aparente, cuán natural habría resultado que los sitiados recobraran el ánimo y considerasen aquello como una farsa. Muchos debieron comenzar a burlarse, y a ridiculizar a los israelitas por su ilógico proceder. Era imposible encontrar en los anales de guerra precedentes de un modo tal de proceder para capturar una ciudad, y habría sido contrario a la naturaleza humana si la gente de la ciudad no se hubiera burlado abiertamente de los que marchaban a su alrededor.

Pero de las filas de Israel no salió ni una sola palabra de réplica. Pacientemente sobrellevaron cuantas imprecaciones pudieron hacerles. No se levantó nadie exclamando: '¿De qué sirve todo esto?' '¿Qué clase de general es este Josué?' '¿Acaso supone que el ruido de nuestros pasos va a hacer vibrar la muralla hasta derrumbarla?' '¡Estoy harto de este sin-sentido! Voy a quedarme en la tienda hasta que se haga algo razonable' Quien conozca mínimamente la naturaleza humana sabe que en tales circunstancias lo que se podía esperar es un sinnúmero de expresiones como esas, y otras similares; y sería excepcional que no se diera una abierta rebelión en contra de un proceder como ese. Sin duda el pueblo de Israel habría reaccionado así cuarenta años antes, y el hecho de que marcharan ahora en paciente silencio alrededor de la ciudad en trece vueltas sin propósito aparente, es prueba de la fe más notable que el mundo haya conocido en un pueblo. Piensa en toda una nación en la que no fuese posible encontrar un criticón, ni uno sólo que expresara una palabra de queja, al ser puesto en una situación inconveniente que fuese incapaz de comprender, y que fuese inútil por toda apariencia.

El séptimo día estaba a punto de expirar, y se completó la decimatercera vuelta a la ciudad. Todo permanecía exactamente como al principio. Venía ahora la última y decisiva gran prueba de la fe. "Cuando los sacerdotes tocaron las bocinas la séptima vez, Josué dijo al pueblo: '¡Gritad, porque Jehová os ha entregado la ciudad!'" (Josué 6:16).

¿Por qué habían de gritar? Porque el Señor les había dado la ciudad; tenían que proclamar la victoria. Pero ¿de qué evidencia disponían para saber que habían ganado la victoria? No podían percibir victoria alguna. "Es, pues, la fe, la sustancia de lo que se espera, la convicción de lo que no se ve". La victoria era suya, puesto que Dios se la había concedido, y la fe de ellos se aferraba de la palabra de Dios, que así lo afirmaba. No dudaron ni por un momento; su fe fue perfecta, y en respuesta a la voz que lo ordenó, toda la vasta multitud dio un grito de triunfo. "Entonces el pueblo gritó, y los sacerdotes tocaron las bocinas. Y aconteció que cuando el pueblo escuchó el sonido de la bocina, gritó con un gran vocerío y el muro se derrumbó" (Josué 6:20).

La promesa hecha a aquel pueblo es la misma que Dios nos hace hoy a nosotros; y todo lo que quedó escrito de ellos, lo fue para nuestra instrucción.

"No se apoderaron de la tierra por su espada, ni su brazo los libró; sino tu diestra, tu brazo, y la luz de tu rostro, porque te complaciste en ellos" (Sal. 44:3).

Dios nos concederá de igual forma la "salvación de nuestros enemigos y de la mano de todos los que nos odiaron", a fin de que, librados de la mano de nuestros enemigos, podamos servir a Dios sin temor, en santidad y justicia todos los día de nuestra vida (Luc. 1:68-75). Esa liberación tiene lugar mediante Cristo, quien es hoy, como en los días de Josué, "el Príncipe del ejército de Jehová" (Josué 5:15). Nos dice: "En el mundo tendréis aflicción, pero confiad, yo he vencido al mundo" (Juan 16:33). "Y vosotros estáis completos en él, que es la cabeza de todo principado y potestad" (Col. 2:10). Por lo tanto, "esta es la victoria que ha vencido al mundo, nuestra fe" (1ª Juan 5:4).

Capítulo 36

Vanagloria y derrota

"Tú por la fe estás en pie"
(Rom. 11:20)

"Así que el que piensa estar firme, mire que no caiga"
(1ª Cor. 10:12)

NO HAY momento de mayor peligro para una persona, que cuando acaba de lograr algún gran éxito o victoria. Si no está bien en guardia, su bella canción de agradecimiento acabará en un coro de vanagloriosa adulación del "yo". Comenzando por reconocer el poder de Dios, y alabando y dando gracias por él, el hombre va colocándose insensiblemente en el lugar de Dios, y asume que su propia sabiduría y fortaleza le propició el éxito y la victoria. Se expone así al ataque en un momento en el que va a ser seguramente vencido, dado que se separó de la fuente de poder. Sólo en el Señor Jehová hay fortaleza perdurable.

"Después Josué envió unos hombres desde Jericó a Hai, que estaba junto a Bet-avén, hacia el oriente de Bet-el, y les dijo: 'Subid a reconocer la tierra'. Ellos subieron y reconocieron a Hai. Al volver, dijeron a Josué: 'Que no suba todo el pueblo; dos mil o tres mil hombres tomarán a Hai. No fatigues a todo el pueblo yendo allí, porque son pocos'. Subieron allá del pueblo como tres mil hombres, los cuales huyeron delante de los de Hai. Los de Hai les mataron a unos treinta y seis hombres, los persiguieron desde la puerta hasta Sebarim y los derrotaron en la bajada, por lo cual el corazón del pueblo desfalleció y se volvió como el agua" (Josué 7:2-5).

Nadie está exento

La historia de Jericó y Hai es réplica suficiente a quienes repiten con tanta seguridad como si lo dijesen las propias Escrituras: 'Una vez salvos, siempre salvos', implicando con ello que una vez que alguien camina en el temor de Dios, es inmune a la caída espiritual. No puede haber duda alguna en cuanto a que los hijos de Israel confiaron plena y realmente en el Señor cuando cruzaron el Jordán y en la toma de Jericó. El propio Dios dio testimonio de que tenían la justicia por la fe, y su palabra declara que lograron una gloriosa victoria por la fe. No obstante, no pasaron muchos días antes que sufrieran una seria derrota. Fue el comienzo de la apostasía. Aunque el Señor obró con posterioridad muchas maravillas en su favor, y se mostró siempre dispuesto a realizar todo lo que la fe de ellos comprendiera, todo el pueblo de Israel nunca volvió a estar perfectamente unido en pelear "la buena batalla de la fe" (1ª Tim. 6:12). Sólo durante un breve período, tras el derramamiento del Espíritu Santo en Pentecostés, fue la multitud de los que habían creído "de un corazón y un alma" (Hech. 4:32). Pero es algo tan seguro como la promesa de Dios, que su pueblo en esta tierra ha de volver a dar testimonio de esa misma unión en poder y perfecta fe.

La causa de la derrota

Cuando Israel subió contra Hai, había pecado en el campamento, y esa fue la causa de su derrota. Sufrió todo el pueblo, no sólo debido al pecado de Acán, sino a que todos ellos habían pecado. "Aquel cuya alma no es recta se enorgullece; mas el justo por su fe vivirá" (Hab. 2:4). Sea que fueran cegados por "el engaño del pecado" (Heb. 3:13) y se exaltaran en sus mentes, o bien que fuera su exaltación propia la que les llevara al pecado, poco importa; la cuestión es que el pueblo había cedido al pecado y había dado lugar a la confianza propia, que es en sí misma pecado. Sufrieron la derrota debido al pecado. Mientras éste ocupara un lugar en sus corazones no podrían continuar con la conquista de la tierra; y eso prueba una vez más que la herencia prometida a la que Dios les estaba conduciendo tenía una naturaleza tal que solamente gente justa podía poseerla, gente que tuviese la justicia de la fe.

Los hombres que fueron enviados a reconocer el país hicieron creer al pueblo que un ejército reducido podría fácilmente capturar Hai, puesto que era una ciudad pequeña. Pero su suposición era infundada. Es cierto que Hai era menor que Jericó, pero en la toma de una ciudad no tiene mucha importancia el número. "Por la fe cayeron los muros de Jericó", y si los israelitas hubiesen sido sólo la mitad, o la décima parte de los que fueron, el resultado habría sido el mismo. La toma de Hai requería el mismo poder que la toma de Jericó, es decir, el poder de Dios recibido por la fe. Cuando los enviados manifestaron que unos pocos miles de hombres bastarían para tomar Hai, estaban asumiendo que era su destreza militar la que iba a asegurarles aquella tierra. Pero eso era un grave error. Dios había prometido *darles* la tierra, y sólo era posible que la obtuvieran como un don. El ejército más poderoso que este mundo haya podido ver, pertrechado con las armas más poderosas, no podría tomarla, mientras que unos pocos hombres desarmados, poderosos en fe y dando la gloria a Dios, la podían haber poseído con facilidad. La fuerza que emplea el reino de los cielos no es la fuerza de las armas.

Los planes de Dios no conocen la derrota

Otra cosa que aprendemos de la historia de Hai es que no era el propósito de Dios que su pueblo sufriera jamás la derrota, ni que perdiera la vida un solo hombre en la ocupación de la tierra. En un conflicto bélico ordinario no se consideraría una gran pérdida la de treinta y seis soldados, con tal que el ataque resultara exitoso; pero en la toma de posesión de la tierra de Canaán constituía un terrible revés. La promesa era: "Yo os he entregado... todos los lugares que pisen las plantas de vuestros pies", y "nadie podrá hacerte frente en todos los días de tu vida" (Josué 1:3 y 5), pero ahora se habían visto obligados a huir, y con pérdida de vidas humanas. Quedaba anulada la influencia que debió tener el cruce del Jordán y la toma de Jericó para impresionar e intimidar a los paganos. Confiando en sus propias fuerzas, los israelitas habían perdido el poder de la presencia de Dios, y habían dado pública expresión de su debilidad.

Los medios de defensa

Era totalmente contrario al plan de Dios que uno solo de los israelitas perdiera su vida en la toma de posesión de la tierra prometida, como muestra el hecho –que bien podemos señalar en este punto– de que Dios no había dispuesto que luchasen para la posesión de aquella herencia prometida.

Hemos visto ya que ni los números ni las armas tuvieron relación alguna con la toma de Jericó, y que cuando dependieron de sus armas, la fuerza que en un conflicto bélico ordinario se habría considerado ampliamente suficiente, no lo fue en absoluto. Recuerda igualmente la maravillosa liberación de Egipto, y la derrota de todo el ejército de Faraón sin que se levantara una sola arma ni se hiciera uso del poder humano, y cómo Dios condujo a su pueblo por el camino más largo y difícil a fin de evitarles la guerra (Éxo. 13:18), y lee la siguiente promesa:

"Si dices en tu corazón: 'Estas naciones son mucho más numerosas que yo, ¿cómo las podré exterminar?, no les tengas temor. Acuérdate bien de lo que hizo Jehová, tu Dios, con el faraón y con todo Egipto, de las grandes pruebas que vieron tus ojos, de las señales y milagros, de la mano poderosa y el brazo extendido con que Jehová, tu Dios, te sacó. Así hará Jehová, tu Dios, con todos los pueblos en cuya presencia tú temes. También enviará Jehová, tu Dios, avispas contra ellos, hasta que perezcan los que queden y los que se hayan escondido de tu presencia. No desmayes delante de ellos, porque Jehová, tu Dios, está en medio de ti, Dios grande y temible" (Deut. 7:17-21).

Tal como hizo el Señor con el faraón y con todo Egipto, prometió igualmente hacer con todos los enemigos que se opusieran al progreso de los israelitas en la tierra prometida. Pero los israelitas no asestaron un solo golpe para consumar su liberación de Egipto ni para vencer a todo su ejército. Cuando Moisés, cuarenta años antes, había intentado llevar a cabo la liberación por la fuerza física, experimentó el fracaso más sonado, y fue obligado a huir bajo el oprobio. Fue sólo cuando conoció el evangelio como poder de Dios para salvación, cuando fue capaz de conducir al pueblo, sin temor alguno a la ira del rey. Eso es prueba concluyente de que Dios dispuso que no hubiesen de luchar para poseer la tierra; y si no luchaban, está claro que tampoco habría pérdida de vidas humanas en batalla. Lee más acerca de la forma en que Dios dispuso que les daría la tierra:

"Yo enviaré mi terror delante de ti; turbaré a todos los pueblos donde entres y haré que todos tus enemigos huyan delante de ti. Enviaré delante de ti la avispa, que eche delante de tu presencia al heveo, al cananeo y al heteo. No los expulsaré de tu presencia en un año, para que no quede la tierra desierta ni se multipliquen contra ti las fieras del campo. Poco a poco los echaré de tu presencia, hasta que te multipliques y tomes posesión de la tierra" (Éxo. 23:27-30).

Cuando Jacob, años antes, habitó en aquella misma tierra junto a su familia, "el terror de Dios cayó sobre las ciudades de sus alrededores, y no persiguieron a los hijos de Jacob" (Gén. 35:5). "Cuando ellos eran pocos en número y forasteros en ella, y andaban de nación en nación, de un reino a otro pueblo, no consintió que nadie los agraviara, y por causa de ellos castigó a los reyes. No toquéis –dijo– a mis ungidos, ni hagáis mal a mis profetas'" (Sal. 105:12-15). Ese mismo poder habría de llevarlos a la tierra, dándoles rápidamente una herencia eterna allí, ya que con posterioridad, el Señor, lamentando la incredulidad de ellos, exclamó:

"'¡Si me hubiera oído mi pueblo! ¡Si en mis caminos hubiera andado Israel! En un momento habría yo derribado a sus enemigos y habría vuelto mi mano contra sus adversarios'. Los que aborrecen a Jehová se le habrían sometido y el tiempo de ellos sería para siempre" (Sal. 81:13-15).

Por qué lucharon

'Pero los hijos de Israel lucharon durante toda su existencia nacional, y también bajo la dirección de Dios', –es la objeción que hacen muchos. Y es cierto, pero eso no prueba en absoluto que fuera el propósito de Dios el que hubieran de luchar. No hay que olvidar que "el entendimiento de ellos se embotó" (2ª Cor. 3:14) por la incredulidad, de forma que no fueron capaces de percibir el propósito de Dios para ellos. No captaron las realidades espirituales del reino de Dios, sino que, al contrario, se conformaron con las sombras; y el mismo Dios que sobrellevó su dureza de corazón al principio, y que hizo todo lo posible para instruirles mediante las sombras, cuando no quisieron tener la sustancia, continuó a su lado, lleno de compasión hacia las enfermedades de su pueblo. Dios les permitió, por la dureza de su corazón, el que tuvieran varias mujeres, y hasta dio leyes para regular la poligamia, pero eso no prueba que tal fuera el deseo de Dios para ellos. Sabemos bien que "en el principio no fue así". Por lo tanto, cuando Jesús prohibió a sus seguidores el luchar por la causa que fuera, no estaba introduciendo nada nuevo; no más que cuando enseñó que un hombre había de tener una sola mujer, y debía serle fiel por tanto tiempo como ambos viviesen. Estaba simplemente enunciando principios antiguos, estaba predicando una verdadera reforma.

Ejecutar el juicio decretado

Una cosa, sin embargo, que nunca debieran perder de vista los que se sienten inclinados a justificar las guerras –de defensa o de conquista– por las órdenes que Dios dio a los israelitas, es el hecho de que Dios nunca les ordenó que destruyeran a nadie cuya copa de iniquidad no estuviera llena, y que no hubiera rechazado irrevocablemente el camino de la justicia. Al final de este mundo, cuando llegue el momento en que los santos hayan de poseer el reino, será dado el juicio a los santos del Altísimo (Dan. 7:22), y los santos juzgarán no sólo al mundo, sino también a los ángeles (1ª Cor. 6:2 y 3). Participarán asimismo en la ejecución del juicio como coherederos con Cristo, ya que leemos:

"Regocíjense los santos por su gloria y canten aun sobre sus camas. Exalten a Dios con sus gargantas y con espadas de dos filos en sus manos, para ejecutar venganza entre las naciones, castigo entre los pueblos; para aprisionar a sus reyes con grillos y a sus nobles con cadenas de hierro; para ejecutar en ellos el juicio decretado. Gloria será esto para todos sus santos" (Sal. 149:5-9).

Dado que Cristo en su reino asocia consigo a su pueblo, haciéndolos reyes y sacerdotes, no hay inconsistencia alguna en que sus santos, en unión con él, y bajo su autoridad directa, ejecuten justo juicio sobre los malvados incorregibles. Así, cuando consideramos que la liberación de Egipto fue el principio del final, y que Dios se proponía entonces entregar a su pueblo el mismo reino que nos promete ahora a nosotros, y al que Cristo llamará a sus benditos cuando regrese, podemos bien comprender que un pueblo justo pudo ser entonces agente de la justicia divina, como también lo será en el futuro. Pero no se trata de una guerra de conquista, ni siquiera para la posesión de la tierra prometida, sino de la ejecución de un juicio. Es preciso recordar que Dios mismo da personalmente instrucciones cuando hay que ejecutar ese juicio, y no deja a los hombres para que actúen según su mejor parecer. Por cierto que sólo los que estén ellos mismos sin pecado pueden ejecutar juicio sobre los pecadores.

La guerra no es un éxito

Conviene recordar aún una cosa en relación con la cuestión de la lucha y la posesión de la tierra de Canaán, la herencia prometida, y es que los hijos de Israel no la obtuvieron con todo su luchar. Permanece para nosotros la misma promesa que se les hizo a ellos: "Si Josué les hubiera dado el reposo, no hablaría después de otro día" (Heb. 4:1, 8). La razón por la que no lo obtuvieron fue su incredulidad, y esa es también la razón por la que lucharon. Si hubieran creído al Señor, le hubieran permitido que limpiara la tierra de sus totalmente depravados habitantes, de la forma en que él había previsto. Mientras tanto, ellos no habrían permanecido ociosos, sino que habrían estado entregados a la obra de fe que Dios les asignó, y que ha de el ser objeto de nuestro próximo estudio.

Capítulo 37

Israel, un pueblo misionero

CUANDO Dios envió a Moisés para que sacara a Israel de Egipto, su mensaje al faraón fue: "Israel es mi hijo, mi primogénito. Ya te he dicho que dejes ir a mi hijo, para que me sirva" (Éxo. 4:22 y 23); y los llevó, y les dio las tierras de los paganos [naciones], "para que guardaran sus estatutos y cumplieran sus leyes" (Sal. 105:44 y 45). La gran ventaja de los judíos sobre otros pueblos era que les fue "confiada la palabra de Dios" (Rom. 3:1 y 2). En realidad no recibieron las "palabras de vida" (Hech. 7:38) en todo su viviente poder –en cuyo caso su ventaja habría sido infinitamente grande–, pero eso no fue de ningún modo culpa de Dios, y no estamos ahora considerando lo que Israel tuvo y fue, sino lo que pudo haber poseído y lo que debió haber sido.

Dos cosas que han sido siempre ciertas: que "ninguno de nosotros vive para sí" (Rom. 14:7), y que "Dios no hace acepción de personas" (Hech. 10:34); y esas dos verdades combinadas, conforman una tercera: cuando Dios proporciona a alguien un don ventajosamente con respecto a los demás, es con el objeto de que lo emplee para beneficio de los otros. Dios no concede bendiciones a una persona o a un pueblo sin que sea su deseo el que todos las disfruten. Cuando prometió la bendición a Abraham fue con el objeto de que él pudiera ser una bendición, y que por su medio resultaran bendecidas todas familias de la tierra. Dios liberó a Israel según la promesa hecha a Abraham. Por lo tanto, al concederle la ventaja de poseer la ley de Dios, el propósito divino era que hiciera conocer a otros pueblos esa inconmensurable ventaja, de forma que también ellos la disfrutaran.

Dios quería que su nombre fuera conocido en toda la tierra (Éxo. 9:15). Su deseo de que todos lo conocieran era tan grande como el de que lo conociesen los hijos de Israel. Conocer al único Dios verdadero es vida eterna (Juan 17:3); por lo tanto, cuando Dios se reveló a sí mismo a Israel, les estaba mostrando el camino de la vida eterna –el evangelio–, a fin de que pudieran proclamar ese mismo evangelio a otros. La razón por la que se dio a conocer primeramente a Israel es porque estaba, por así decirlo, más próximo que otros pueblos. Entre los judíos seguía vivo el recuerdo del trato que Dios había tenido con Abraham, Isaac, Jacob y José, así como la fe de éstos, lo que hacía que fuera un pueblo más accesible. Dios los escogió, no por que los amara más que a otros, sino porque amaba a todos los hombres, y porque quería dárseles a conocer mediante los agentes que estaban más próximos. La idea de que Dios fuese en algún tiempo exclusivista, de forma que confinara sus mercedes y verdad a un pueblo especial, deshonra grandemente su carácter. Nunca dejó a los paganos sin testimonio de sí mismo, y allí en donde pudo encontrar un hombre o un pueblo que aceptara ser empleado por él, lo alistó inmediatamente en su servicio a fin de poder revelarse más plenamente a sí mismo.

La proclamación del evangelio en Egipto

El evangelio es el poder de Dios para salvación, y puesto que en la liberación de Israel de Egipto hubo una manifestación señalada del poder de Dios, es evidente que fue proclamado el evangelio en mayor intensidad que nunca antes. Las palabras de Rahab, la prostituta pagana, dan testimonio de los efectos de esa proclamación. Cuando los dos espías llegaron a su casa en Jericó, ella los ocultó y les dijo:

"Sé que Jehová os ha dado esta tierra, porque el temor de vosotros ha caído sobre nosotros, y todos los habitantes del país ya han temblado por vuestra causa. Porque hemos oído que Jehová hizo secar las aguas del Mar Rojo delante de vosotros cuando salisteis de Egipto, y también lo que habéis hecho con los dos reyes de los amorreos que estaban al otro lado del Jordán, con Sehón y Og, a los cuales habéis destruido. Al oír esto ha desfallecido nuestro corazón, y no ha quedado hombre alguno con ánimo para resistiros, porque Jehová, vuestro Dios, es Dios arriba en los cielos y abajo en la tierra" (Josué 2:9-11). Entonces les rogó, y se le prometió liberación.

"Por la fe Rahab la ramera no pereció juntamente con los desobedientes, porque recibió a los espías en paz" (Heb. 11:31).

Lo que le sucedió a ella bien pudo haber sido la suerte de cualquier otro habitante de Jericó, con tal que hubiera ejercido la fe, como hizo Rahab. Todos poseían la misma información que aquella mujer, y sabían como ella que "Jehová, vuestro Dios, es Dios arriba en los cielos y abajo en la tierra". Pero no es lo mismo conocimiento que fe. Los diablos saben que hay un Dios, pero no tienen fe. Rahab estuvo dispuesta a someterse a los requerimientos de Dios, y a vivir como una más entre su pueblo, mientras que los que la rodeaban en su país no lo estuvieron. Vemos en su caso la evidencia de que Dios salva a las personas, no porque son buenas, sino porque están dispuestas a ser hechas buenas. Jesús fue enviado para bendecirnos, para apartarnos de nuestras iniquidades. Aquella pobre mujer pagana de mala reputación, capaz de mentir sin perder la compostura y sin conciencia de culpa, tenía una noción por demás deficiente sobre la diferencia entre el bien y el mal; sin embargo Dios la reconoció como a un miembro de su pueblo debido a que no rechazó la luz sino que caminó en ella, en la medida en que la recibió. Creyó, para salvación de su alma. Su fe la elevó por encima de la atmósfera pecaminosa que la rodeaba, y la puso en el camino del conocimiento; y no es posible encontrar mayor evidencia de que Cristo no se avergüenza de reconocer incluso a los paganos como a sus hermanos, que el hecho de que no se avergonzara de tener una de ellas, prostituta para más detalles, registrada en su propia genealogía según la carne (Mat. 1:5).

La solicitud de Dios por todos los hombres

Pero el punto principal en esta referencia a Rahab es que Dios no se había limitado a sí mismo al pueblo judío. Allí donde hubiera un habitante idólatra de Canaán que estuviera dispuesto a reconocer a

Dios, en ese momento quedaba adscrito al pueblo de Dios. No se trata simplemente de un asunto teórico, y la implicación es que la promesa a Abraham incluía a todo el mundo, y no solamente a la simiente de Jacob. Eso tiene una consecuencia práctica y es por demás consolador y elevador. Nos muestra cuán paciente es el Señor, "no queriendo que ninguno perezca, sino que todos procedan al arrepentimiento" (2ª Ped. 3:9). Nos muestra con cuánta avidez responde Dios a la menor inclinación a buscarlo, empleando ese impulso para atraer aún más cerca de sí al alma errante. Sopla cuidadosamente sobre el tenue fuego, a fin de hacer crecer la llama. Su oído está siempre vuelto hacia la tierra, alerta a captar el más leve susurro, de forma que el clamor casi indistinguible, el primer impulso desde las más bajas profundidades, es instantáneamente oído y respondido.

Sacerdotes de Dios

Si el pueblo de Israel hubiera permanecido en el pacto hecho por Dios, habría sido un reino de sacerdotes, lo cual demuestra que el plan de Dios para Israel fue que proclamara el evangelio a todo el mundo. Habían de ser todos sacerdotes de Dios. Se explica la obra de un sacerdote en Malaquías 2:5-7, donde Dios dice de Leví:

"Mi pacto con él fue de vida y de paz. Se las di para que me temiera, y él tuvo temor de mí y ante mi nombre guardaba reverencia. La ley de verdad estuvo en su boca, iniquidad no fue hallada en sus labios; en paz y en justicia anduvo conmigo, y a muchos hizo apartar de la maldad. Porque los labios del sacerdote han de guardar la sabiduría, y de su boca el pueblo buscará la Ley; porque es mensajero de Jehová de los ejércitos".

Hacer apartar de la maldad a los hombres es la obra de Cristo mediante su resurrección; por lo tanto la obra del verdadero sacerdote es simplemente predicar el evangelio, proclamar al Salvador viviente en quien mora la perfecta ley que convierte el alma. Pero dado que los hijos de Israel tenían que ser sacerdotes, y por lo tanto versados en la ley, es evidente que habían de ser sacerdotes en favor de los demás. Si hubieran aceptado la proposición divina y se hubieran mantenido en el pacto de Dios, en lugar de haber insistido en el suyo propio, no habría habido necesidad alguna de sacerdocio que les diera a conocer a ellos la ley de verdad y de paz; todos habrían conocido la verdad, y en consecuencia habrían sido libres (Jer. 31:34); pero la obra de un sacerdote es enseñar la ley, por lo tanto, es evidente que el propósito de Dios al sacar a Israel de Egipto es que fuera enviado a todo el mundo predicando el evangelio.

Qué fácil y rápida tarea habría podido ser para ellos, respaldados por el poder de Dios. Les había precedido la fama de lo que Dios había hecho en Egipto, y al avanzar con ese mismo poder, podrían haber predicado el evangelio en su plenitud a personas ya dispuestas a aceptarlo o rechazarlo. Dejando a sus mujeres e hijos en Canaán, y saliendo de dos en dos, de la forma en que Jesús enviaría después a sus discípulos, les habría tomado muy poco tiempo llevar el evangelio hasta las partes más remotas de la tierra. Si enemigos hubieran puesto en peligro su progreso, uno habría ahuyentado a mil, y dos a diez mil (Deut. 32:30). Es decir, el poder de la presencia de Dios con cualquier pareja de ellos les habría hecho parecer a los ojos de sus enemigos como diez mil hombres, y nadie habría osado atacarlos. De esa forma habrían podido desarrollar la obra que se les asignó de predicar el evangelio, sin temor a ser impedidos. El terror que su presencia habría de inspirar en aquellos que se les opusieran, es un exponente del poder que tendría el mensaje que proclamaran, en los corazones abiertos a recibir la verdad.

Avanzando así revestidos del pleno poder de Dios, no habría sido necesario volver por segunda vez sobre el mismo terreno. Todos los que oyeran, tomarían al punto posición en pro o en contra de la verdad; y esas decisión sería final, dado que cuando uno rechaza el evangelio predicado en su plenitud, es decir, bajo la plenitud del poder de Dios, no hay nada más que se pueda hacer por él, ya que no existe poder mayor que el de Dios. Así, pocos años, o quizá meses, tras el cruce del Jordán pudieron haber bastado para que predicaran el evangelio del reino a todo el mundo, por testimonio a todas las naciones.

Evidencias de la imparcialidad de Dios

Pero Israel no respondió a su elevada vocación. La incredulidad y la confianza propia les privaron del prestigio con el que habían entrado en la tierra prometida. No permitieron que su luz brillara, y con el tiempo ellos mismos llegaron a perderla. Se contentaron con colonizar Canaán, en lugar de poseer toda la tierra. Supusieron que Dios les había dado a ellos la luz porque los amaba más que a otros, lo que hizo que se enaltecieran y despreciaran a los demás. No obstante, Dios no cesó de indicarles que habían de ser la luz del mundo. La historia de los judíos, lejos de mostrar que Dios se confinó a ese pueblo, demuestra que procuró por todo medio emplearlos para hacer conocer su nombre a otros. Véase el relato de Naamán el sirio, cuando fue enviado al rey de Israel para ser limpiado de su lepra. También el caso de la viuda de Sarepta, a quien fue enviado Elías. La reina de Seba vino de lejos para oír de la sabiduría de Salomón. Jonás fue enviado, muy a su pesar, para advertir a los ninivitas, quienes se arrepintieron ante su predicación. Lee las profecías de Isaías, Jeremías y Ezequiel, y observa cuán a menudo se hacen llamamientos a las diversas naciones. Todo eso muestra que Dios no era entonces, ni ahora, el Dios de los judíos solamente, sino también el de los gentiles. Cuando finalmente Israel rehusó cumplir la misión a la que Dios le había llamado, lo llevó a la cautividad a fin de que los paganos pudieran recibir algo del conocimiento de Dios que los israelitas no habían querido impartirles voluntariamente. Unas pocas almas fieles fueron allí el medio de presentar claramente la verdad ante el rey pagano Nabucodonosor, quien a su tiempo llegó a reconocer humildemente a Dios, y publicó su confesión de fe por toda la tierra. También el rey Ciro, y otros reyes persas, dieron a conocer el nombre del Dios verdadero a todo el mundo en edictos reales.

Reunidos en una sola grey

Vemos pues que nada había que Dios deseara tanto como la salvación de los paganos que rodeaban a los judíos, y no sólo de los que estaban próximos, sino también de los más distantes, puesto que las promesas no eran solamente para los judíos y sus hijos, sino también "para todos los que están lejos" (Hech. 2:39; Isa. 57:19). Que Dios no hizo diferencia entre judíos y gentiles lo demuestra el hecho de que Abraham, la cabeza de los judíos, fue él mismo un gentil, y recibió la seguridad de ser aceptado por Dios siendo aún incircunciso, "para que fuera padre de todos los creyentes no circuncidados, a fin de que también a ellos la fe les sea contada por justicia" (Rom. 4:11 y 12). Dios estuvo siempre tan dispuesto a aceptar personas de entre los paganos, como lo estuvo cuando llamó a Abraham de entre ellos. Cuando vino Cristo, declaró que había sido enviado solamente a las ovejas perdidas de la casa de Israel, y sin embargo, mientras decía esto, estaba mostrando quiénes eran las ovejas perdidas de la casa de Israel al ministrar la curación a una mujer pagana que creyó (Mat. 15).

Lo que hizo Cristo en favor de la mujer cananea, estaba igualmente deseoso por hacerlo en favor de cualquier habitante de Canaán y de todo el mundo que creyera, en los días de Josué. Todo aquel que no se aferrara obstinadamente a sus ídolos sería reunido en el redil de Israel, hasta que hubiera sólo una grey, y un solo Pastor. Había salvación para todos los que la aceptaran, pero tenían que hacerse israelitas en verdad.

Israel, un pueblo separado

Es por esa razón por la que se prohibió a los israelitas entrar en ninguna confederación con los habitantes de la tierra. Toda alianza o federación implica semejanza, igualdad, la unión de dos poderes similares. Pero Israel, si permanecía fiel a su llamado, no habría de tener nada en común con los habitantes de la tierra. Tenían que ser un pueblo separado, separado solamente por la presencia santificadora del Señor. Cuando Dios dijo a Moisés "Mi presencia te acompañará y te daré descanso, Moisés respondió: –Si tu presencia no ha de acompañarnos, no nos saques de aquí. Pues, ¿en qué se conocerá aquí que he hallado gracia a tus ojos, yo y tu pueblo, sino en que tú andas con nosotros, y que yo y tu pueblo hemos sido apartados de entre todos los pueblos que están sobre la faz de la tierra?" (Éxo. 33:14-16). Entrar en alianzas con las naciones que los rodeaban significaba unirse a ellas, y eso significaba a su vez separarse de la presencia de Dios. La presencia de Dios es lo que habría de hacer que el pueblo de Dios estuviera separado de las naciones y se mantuviera así, y su presencia habría de tener necesariamente ese efecto. La presencia de Dios tendrá el mismo resultado en nuestros días, puesto que Dios no cambia. Por lo tanto, la pretensión de que el pueblo de Dios no está en necesidad de mantenerse separado de las naciones equivale sencillamente a pretender que no necesita la presencia de Dios.

El mismo principio estaba implicado cuando el pueblo reclamó un rey. Lee el relato en 1 Samuel 8. El pueblo dijo a Samuel: "Danos ahora un rey que nos juzgue, como tienen todas las naciones". Eso disgustó a Samuel, e hirió sus sentimientos, pero el pueblo insistió: "Danos un rey que nos juzgue". El Señor dijo entonces a Samuel: "Oye la voz del pueblo en todo lo que ellos digan; porque no te han desechado a ti, sino a mí me han desechado, para que no reine sobre ellos. Conforme a todas las cosas que han hecho desde el día que los saqué de Egipto hasta hoy, dejándome a mí y sirviendo a dioses ajenos, así hacen también contigo". Entonces Samuel, por indicación del Señor, expuso ante el pueblo algunos de los males que resultarían de tener rey; pero rehusaron la advertencia, diciendo: "No. Habrá un rey sobre nosotros, y seremos también como todas las naciones".

En la Biblia, "naciones" significa *paganos*. La palabra hebrea que se suele traducir por "naciones" o "pueblos", es idéntica a la que se traduce en otras ocasiones por "paganos". Quizá el Salmo 96:5 lo aclara al lector moderno: "Todos los dioses de los pueblos son ídolos; pero Jehová hizo los cielos". Aquí es muy evidente que "pueblos" significa paganos. En Salmo 2:1 leemos: "¿Por qué se amotinan las *gentes* y los pueblos piensan cosas vanas?" La versión King James traduce "paganos" en lugar de "gentes". Es tan incongruente hablar de una "nación cristiana" como hablar de un "pagano cristiano", o de un "cristiano incrédulo e infiel". "Nación" o "pueblo", tal como Dios usa el término en referencia a las naciones de esta tierra, consiste en una colectividad de paganos. Pues bien, lo que los judíos pedían en realidad era esto: 'Habrá un rey sobre nosotros, y seremos también como todos los paganos'. Eso es lo que querían, ya que todos los demás pueblos reconocían a otros dioses que no eran Jehová, y todos los pueblos de la tierra, con excepción de Israel, tenían reyes sobre ellos. La traducción de la Biblia al danés dice llanamente en 1° Sam. 8:20: "Seremos también como los paganos".

El plan de Dios para Israel era que no fueran una *nación*. Tenemos tendencia a ver lo que *fueron*, suponiendo que eso es lo que debieron ser, y en ello olvidamos que de principio a fin Israel rehusó, en mayor o menor grado, andar en el consejo de Dios. Vemos al pueblo judío con jueces, funcionarios y toda la parafernalia del gobierno civil; pero hemos de recordar que el pacto de Dios proveía algo muy diferente, que, debido a su incredulidad, jamás alcanzaron en su plenitud.

Israel, iglesia de Cristo

La palabra "iglesia" es de uso común, sin embargo muy pocos, aún de los que la utilizan, saben que proviene de una voz griega que significa "llamados", y que se aplica a Israel más que a ninguna otra institución. Israel constituía la iglesia de Dios; habían sido llamados de Egipto. En el Antiguo Testamento se los denominaba "la congregación", es decir, los que formaban la asamblea o los que se habían reunido, formando el rebaño del Señor, quien era su Pastor. A Dios se lo conoce como al "Pastor de Israel" (Sal. 80:1). Lee también el Salmo 23:1. De igual forma, en tiempos del Nuevo Testamento se conocería a la iglesia como al "rebaño" del Señor (Hech. 20:28). Esteban, en su discurso ante el sanedrín, se refirió a Israel como a la "iglesia en el desierto" [Hech. 7:38, literalmente "*ecclesia*", la misma palabra que encontramos en Mateo 18:17].

No hay más que una iglesia, pues la iglesia es el cuerpo de Cristo (Efe. 1:19-23), y no hay más que un cuerpo (Efe. 4:4). Esa única iglesia está compuesta por aquellos que dan oído y siguen a la voz de Cristo, ya que Cristo dice: "Mis ovejas oyen mi voz y yo las conozco, y me siguen" (Juan 10:27). Aquella iglesia en el desierto era por lo tanto idéntica a la verdadera iglesia de Cristo en cualquier época. Así lo demuestra Hebreos 3:2-6. Al leer el texto, recuerda que "la casa de Dios" es "la iglesia del Dios viviente" (1ª Tim. 3:15). El texto dice que Cristo fue fiel en la casa de Dios, tal como lo fue Moisés. Moisés fue un siervo fiel en la casa de Dios, y Cristo como Hijo, fue fiel en esa misma casa, "y esa casa somos nosotros, con tal que retengamos firme hasta el fin la confianza y el gloriarnos en la esperanza". Jesús fue llamado a salir de Egipto, como está escrito: "De Egipto llamé a mi Hijo" (Mat. 2:15). Él era la Cabeza y Dirigente de la hueste que salió con Moisés (1ª Cor. 10:1-10). Cristo y Moisés, por lo tanto, estuvieron en compañía y comunión, y todo el que participe de Cristo ha de reconocer en Moisés a un hermano en el Señor.

Esos hechos son de la mayor importancia, puesto que al estudiar el plan de Dios para Israel, comprendemos cuál es el verdadero modelo para la iglesia de Dios en todo tiempo y hasta el fin. No podemos evocar indiscriminadamente lo que hizo Israel, como un modelo de lo que debiéramos hacer, dado que Israel se rebeló contra Dios en repetidas ocasiones, y su historia es más un relato de apostasía que de fe; pero podemos y debemos estudiar las promesas y represiones que Dios les hizo, puesto que lo que Dios tenía para ellos es aquello que tiene también para nosotros.

La iglesia, el reino

El pueblo de Israel constituía un reino desde el principio, siglos antes de que Saúl fuera elegido sobre ellos, ya que la iglesia de Dios es su reino, y los que la forman son sus hijos. La "familia de Dios" es "la ciudadanía de Israel" (Efe. 2:19 y 12). Cristo, junto al Padre, se sienta en "el trono de la gracia", y la verdadera iglesia lo reconoce a él, y sólo a él, como Señor. El apóstol Juan, escribiendo a la iglesia, se incluye como "vuestro hermano y compañero en la tribulación, en el reino y en la perseverancia de Jesucristo" (Apoc. 1:9). Cristo afirmó de sí mismo que era Rey, el Rey de los judíos (Mat. 27:11), y recibió homenaje como "Rey de Israel" (Juan 1:49). Pero si bien declaró ser rey, Jesús afirmó: "Mi reino no es de este mundo; si mi Reino fuera de este mundo, mis servidores pelearían para que yo no fuera entregado a los judíos; pero mi Reino no es de aquí" (Juan 18:36). De igual forma en que el reino de Cristo no es de este mundo, así también su iglesia, su cuerpo, las personas que ha escogido y llamado del mundo, no han de formar parte del mundo, aunque estén en él. No deben entrar en ningún tipo de alianza con el mundo, para el propósito que sea. Su única misión en el mundo es ser la luz del mundo, la sal con la que debe ser preservado tanto del mundo como sea posible. No han de ser más parte del mundo de lo que la luz lo es de las tinieblas en las que brilla. "Qué comunión [tiene] la luz con las tinieblas?" (2ª Cor. 6:14). Hay en la tierra sólo dos clases: la iglesia y el mundo. Pero cuando la iglesia establece una alianza con el mundo, bien sea formalmente, o bien adoptando los métodos y principios del mundo, entonces realmente sólo queda una clase: el mundo. Por la gracia de Dios, no obstante, siempre ha habido unos pocos fieles, incluso en los tiempos de la gran apostasía.

No es una teocracia

Es muy frecuente oír hablar de Israel como de una teocracia. Eso es ciertamente lo que Dios dispuso que fuera, y lo que debió ser, pero lo que en el más verdadero sentido no fue jamás. No fue una teocracia; no especialmente cuando el pueblo de Israel pidió un rey terrenal: "Seremos también como los paganos", pues haciendo así estaban rechazando a Dios como a su Rey. Es realmente muy extraño que algunos se refieran a lo que Israel hizo en directa oposición a las disposiciones de Dios, como justificación de acciones similares por parte de la iglesia hoy, y su rechazo de Dios entonces, como evidencia de que estaban dirigidos por su poder.

"Teocracia" es una combinación de dos palabras griegas. Significa literalmente "el gobierno de Dios". Por lo tanto, una verdadera teocracia es un cuerpo en el que Dios es el único y absoluto soberano. Rara vez se ha visto un gobierno así en esta tierra, y nunca por mucho tiempo. Existía una verdadera teocracia cuando Adán fue primeramente formado y puesto en el Edén, cuando "vio Dios todo cuanto había hecho, y era bueno en gran manera" (Gén. 1:31). Dios formó a Adán del polvo de la tierra, y lo colocó por encima de las obras de sus manos. Se le dio "potestad sobre los peces del mar, las aves de los cielos y las bestias, sobre toda la tierra y sobre todo animal que se arrastra sobre la tierra" (Gén. 1:26). Por consiguiente, se le había concedido todo el poder. Pero en su mejor situación, estando coronado de gloria y honor, Adán no era más que polvo, no teniendo en sí mismo mayor poder que el del polvo que pisaba. Por lo tanto, el gran poder que en él se manifestó no era en absoluto su poder, sino el de Dios obrando en él. Dios era el soberano absoluto, pero a él agradó, en lo que a esta tierra concernía, revelar su poder a través del hombre. Mientras duró la lealtad de Adán a Dios, hubo pues una perfecta teocracia en esta tierra.

Nunca más ha existido desde entonces una teocracia como esa, ya que la caída del hombre implicaba reconocer a Satanás como al dios de este mundo. Pero individualmente existió en su perfección en Cristo, el segundo Adán, en cuyo corazón estaba la ley de Dios, y en quien moraba toda la plenitud de la divinidad corporalmente. Cuando Cristo haya renovado la tierra y restaurado todas las cosas como en el principio, y haya sólo un redil y un solo Pastor, un Rey en toda la tierra, esa será una perfecta teocracia. La voluntad de Dios será entonces hecha en la tierra, como lo es ahora en el cielo. Pero ahora es el tiempo de la preparación. Cristo está reuniendo a un pueblo en el que se vea reproducido su carácter, pueblo en cuyos corazones Él mismo more por la fe, de forma que cada uno de ellos, como Él, puedan ser "llenos de toda la plenitud de Dios" (Efe. 3:17-19). Esas personas reunidas constituyen la iglesia de Cristo, que como un todo, es "la plenitud de Aquel que todo lo llena en todo" (Efe. 1:22 y 23). Así, mientras que la verdadera teocracia se encuentra primeramente en el corazón de las personas que sinceramente dicen a su Padre celestial cada día: "tuyo es el reino", la multitud de los que creen –la iglesia– cuando está perfectamente unida en la misma mente por el Espíritu Santo, constituye la única verdadera teocracia que haya existido en esta tierra. Cuando la iglesia es apóstata, procura el poder de regir mediante alianzas con el mundo, exhibiendo una forma teocrática de gobierno, pero no es más que una *forma*, de hecho, una falsificación desprovista del poder divino, mientras que los verdaderos seguidores de Dios, escasos en número y esparcidos por todo el mundo, ignorados por las naciones, proveen el ejemplo de una auténtica teocracia.

A través del profeta que abrió su boca para maldecir, pero que en lugar de eso pronunció bendiciones, Dios dijo al pueblo de Israel: "un pueblo que habita aparte, que no será contado entre las naciones" (Núm. 23:9). El pueblo de Dios está en el mundo sin ser del mundo, con el propósito de mostrar la excelencia de Aquel que los llamó de las tinieblas. Pero sólo pueden cumplir ese propósito cuando Dios es reconocido supremo. La iglesia es el reino en el que únicamente Dios reina, y todo el poder de la iglesia es el poder de Dios, siendo la ley de amor de Dios su única ley. La iglesia escucha y sigue únicamente la voz de Dios, y sólo la voz de Dios habla a través de ella.

Ningún modelo terrenal

Nada, de entre los reinos terrenales o asociaciones del tipo que sea, puede servir de modelo a la auténtica teocracia, que es la iglesia y reino de Dios; ni puede acto alguno de las organizaciones humanas ser tomado como un precedente. Es única y singular en todo respecto, y no depende de ninguna de las cosas de las que dependen los gobiernos humanos para mantener la unidad, a pesar de lo cual es una maravillosa exhibición de orden, armonía y poder que a todos maravilla.

Pero si bien el auténtico pueblo de Dios se ha de mantener separado, no siendo contado entre las naciones, y en consecuencia no teniendo parte alguna en la dirección o gestión de gobiernos civiles, no por ello es indiferente al bienestar de la humanidad. Como su divina Cabeza, tiene por misión hacer el bien. Tal como Adán fue hijo de Dios (Luc. 3:38), toda la humanidad, aunque caída, constituye sus hijos –pródigos–, y por lo tanto los auténticos hijos de Dios considerarán a todos los seres humanos como a sus hermanos, por cuyo bienestar y salvación han de trabajar. Su labor consiste en revelar a Dios al mundo como a un Padre lleno de ternura y amor, y eso sólo pueden hacerlo al permitir que el amor de Dios brille en sus propias vidas.

El reino de Cristo sobre la tierra tiene por única obra mostrar su fidelidad a él mediante una semejanza práctica con Cristo, y proclamarlo como al merecido Señor de todo, y, mostrando de ese modo sus excelencias, inducir a tantos como sea posible a aceptarlo como Rey, de forma que estén dispuestos a recibirlo cuando venga en el trono de su gloria (Mat. 25:31). Cristo, el Rey, vino al mundo con el propósito de dar testimonio de la verdad (Juan 18:37), y sus súbditos leales no tienen otro objeto en la vida; el poder mediante el cual testifican es el del Espíritu Santo que mora en ellos (Hech. 1:8), y jamás el que deriva de mezclarse en la lucha política o social. Durante un breve tiempo, tras la ascensión de Cristo al cielo, la iglesia se conformó con ese poder, y hubo un maravilloso progreso en la obra de predicar el evangelio del reino; pero pronto comenzó la iglesia a adoptar métodos mundanos, y sus miembros comenzaron a interesarse en los asuntos del Estado, en lugar de en el reino de Cristo, con lo que se perdió el poder. Pero hay que recordar que en los días en que la iglesia mantuvo su lealtad, estaba presente el mismo poder que fue dado a Israel cientos de años antes, y con el mismo propósito; y hay que recordar también que el pueblo de Dios mediante el cual se manifestó así en ambas ocasiones, fue el mismo, "porque la salvación viene de los judíos" (Juan 4:22).

"En cuanto a Dios, perfecto es su camino" (Sal. 18:30), y sabemos que "todo lo que Dios hace es perpetuo: Nada hay que añadir ni nada que quitar. Dios lo hace para que delante de él teman los hombres" (Ecl. 3:14). Por lo tanto, aunque Israel en los días de los jueces y de los profetas demostró ser infiel a su misión, y la misma iglesia desde los días de los apóstoles ha sido en gran medida inconsistente con sus privilegios y deberes, ha de llegar el tiempo en que la iglesia –el Israel de Dios– salga del mundo y se mantenga separada, y así, libre de toda atadura terrenal, y dependiendo solamente de Cristo, brillará como la mañana, "hermosa como la luna, radiante como el sol, imponente como ejércitos en orden de batalla" (Cant. 6:10).

"Y oí otra voz del cielo que decía: '¡Salid de ella, pueblo mío, para que no seáis partícipes de sus pecados ni recibáis parte de sus plagas!'" "El Espíritu y la Esposa dicen: '¡Ven!'. El que oye, diga: '¡Ven!'" (Apoc. 18:4; 22:16).

Capítulo 38

El reposo prometido (I)

"MI PRESENCIA te acompañará y te daré descanso" (Éxo. 33:14). Dios infundió ánimo a Moisés con esas palabras para que hiciera avanzar de nuevo al pueblo de Israel, después que este hubiera pecado tan gravemente al hacerse un becerro de oro y adorarlo.

El reposo de Cristo

En nuestro estudio del reposo que Dios prometió a su pueblo, hay que notar que la promesa citada es idéntica a la de Mateo 11:28.

Se prometió el reposo, y sólo se lo obtendría, en la presencia de Dios, quien iría con su pueblo. Así, Cristo, que es "Dios con nosotros" (Mat. 1:23), y quien está con nosotros "todos los días, hasta el fin del mundo" (Mat. 28:20), nos dice: "Venid a mí todos los que estáis trabajados y cargados, y yo os haré descansar". El reposo ofrecido a los hijos de Israel en el desierto, es el mismo que Cristo ofrece a toda la humanidad; reposo en Dios, en los brazos eternos –ya que el Hijo unigénito "está en el seno del Padre" (Juan 1:18). "Como aquel a quien consuela su madre, así os consolaré yo a vosotros" (Isa. 66:13).

Pero Dios fue y es siempre omnipresente, ¿por qué entonces, no tienen todos reposo? –Por la razón sencilla de que en general el hombre no reconoce su presencia, ni siquiera su existencia. En lugar de tener en cuenta a Dios en todos los asuntos de la vida, la mayoría de la gente vive como si él no existiera. "Sin fe es imposible agradar a Dios, porque es necesario que el que se acerca a Dios crea que Él existe" (Heb. 11:6). Eso muestra que la generalizada incapacidad para agradar a Dios, y por lo tanto para hallar descanso, procede de la incredulidad prevaleciente en cuanto a su existencia.

¿Cómo podemos saber que Dios existe? –Desde la creación del mundo, las cosas invisibles de Dios: su eterno poder y divinidad, han sido claramente revelados en las cosas que él creó (Rom. 1:20), de forma que aquellos que no conocen a Dios carecen de excusa. Dios se revela a sí mismo como Creador, porque ese hecho lo distingue como el Dios que existe por sí mismo, en contraste con los dioses falsos. "Grande es Jehová y digno de suprema alabanza; temible sobre todos los dioses. Todos los dioses de los pueblos son ídolos; pero Jehová hizo los cielos" (Sal. 96:4 y 5). "Jehová es el Dios verdadero: él es el Dios vivo y el Rey eterno... 'Los dioses, que no hicieron los cielos ni la tierra, desaparezcan de la tierra y de debajo de los cielos'. Él hizo con su poder la tierra, con su saber puso en orden el mundo y con su sabiduría extendió los cielos" (Jer. 10:10-12). "Mi socorro viene de Jehová, que hizo los cielos y la tierra" (Sal. 121:2). "Nuestro socorro está en el nombre de Jehová, que hizo el cielo y la tierra" (Sal. 124:8). Puesto que sólo en la presencia de Dios se encuentra el reposo, y su presencia es conocida y apreciada verdaderamente por medio de sus obras, es evidente que el reposo prometido ha de estar muy estrechamente relacionado con la creación.

El reposo y la herencia, inseparables

Vemos que ese es el caso, ya que el reposo y la herencia siempre estuvieron asociados en la promesa. Los hijos de Israel recibieron esta instrucción en el desierto: "No haréis como todo lo que hacemos nosotros aquí ahora, cada uno lo que bien le parece, porque hasta ahora no habéis entrado al reposo y a la heredad que os da Jehová, vuestro Dios. Pero pasaréis el Jordán y habitaréis en la tierra que Jehová, vuestro Dios, os hace heredar. Él os hará descansar de todos vuestros enemigos alrededor, y habitaréis seguros. Y al lugar que Jehová, vuestro Dios, escoja para poner en él su nombre, allí llevaréis todas las cosas que yo os mando" (Deut. 12:8-11). Así, Moisés dijo también a las tribus cuya suerte cayó en la ladera oriental del Jordán: "Jehová, vuestro Dios, os ha dado esta tierra como heredad; pero iréis armados todos los valientes delante de vuestros hermanos, los hijos de Israel. Solamente vuestras mujeres, vuestros hijos y vuestros ganados... quedarán en las ciudades que os he dado, hasta que Jehová de reposo a vuestros hermanos, así como a vosotros, y hereden ellos también la tierra que Jehová, vuestro Dios, les da al otro lado del Jordán" (Deut. 3:18-20). El reposo y la herencia son inseparables. En Cristo, quien es "Dios con nosotros", encontramos reposo; "en Él asimismo tuvimos herencia, habiendo sido predestinados conforme al propósito del que hace todas las cosas según el designio de su voluntad". El Espíritu Santo constituye las primicias de esa herencia, hasta que sea redimida la posesión adquirida (Efe. 1:10-14). "Jehová es la porción de mi herencia" (Sal. 16:5). Él es tanto nuestro reposo como nuestra herencia. Teniéndolo a él, lo tenemos todo.

Hemos visto ya a los hijos de Israel en la tierra prometida; la tierra, y por lo tanto el reposo, eran suyos, ya que leemos esta declaración relativa a la situación en los días de Josué:

"De esta manera dio Jehová a Israel toda la tierra que había jurado dar a sus padres. Tomaron posesión de ella, y la habitaron. Jehová les dio paz alrededor, conforme a todo lo que había jurado a sus padres, y ninguno de sus enemigos pudo hacerles frente, porque Jehová entregó en sus manos a todos sus enemigos. No faltó ni una palabra de todas las buenas promesas que Jehová había hecho a la casa de Israel. Todo se cumplió" (Josué. 21:43-45).

Josué rememora la fidelidad de Dios

Pero caeríamos en un grave error si nos detuviésemos aquí. En el capítulo siguiente encontramos lo que Josué habló a sus ancianos, jueces, etc, "mucho tiempo después que el Señor dio reposo a Israel de todos sus enemigos" (Josué 23:1 y 2).

Después de haberles recordado lo que el Señor había hecho por ellos, les dijo:

"Yo os he repartido por suertes, como herencia para vuestras tribus, estas naciones, tanto las destruidas como las que quedan, desde el Jordán hasta el Mar Grande, hacia donde se pone el sol. Jehová, vuestro Dios, las echará de delante de vosotros, las expulsará de vuestra presencia y vosotros poseeréis sus tierras, como Jehová, vuestro Dios, os ha dicho. Esforzaos, pues, mucho en guardar y hacer todo lo que está escrito en el libro de la Ley de Moisés, sin apartaros de ello ni a la derecha ni a la izquierda, para que no os mezcléis con estas naciones que han quedado entre vosotros, ni hagáis mención ni juréis por el nombre de sus dioses, ni los sirváis, ni os inclinéis a ellos. Pero a Jehová, vuestro Dios, seguiréis como habéis hecho hasta hoy. Pues ha expulsado Jehová de vuestra presencia a naciones grandes y fuertes, y hasta hoy nadie os ha podido resistir. Un hombre de vosotros perseguirá a mil, porque Jehová, vuestro Dios, es quien pelea por vosotros, como él os dijo. Guardad, pues, con diligencia vuestras almas, para que améis a Jehová, vuestro Dios. Porque si os apartáis y os unís a lo que resta de estas naciones que han quedado entre vosotros, y si concertáis con ellas matrimonios, mezclándoos con ellas y ellas con vosotros, sabed que Jehová, vuestro Dios, no seguirá expulsando ante vosotros a estas naciones, sino que os será como lazo, trampa y azote para vuestros costados y espinas para vuestros ojos, hasta que desaparezcáis de esta buena tierra que Jehová, vuestro Dios, os ha dado. Yo estoy próximo a entrar hoy por el camino que recorren todos. Reconoced, pues, con todo vuestro corazón y con toda vuestra alma, que no ha faltado ni una sola de todas las bendiciones que Jehová, vuestro Dios, os había dicho; todas se os han cumplido, no ha faltado ninguna de ellas. Pero así como se os han cumplido todas las bendiciones que Jehová, vuestro Dios, os había dicho, también traerá Jehová sobre vosotros todas sus maldiciones, hasta borraros de sobre la buena tierra que Jehová, vuestro Dios, os ha dado" (Josué 23:4-15).

Sólo la fe asegura el reposo

En esta porción de la Escritura tenemos evidencia adicional de que la herencia consiste en el reposo prometido. Se nos informa llanamente de que Dios había dado reposo a Israel, y que esa disertación estaba teniendo lugar mucho tiempo después de ello.

No obstante, en esa alocución les fueron presentadas las condiciones bajo las cuales podrían tener el reposo, y bajo las cuales serían expulsados los enemigos que quedaban aún en la tierra. Todo dependía de la fidelidad de Israel a Dios. Si dejaban de servir al Señor, yéndose tras otros dioses, conocerían con certeza que Dios no iba a continuar echando de delante de ellos a las naciones restantes, sino que estas continuarían acosándoles, y que el Señor llegaría a hacerlos desaparecer de sobre la faz de la tierra que les había dado.

¿Cómo se podía decir de los hijos de Israel que hubiesen recibido reposo de todos sus enemigos, y la tierra en posesión, siendo que esos enemigos estaban aún en la tierra, y existía la posibilidad de que los echaran fuera a ellos, en lugar de que ocurriera lo contrario? Las propias Escrituras dan la respuesta. Por ejemplo, cuando todos los reyes de los amorreos amenazaron a los gabaonitas, que habían hecho alianza con los israelitas, el Señor dijo a Josué: "No les tengas temor, porque yo los he entregado en tus manos" (Josué 10:8). ¿Qué hizo entonces Josué? –Fue y los tomó. No comenzó a cavilar preguntándose: 'No veo evidencia ninguna de que Dios los haya entregado en mis manos, puesto que no están en mis manos', ni exclamó con negligencia: 'Puesto que Dios los ha entregado en mis manos, puedo disolver el ejército y dedicarme a la vida fácil'. En ambos casos habría resultado vencido, aun siendo cierto que Dios le había dado la victoria. Josué demostró con su acción, que creía en lo que el Señor había dicho. La fe obra, y continúa obrando.

De igual forma, se había dicho al pueblo que Dios le había dado la victoria, estando todavía fuera de los altos muros y puertas selladas de Jericó. Aun siendo cierto que Dios les había dado la victoria, todo dependía de ellos. Si hubieran rehusado gritar, nunca habrían conocido la victoria.

En Cristo tenemos el reposo y la herencia; pero a fin de ser participantes de Cristo, debemos retener "firme hasta el fin nuestra confianza del principio" (Heb. 3:14). Jesús dice: "En el mundo tendréis *aflicción*, pero confiad, yo he vencido al mundo" (Juan 16:33). Sin embargo, en la misma predicación dijo: "La *paz* os dejo, mi paz os doy" (Juan 14:27). ¡Cómo!, ¿paz en medio de la aflicción? Sí, ya que añade: "yo no os la doy como el mundo la da. No se turbe vuestro corazón ni tenga miedo". Permanecer firme en la tribulación; no ceder al temor ante el peligro; estar en el centro del combate, y sin embargo experimentar la perfecta paz, significa moverse realmente según una escala diferente a la que el mundo conoce.

El conflicto, terminado

Observa cuál fue el mensaje que se encomendó al profeta Isaías que diera a Israel cuando estaba atravesando las experiencias más probatorias, un mensaje que es más para nosotros hoy, de lo que fue para los que vivieron en el momento en que fue dado:

"¡Consolad, consolad a mi pueblo!, dice vuestro Dios. Hablad al corazón de Jerusalén; decidle a voces que su tiempo es ya cumplido, que su pecado está perdonado" (Isa. 40:1 y 2).

¡Gloriosa seguridad! El conflicto terminó, la batalla llegó a su fin, ¡se logró la victoria! ¿Significa eso que podemos ya echarnos tranquilamente a dormir? De ninguna manera; hemos de estar despiertos, y hacer uso de la victoria que el Señor ha ganado en nuestro favor. El conflicto es contra principados, contra potestades (Efe. 6:12), pero Jesús "despojó a los principados y a las autoridades y los exhibió públicamente, triunfando sobre ellos en la cruz" (Col. 2:15), y resucitó después para sentarse en los lugares celestiales, "sobre todo principado y autoridad, poder y señorío, y sobre todo nombre que se nombra, no sólo en este siglo, sino también en el venidero" (Efe. 1:20 y 21), y Dios nos ha resucitado con Él, para sentarnos con Él en esos mismos lugares celestiales (Efe. 2:1-6), y en consecuencia también sobre todo principado y autoridad, poder y señorío, y sobre todo nombre que se nombra, no sólo en este siglo, sino también en el venidero.

Por lo tanto, podemos y debemos decir de todo corazón: "Gracias sean dadas a Dios, que nos da la victoria por medio de nuestro Señor Jesucristo" (1ª Cor. 15:57).

Lecciones de los Salmos

David comprendió esa victoria y se gozó en ella. Supo lo que es ser perseguido por los montes como una alimaña. En cierta ocasión en que se estaba escondiendo en el desierto de Zif, y los habitantes de aquella tierra revelaron traidoramente el escondedero de David, diciendo a Saúl: "Por tanto, rey, desciende ahora pronto, conforme a tu deseo, y nosotros lo entregaremos en manos del rey" (1° Sam. 23:15-20).

David, a pesar de conocer todo ello, tomó su arpa y compuso un salmo de alabanza, diciendo: "Voluntariamente sacrificaré a ti; alabaré tu nombre, Jehová, porque es bueno, porque Él me ha librado de toda angustia y mis ojos han visto la ruina de mis enemigos" (Sal. 54:6 y 7). Lee el salmo en su totalidad, incluyendo su introducción. David pudo cantar: "Aunque un ejército mayor acampe contra mí, no temerá mi corazón" (Sal. 27:3). El salmo tercero, con sus expresiones de positiva confianza en Dios y su tono de victoria, fue compuesto mientras David huía de su hijo Absalón, quien le disputaba el trono. Necesitamos comprender el Salmo 23, de forma que cuando leemos: "Aderezas mesa delante de mí en presencia de mis angustiadores; unges mi cabeza con aceite; mi copa está rebosando", no sean meras palabras huecas.

El hombre fuerte, derrotado

La victoria "que *ha vencido* al mundo", es nuestra fe.

¡Oh, si pudiésemos comprender y tener siempre presente el hecho de que la victoria ha sido ya ganada! Cristo, el Poderoso, cayó sobre el hombre fuerte (Mat. 12:29) –nuestro adversario y acusador–, y lo venció, arrancándole la armadura en la que confiaba, de forma que tenemos que luchar solamente con un enemigo desarmado y derrotado. La razón por la que resultamos vencidos es porque no creemos ni conocemos ese hecho. Si lo sabemos y lo recordamos, no caeremos jamás. ¿Quién iba a ser tan necio como para dejarse tomar cautivo por un enemigo sin armadura y sin fuerza?

Cuántas de las bendiciones que Dios nos ha dado resultan malogradas, simplemente porque nuestra fe no echa mano de ellas. ¿Cuántas bendiciones nos ha dado Dios?: "Bendito sea el Dios y Padre de nuestro Señor Jesucristo, que nos bendijo con toda bendición espiritual en los lugares celestiales en Cristo" (Efe. 1:3). "Todas las cosas que pertenecen a la vida y a la piedad nos han sido dadas por su divino poder, mediante el conocimiento de aquel que nos llamó por su gloria y excelencia" (2ª Ped. 1:3). Sorprendentemente, a pesar de que todo es nuestro (1ª Cor. 3:21), a menudo actuamos como si no tuviéramos nada. Cierto dirigente espiritual, cuando se le recordaron en cierta ocasión esos textos con la intención de darle ánimo, exclamó: 'Si Dios me ha dado todas esas cosas, ¿por qué no las tengo?' Quizá haya más de uno que esté aquí leyendo su propia experiencia. La respuesta a su pregunta era muy simple: –Porque no creía que Dios se las hubiera dado. No podía *sentir* que las tenía, por lo tanto, no creía que las poseyera. Pero es la fe la que ha de aferrarse a ellas. Uno no puede esperar sentir aquello que no puede tocar. La victoria no es la *duda*, la *vista* ni el *sentimiento*, sino la *fe*.

En la próxima entrega concluiremos el estudio del reposo prometido.

Capítulo 39

El reposo prometido (II)

LOS ISRAELITAS habían tomado posesión; no había faltado ni una sola de las palabras de Dios; Él les había dado todas las cosas; pero no apreciaron el inmenso don, de forma que recibieron la gracia de Dios en vano (2ª Cor. 6:1).

Habían sido fieles a Dios, al menos nominalmente, en vida de Josué, pero tras su muerte, "los hijos de Israel hicieron lo malo ante los ojos de Jehová y sirvieron a los baales. Dejaron a Jehová, el Dios de sus padres, que los había sacado de la tierra de Egipto, y se fueron tras otros dioses, los dioses de los pueblos que estaban en sus alrededores, y los adoraron, provocando la ira de Jehová. Dejaron a Jehová, y adoraron a Baal y a Astarot. Se encendió entonces contra Israel el furor de Jehová, quien los entregó en manos de salteadores que los despojaron, y los vendió en manos de sus enemigos de alrededor, a los cuales no pudieron ya hacerles frente. Por dondequiera que salían, la mano de Jehová estaba contra ellos para mal, como Jehová había dicho y se lo había jurado. Y se vieron en una gran aflicción" (Jueces 2:11-15).

Dios les había dicho que a causa de su desobediencia, no echaría a las gentes de delante de ellos, sino que sus enemigos permanecerían y les serían como espinas a sus costados.

Vemos, por lo tanto, que aunque Dios les dio reposo, ellos no entraron en dicho reposo. Así, fue tan cierto de ellos como de los que cayeron en el desierto, "que no pudieron entrar a causa de su incredulidad" (Heb. 3:19).

¿Y nosotros?

"Temamos, pues, no sea que permaneciendo aún la promesa de entrar en su reposo, alguno de vosotros parezca no haberla alcanzado. También a nosotros se nos ha anunciado la buena nueva como a ellos; a ellos de nada les sirvió haber oído la palabra, por no oír acompañada de fe en los que la oyeron" (Heb. 4:1 y 2). Estamos en el mundo precisamente en la misma situación que el antiguo Israel, con las mismas promesas, las mismas expectativas, los mismos enemigos, los mismos peligros.

No existen enemigos contra los cuales podamos emplear armas ordinarias de guerra, a pesar de que se asegure a los seguidores del Señor que padecerán persecución (2ª Tim. 3:12), y serán aborrecidos por el mundo con un odio que no se detendrá hasta la muerte (Juan 15:18 y 19; 16:1-3); sin embargo, "las armas de nuestra milicia no son carnales" (2ª Cor. 10:4). En eso, no obstante, nuestro caso en nada es diferente al del Israel de antiguo.

Ellos habían de obtener la victoria sólo por la fe, y como ya hemos visto, si hubieran sido verdaderamente fieles, no habría habido mayor necesidad de emplear la espada para echar a los cananeos, de la que hubo para derrotar al faraón y sus huestes. En verdad, la razón por la que no obtuvieron plena posesión de la tierra, fue por esa misma incredulidad que hizo necesaria la espada; ya que es absolutamente imposible que la patria celestial que Dios prometió a Abraham sea conquistada por hombres sosteniendo espadas o pistolas en sus manos. No había mayor necesidad para Israel de luchar en la antigüedad, de la que tenemos hoy nosotros, ya que "cuando los caminos del hombre son agradables a Jehová, aun a sus enemigos los pone en paz con él" (Prov. 16:7), y se nos prohíbe terminantemente luchar.

Cuando Cristo ordena a sus seguidores que se abstengan de luchar, y les advierte que si lo hacen perecerán, no está introduciendo un nuevo orden de cosas, sino que está reconduciendo a su pueblo de regreso a los primeros principios. El Israel de antiguo provee una ilustración del hecho de que aquel que utiliza la espada, a espada perecerá; y aunque el Señor fue muy paciente con ellos e hizo muchas concesiones a su debilidad, y continúa siendo aún más paciente con nosotros, quiere no obstante que evitemos los errores de ellos. Todas las cosas que los conciernen "les acontecieron como ejemplo, y están escritas para amonestarnos a nosotros, que vivimos en estos tiempos finales" (1ª Cor. 10:11).

La promesa de Canaán

Pero hemos de avanzar un paso más, y comprobar que nuestra situación es precisamente la del antiguo Israel, y que el mismo reposo y herencia que Dios les dio a ellos, y que dejaron escapar negligentemente de sus manos, son nuestros, "con tal que retengamos firme hasta el fin la confianza y el gloriarnos en la esperanza" (Heb. 3:6). Afortunadamente la evidencia es muy simple y consistente, y en cierta medida ya la hemos considerado.

Refresquemos nuestra memoria con los siguientes hechos:

Canaán es la tierra que Dios dio a Abraham y a su simiente "en heredad perpetua" (Gén. 17:7 y 8). Había de ser una herencia permanente, tanto para Abraham como para sus descendientes. Pero el propio Abraham no tomó posesión ni siquiera del terreno que pisaban sus pies (Hech. 7:5), y tampoco ninguno de sus descendientes, ya que hasta los justos de entre ellos (y sólo ellos son descendientes de Abraham), "en la fe murieron... sin haber recibido lo prometido" (Heb. 11:13, 39).

Por lo tanto, tal como ya hemos visto, la posesión de la tierra implicaba la resurrección de los muertos en la venida de Cristo, para restaurar todas las cosas. Mediante la resurrección de Cristo, Dios nos ha hecho renacer para una esperanza viva, "para una herencia incorruptible, incontaminada e inmarchitable, reservada en los cielos para vosotros, que sois guardados por el poder de Dios, mediante la fe, para alcanzar la salvación que está preparada para ser manifestada en el tiempo final" (1ª Ped. 1:3-6).

Un reino mundial

Pero la posesión de la tierra de Canaán significaba nada menos que la posesión de todo el mundo, como vemos al relacionar Gén. 17:7, 8 y 11 con Rom. 4:1-13. Así, la circuncisión era el sello del pacto según el cual se daría a Abraham y a su simiente la tierra de Canaán como posesión perpetua. Pero la circuncisión era al mismo tiempo la señal o sello de la justicia de la fe; y de "la promesa de que sería *heredero del mundo*, fue dada a Abraham o a su simiente no por la Ley sino por la justicia de la fe". Eso significa que el sello que aseguraba el derecho de Abraham a la posesión de la tierra de Canaán era el mismo sello que le daba derecho a heredar todo el mundo.

Al darle a él y a su simiente la tierra de Canaán, Dios le estaba dando todo el mundo. No "el presente siglo malo", claro está (Gál. 1:4), ya que este "mundo pasa" (1ª Juan 2:17), y realmente "esperamos, según sus promesas, cielos nuevos y tierra nueva, en los cuales mora la justicia" (2ª Ped. 3:13). Lo que Dios prometió a Abraham y a su simiente no era la posesión de unos cuantos miles de hectáreas manchados por la maldición, sino la posesión eterna de toda la tierra, libre de todo vestigio de la maldición. Aún si la herencia prometida hubiera estado limitada solamente al pequeño territorio de Canaán, seguiría siendo cierto que Israel jamás la poseyó; ya que la promesa que el Señor confirmó consistía en dar a Abraham y a su simiente la tierra de Canaán *como perpetua posesión*, es decir, Abraham debía poseerla de forma permanente, y también su simiente. Sin embargo todos ellos murieron, y con el tiempo hasta el propio país pasó a manos de otros pueblos. Ninguna morada temporal en Palestina puede constituir el cumplimiento de la promesa. Sigue pendiente de cumplimiento, para Abraham y toda su simiente.

La tierra nueva

El reposo es la herencia; la herencia es la tierra de Canaán; pero la posesión de la tierra de Canaán significa la posesión de toda la tierra, no en su actual estado, sino restaurada a su situación edénica.

Por lo tanto, el reposo que Dios da es inseparable de la tierra nueva: se trata de reposo que sólo en la tierra nueva puede darse, reposo que sólo se encuentra en Dios; y cuando todas las cosas sean restauradas, Dios llenará todas las cosas en Cristo sin impedimento, de forma que habrá perfecto reposo en todo lugar. Puesto que sólo en Dios se encuentra el reposo, es evidente que los hijos de Israel no gozaron del reposo y de la herencia, ni siquiera al habitar en Palestina, pues si bien "echó las naciones de delante de ellos; con cuerdas repartió sus tierras en heredad e hizo habitar en sus tiendas a las tribus de Israel", no obstante "ellos tentaron y enojaron al Dios altísimo y no guardaron sus testimonios; mas bien le dieron la espalda, rebelándose como sus padres; se torcieron como arco engañoso. Lo enojaron con sus lugares altos y lo provocaron a celo con sus imágenes de talla", de forma que Dios "en gran manera aborreció a Israel" (Sal. 78:55-59).

Recuerda que Abraham esperaba una patria celestial. No obstante, la promesa divina de darle a él y a su simiente (que nos incluye si somos de Cristo –Gál. 3:16 y 29–) la tierra de Canaán como herencia perpetua, se ha de cumplir al pie de la letra.

Cuando el Señor regrese para tomar para sí a su pueblo, para llevarlo al lugar que él les ha preparado (Juan 14:3), los muertos justos resucitarán incorruptibles, y los justos que vivan serán igualmente transformados en inmortales, y ambos grupos serán reunidos "en las nubes para recibir al Señor en el aire, y así estaremos siempre con el Señor" (1ª Tes. 4:16 y 17; 1ª Cor. 15:51-54). El lugar al que serán conducidos es la "Jerusalén de arriba", la libre, la que es "madre de todos nosotros" (Gál. 4:26); pues es ahí en donde está ahora Cristo, preparando un lugar para nosotros. Algunos textos ayudarán a comprender esto más claramente: Que la Nueva Jerusalén es el lugar "donde ahora se presenta [Cristo] por nosotros ante Dios" (Heb. 9:24), es evidente a partir de Heb. 12:22-24, en donde se nos dice que los creyentes han de acudir al monte de Sión, "a la ciudad del Dios vivo, Jerusalén la celestial", "a Dios, Juez de todos", y "a Jesús, Mediador del nuevo pacto". Cristo "se sentó a la diestra del trono de la Majestad en los cielos" (Heb. 8:1), y desde ese trono, no lo olvides, fluye el "río limpio, de agua de vida" (Apoc. 22:1).

La ciudad que Abraham esperaba

Esa ciudad, la Nueva Jerusalén, la ciudad que Dios ha preparado para aquellos de los que no se avergüenza puesto que buscan una patria celestial (Heb. 11:16), es la capital de sus dominios. Es "la ciudad que tiene fundamentos, cuyo arquitecto y constructor es Dios" (vers. 10), la que Abraham esperaba.

En el capítulo 21 de Apocalipsis encontramos una descripción de esos fundamentos, y allí vemos también que esa ciudad no ha de permanecer para siempre en el cielo, sino que descenderá a esta tierra junto a los santos que reinaron en ella con Cristo por mil años, tras la resurrección (Apoc. 20). Sobre el descenso de la ciudad leemos:

"Y yo, Juan, vi la santa ciudad, la nueva Jerusalén, descender del cielo, de parte de Dios, ataviada como una esposa hermoseada para su esposo. Y oí una gran voz del cielo, que decía: 'El tabernáculo de Dios está ahora con los hombres. Él morará con ellos, ellos serán su pueblo y Dios mismo estará con ellos como su Dios. Enjugará Dios toda lágrima de los ojos de ellos; y ya no habrá más muerte, ni habrá más llanto ni clamor ni dolor, porque las primeras cosas ya pasaron'. El que estaba sentado en el trono dijo: 'Yo hago nuevas todas las cosas'. Me dijo: 'Escribe, porque estas palabras son fieles y verdaderas'. Y me dijo: 'Hecho está. Yo soy el Alfa y la Omega, el principio y el fin. Al que tiene sed, le daré gratuitamente de la fuente del agua de vida. El vencedor heredará todas las cosas, y yo seré su Dios y él será mi hijo. Pero los cobardes e incrédulos, los abominables y homicidas, los fornicarios y hechiceros, los idólatras y todos los mentirosos tendrán su parte en el lago que arde con fuego y azufre, que es la muerte segunda'" (21:2-8).

Según Isaías 49:17-21, los creyentes, los justos, los hijos de la Nueva Jerusalén, constituyen el adorno de la ciudad al descender ésta, preparada como una esposa hermoseada para su esposo.

Vemos, por lo tanto, que los santos de Dios van directamente a la Nueva Jerusalén cuando Cristo viene a buscarlos, para retornar con ella a esta tierra posteriormente, al llegar el tiempo de la purificación de la tierra de todo lo ofensivo y de todo el que comete iniquidad, y de la renovación de todas las cosas a su estado original.

Lugar al que desciende la ciudad

¿A qué punto de esta tierra descenderá la ciudad? Refiriéndose al tiempo de la destrucción de los malvados, escribió el profeta Zacarías:

"Después saldrá Jehová y peleará contra aquellas naciones, como peleó en el día de la batalla. En aquel día se afirmarán sus pies sobre el monte de los Olivos, que está enfrente de Jerusalén, al oriente. El monte de los Olivos se partirá por la mitad, de este a oeste, formando un valle muy grande; la mitad del monte se apartará hacia el norte, y la otra mitad hacia el sur. Y huiréis al valle de los montes, porque el valle de los montes llegará hasta Azal. Huiréis de la manera que huisteis a causa del terremoto en los días de Uzías, rey de Judá. Y vendrá Jehová, mi Dios, y con él todos los santos. Acontecerá que en ese día no habrá luz, ni frío, ni hielo. Será un día único, solo conocido por Jehová, en el que no habrá ni día ni noche, pero sucederá que al caer la tarde habrá luz. En aquel día saldrán de Jerusalén aguas vivas, la mitad de ellas hacia el mar oriental y la otra mitad hacia el mar occidental, en verano y en invierno. Y Jehová será el rey sobre toda la tierra. En aquel día Jehová será único, y único será su nombre" (Zac. 14:3-9).

Vemos, pues, que cuando Dios revierte la cautividad de su pueblo, los trae de nuevo al preciso lugar de la tierra que prometió a Abraham como posesión eterna: a la tierra de Canaán. Pero la posesión de esa tierra es la posesión de toda la tierra, no por unos pocos días, sino por la eternidad. "No habrá más muerte". Esa era la gloriosa herencia que tuvieron a su alcance los hijos de Israel cuando cruzaron el Jordán, y que se dejaron perder con su incredulidad. Si hubieran sido fieles, habría bastado un tiempo muy breve para dar a conocer el nombre y el poder salvador de Dios a todo lugar en la tierra, y entonces habría venido el fin. Pero fracasaron, y el tiempo se tuvo que prolongar hasta nuestro día; pero esa misma esperanza ha estado siempre ante el pueblo de Dios. Por lo tanto, podemos ansiar la posesión de la tierra de Canaán con tanto fervor como Abraham, Isaac, Jacob, José y Moisés, y con la misma confiada esperanza que tuvieron ellos.

La restauración del Israel de Dios

Habiendo fijado bien en la mente esos conceptos, la lectura de las profecías del Antiguo y del Nuevo Testamento resulta una delicia, ya que se evita en gran medida la confusión, y quedan resueltas muchas contradicciones aparentes. Cuando leamos sobre la restauración de Jerusalén, como viniendo a ser el gozo y alabanza de toda la tierra, sabremos que la Nueva Jerusalén desciende del cielo para tomar el lugar de la vieja. Si una ciudad en este mundo queda reducida a cenizas, y los hombres edifican en su lugar una nueva ciudad con el mismo nombre, se dice que fue reedificada, y se la puede llamar del mismo nombre. Así sucede con Jerusalén, sólo que en este caso es reedificada en el cielo, lo que hace que no exista ningún intervalo entre la destrucción de la antigua ciudad y la aparición de la nueva. Es como si la nueva surgiera de repente a partir de las ruinas de la vieja, pero infinitamente más gloriosa.

De igual forma, cuando leamos sobre el retorno de Israel a Jerusalén, no se trata de ningún regreso de unos pocos miles de mortales a un conjunto de ruinas, sino a la venida de la incontable e inmortal hueste de los redimidos a la nueva ciudad, a cuya ciudadanía fueron acreedores desde mucho tiempo antes. Ningún hombre mortal reconstruirá la ciudad con cemento, piedra y ladrillos; lo hará Dios mismo, con oro, perlas, y toda clase de piedras preciosas. "Por cuanto Jehová habrá edificado a Sión y en su gloria será visto" (Sal. 102:16). El Señor dice a Jerusalén: "¡Pobrecita, fatigada con tempestad, sin consuelo! He aquí que yo cimentaré tus piedras sobre carbunclo y sobre zafiros te fundaré. Tus ventanas haré de piedras preciosas; tus puertas, de piedras de carbunclo, y toda tu muralla, de piedras preciosas. Todos tus hijos serán enseñados por Jehová, y se multiplicará la paz de tus hijos" (Isa. 54:11-13). Esas son las piedras que aman sus hijos (Sal. 102:14).

Habrá aquí reposo, perfecta paz por la eternidad. La promesa es:

"En justicia serás establecida, lejos de la opresión, y nada temerás; porque el temor no se acercará a ti" (Isa. 54:14). "En aquel día cantarán este cántico en tierra de Judá: 'Fuerte ciudad tenemos; salvación puso Dios por muros y antemuro" (Isa. 26:1). Dios mismo estará con su pueblo por siempre, y "verán su rostro" (Apoc. 22:4), por consiguiente tendrán reposo, ya que el Señor dijo: "Mi presencia [literal: *mi rostro*] te acompañará y te daré descanso" (Éxo. 33:14).

¿Por qué anulan los hombres todas esas gloriosas promesas, leyéndolas como si se refirieran meramente a la posesión temporal de una ciudad arruinada, sita en esta vieja tierra maldita por el pecado? Es debido a que limitan el evangelio, ignorando que todas las promesas de Dios lo son en Cristo, y que sólo los que están en Cristo las han de disfrutar, aquellos en quienes él mora por la fe. Ojalá que el profeso pueblo de Dios pueda recibir pronto "espíritu de sabiduría y de revelación en el conocimiento de él", de forma que puedan ser abiertos los ojos de su entendimiento, y pueda saber cuál es la esperanza a la que ha sido llamado, y "cuáles las riquezas de la gloria de su herencia en los santos", que sólo es posible tener mediante "la extraordinaria grandeza de su poder para con nosotros los que creemos, según la acción de su fuerza poderosa", que es la fuerza que "operó en Cristo, resucitándolo de los muertos y sentándolo a su derecha en los lugares celestiales" (Efe. 1:17-20).

Ahora que hemos anticipado esas vislumbres, y que hemos contemplado la consumación de la promesa divina de dar reposo a su pueblo en la tierra de Canaán, podemos retroceder y analizar algunos detalles, que serán mejor comprendidos a la luz de este esquema general, y que contribuirán a su vez a que lo veamos en contornos más nítidos.

La siguiente entrega estará dedicada al estudio del reposo que aún resta para el pueblo de Dios. Es a lo que se refiere Hebreos 4:8 con la expresión: "otro día".

Capítulo 40

"Otro día" (I)

"SI JOSUÉ les hubiera dado el reposo, no hablaría después de otro día. Por tanto, queda un reposo para el pueblo de Dios" (Heb. 4:8 y 9).

Hemos visto que, si bien no faltó ni una sola de las palabras que Dios prometió a Israel, "de nada les sirvió haber oído la palabra, por no ir acompañada de fe en los que la oyeron" (Heb. 4:2), y que mucho tiempo después que el Señor les diera reposo presentó ante ellos, por medio de Josué, las condiciones bajo las cuales podrían disfrutar de la herencia.

El reino del Señor

Dejando atrás un período de más de cuatrocientos años durante el cual la historia de los hijos de Israel es un relato de apostasía, arrepentimiento y apostasía de nuevo, llegamos al tiempo de David, durante el cual el reino de Israel alcanzó su máximo poder. Aunque al pedir rey los hijos de Israel habían rechazado a Dios, Él no los rechazó a ellos. No era la voluntad de Dios que Israel tuviera otro rey que no fuera él mismo, pero no se conformaron con andar por la fe, teniendo un rey a quien no podían ver. A pesar de todo, el reino seguía siendo del Señor, y por lo tanto ejercía su derecho a elegir los gobernantes.

Otro tanto sucede en todo el mundo. "De Jehová es la tierra y su plenitud" (Sal. 24:1). "Su reino domina sobre todos" (Sal. 103:19). En el mundo Dios no es reconocido como Rey, y hay jactancia orgullosa en los gobiernos. Sin embargo, "el Altísimo tiene el dominio en el reino de los hombres, y lo da a quien él quiere". Jehová "quita reyes y pone reyes" (Dan. 4:32; 2:21). "No hay autoridad que no provenga de Dios" (Rom. 13:1). Esa es la razón por la que "toda persona [ha de someterse] a las autoridades *superiores*", y es evidencia de que el reino de Dios abarca a toda la tierra, incluso aunque los gobernantes a quienes permite por un tiempo que imaginen llevar las riendas se dispongan en contra de Él.

Extranjeros y advenedizos en tiempo de David

Así, cuando en la providencia de Dios, David pasó a ocupar el trono de Israel, "después que Jehová le había dado paz con todos sus enemigos de alrededor" (2° Sam. 7:1), puso en su corazón el edificar un templo al Señor. El profeta Natán, hablando sus propias palabras, le dijo en un principio: "Anda, y haz todo lo que está en tu corazón", pero después recibió palabra del Señor, y comunicó a David que no debía edificarle templo. Por ese tiempo el Señor dijo a David:

"Yo fijaré un lugar para mi pueblo Israel y lo plantaré allí, para que habite en él y nunca más sea removido, ni los inicuos lo aflijan más, como antes, en el tiempo en que puse jueces sobre mi pueblo Israel; y a ti te haré descansar de todos tus enemigos. Asimismo Jehová te hace saber que él te edificará una casa" (2° Sam. 7:10 y 11).

El pueblo de Israel, por lo tanto, no había obtenido aún el reposo y la herencia. David era un rey poderoso, y tenía un "nombre grande, como el nombre de los grandes que hay en la tierra", sin embargo, cuando legó el reino a su hijo Salomón, con todo el material para la edificación del templo, dijo en su oración a Dios: "Nosotros, extranjeros y advenedizos somos delante de ti, como todos nuestros padres; y nuestros días sobre la tierra, cual sombra que no dura" (1° Crón. 29:15).

En el tiempo en que el reino de Israel era tan grande y poderoso como no lo fue nunca en esta tierra, el rey afirmó ser él mismo tan extranjero y advenedizo en la tierra, como lo fue Abraham, quien no recibió "herencia en ella ni aun para asentar un pie" (Hech. 7:5). David en su casa de cedro, como Abraham, Isaac y Jacob, quienes moraron en tiendas, "habitó como extranjero en la tierra prometida como en tierra ajena" (Heb. 11:9). No sólo de Abraham, Isaac y Jacob, sino también de Gedeón, Sansón, Jefté, David, Samuel y los profetas, junto a muchos otros, se dice que "ninguno de ellos, aunque alcanzaron buen testimonio mediante la fe, recibió lo prometido" (Heb. 11:32-39). ¿Qué mejor evidencia podría existir de que la herencia que Dios prometió a Abraham y a su simiente nunca consistió en una posesión temporal perteneciente al "presente siglo malo"?

La Jerusalén temporal significa esclavitud

Puesto que el gran rey David, en el cenit de su poder, no había recibido la promesa, ¿que suposición podría ser más disparatada que la de que pudiera cumplirse la promesa de restaurar a Israel a su propia tierra en términos del retorno de los judíos a la vieja Jerusalén? Los que fundan sus esperanzas en "la Jerusalén actual" están perdiendo todas las bendiciones del evangelio. "No habéis recibido el espíritu de esclavitud para estar otra vez en temor" (Rom. 8:15), por lo tanto, no pondremos nuestra confianza en nada relacionado con la vieja Jerusalén, ya que "la Jerusalén actual", "junto con sus hijos, está en esclavitud. Pero la Jerusalén de arriba, la cual es madre de todos nosotros, es libre" (Gál. 4:25 y 26). Cuando se cumpla la promesa y el pueblo de Israel posea realmente la tierra, no siendo ya nunca más extranjeros y advenedizos en ella, sus días no serán más como sombra que no dura, sino que permanecerán para siempre.

Pero "el Señor no retarda su promesa, según algunos la tienen por tardanza, sino que es paciente para con nosotros, no queriendo que ninguno perezca, sino que todos procedan al arrepentimiento" (2ª Ped. 3:9). "La paciencia de nuestro Señor es para salvación" (vers. 15). Incluso hasta en los días de Moisés, el tiempo de la promesa estaba a su alcance (Hech. 7:17), pero el pueblo no quiso tenerla. Eligieron este presente siglo malo, más bien que el mundo por venir. Pero Dios juró por sí mismo que los descendientes del fiel Abraham entrarían en Él, y "puesto que falta que algunos entren en Él, y aquellos a quienes primero se les anunció la buena nueva no entraron por causa de la desobediencia, otra vez determina un día: 'Hoy', del cual habló David mucho tiempo después, cuando dijo: 'Si oís hoy su voz, no endurezcáis vuestros corazones'" (Heb. 4:6 y 7).

La incredulidad del hombre no puede anular la promesa de Dios (Rom. 3:3). "Si somos infieles, él permanece fiel, porque no puede negarse a sí mismo" (2ª Tim. 2:13). Aun en el caso de que ni uno solo de los descendientes naturales de Abraham y Jacob fuera un auténtico hijo de Abraham, sino del diablo (Juan 8:39-44), la promesa de Dios a la simiente de Abraham, Isaac y Jacob se cumpliría de todas formas al pie de la letra, pues "Dios puede levantar hijos a Abraham" hasta de las mismas piedras (Mat. 3:9). Eso sería simplemente una repetición de lo que ya hizo al principio, cuando creó al hombre del polvo de la tierra. Si Josué les hubiera dado reposo, está claro que no habría habido necesidad alguna de otro día de salvación; pero la infidelidad de los profesos seguidores de Dios hace que se demore el cumplimiento, de forma que Dios, en su misericordia, provee otro día, que es "Hoy". "Ahora es el tiempo aceptable; ahora es el día de salvación" (2ª Cor. 6:2). Dice el Espíritu Santo: "Si oís hoy su voz, no endurezcáis vuestros corazones" (Heb. 3:13 y 8).

"Hoy"

¡Piensa en ello! Se califica a los días de David como "mucho tiempo después". Fue realmente más de quinientos años después que la promesa hubiera podido cumplirse; y sin embargo, bien después de todo ese largo período, el Señor ofrece aún "otro día". Ese otro día es *hoy*. No se nos concede un año para aceptar el ofrecimiento de la salvación, tampoco un mes ni una semana. Ni siquiera es nuestro el día de mañana; el día aceptable es sólo *hoy*. Eso es todo el tiempo que Dios nos ha dado. La oportunidad dura sólo un día. Con cuánta mayor fuerza, por lo tanto, nos llega esta palabra, después de haber transcurrido tanto tiempo: "Si oís hoy su voz, no endurezcáis vuestros corazones". Qué glorioso tesoro nos ha dado Dios *hoy*: la oportunidad de entrar en la puerta de justicia. Cristo es la puerta, y por medio de él pueden todos entrar "entre tanto que se dice: 'Hoy'" (Heb. 3:13). "Este es el día que hizo Jehová". ¿Lo aceptaremos y "nos gozaremos y nos alegraremos en él"? (Sal. 118:24). "Voz de júbilo y de salvación hay en las tiendas de los justos" (Sal. 118:15), "porque somos hechos participantes de Cristo, con tal que retengamos firme hasta el fin nuestra confianza del principio" (Heb. 3:14). "Porque así dijo Jehová, el Señor, el santo de Israel: 'En la conversión y en el reposo seréis salvos; en la quietud y en confianza estará vuestra fortaleza'" (Isa. 30:15).

El evangelio anuncia el reposo, ya que Cristo dice: "Venid a mí todos los que estáis trabajados y cargados, y yo os haré descansar. Llevad mi yugo sobre vosotros y aprended de mí, que soy manso y humilde de corazón, y hallaréis descanso para vuestras almas, porque mi yugo es fácil y ligera mi carga" (Mat. 11:28-30). El antiguo pueblo de Israel fracasó en entrar en ese reposo, no debido a que no les hubiera sido ofrecido, sino debido a que no creyeron al serles predicado el evangelio. Hoy se nos predica el evangelio a nosotros, tal como se hizo con ellos (Heb. 4:2).

El reposo está ye preparado, puesto que "los que hemos creído entramos en el reposo, de la manera que dijo: 'Por tanto, juré en mi ira que no entrarían en mi reposo'" (Heb. 4:3). Dios juró por él mismo que la simiente de Abraham –los que tienen su fe–, entrarían en el reposo. Eso equivale al juramento de que los que no creyeran, no entrarían en él; por lo tanto, Dios juró eso realmente. No se trata de un decreto arbitrario, sino de la constatación de un hecho: es tan imposible para un incrédulo el entrar en el reposo, como lo es para un ser humano el desarrollarse con vitalidad en ausencia de comida, bebida y respiración.

El que "no pudieron entrar a causa de su incredulidad" muestra que habrían entrado si hubieran creído, y el hecho de que "las obras suyas estaban acabadas desde la fundación del mundo" (Heb. 4:3), demuestra que había un perfecto reposo a su disposición. Cuando las obras están acabadas, les sigue el reposo, puesto que leemos: "Y reposó Dios de todas sus obras en el séptimo día" (vers. 4). Eso es lo que Dios dijo del séptimo día en un lugar; pero en otro lugar dijo: "No entrarán en mi reposo" (vers. 5). Vemos, por lo tanto, que el reposo que estaba a su disposición, y al que los hijos de Israel no entraron debido a su incredulidad, es el reposo relacionado con el séptimo día. Efectivamente, es el reposo de Dios el que se les ofrecía, y ese fue el que se perdieron, y el séptimo día es el sábado –reposo– del Señor; es el único reposo del que se nos habla en relación con Dios ("y reposó Dios de todas sus obras en el séptimo día"). Ese reposo estuvo preparado, tan pronto como se terminó la obra de la creación.

La obra de Dios y el reposo de Dios

El reposo prometido es el reposo de Dios. El reposo sigue al trabajo, pero sólo una vez que el trabajo se ha terminado. Nadie puede reposar de una determinada obra hasta haberla concluido.

La obra de Dios es la creación, una obra perfecta y completa: "Y vio Dios todo cuanto había hecho, y era bueno en gran manera. Y fue la tarde y la mañana del sexto día. Fueron, pues, acabados los cielos y la tierra, y todo lo que hay en ellos. El séptimo día concluyó Dios la obra que hizo, y reposó el séptimo día de todo cuanto había hecho. Entonces bendijo Dios el séptimo día y lo santificó, porque en él reposó de toda la obra que había hecho en la creación" (Gén. 1:31; 2:1-3).

La obra era perfecta, tenía la bondad y la perfección características de Dios, y era completa; por lo tanto, el reposo era también perfecto. No tenía mancha alguna de maldición sino que era puro, incontaminado. Dios miró a su obra, y no había nada que lamentar, nada que le hiciera decir: 'Si tuviera que volver a hacerla...' No cabía la alteración o la corrección; Dios estaba perfectamente satisfecho con ella. ¡Qué pluma puede describir, o qué mente imaginar, el sentimiento de satisfacción desbordante, la deliciosa paz y felicidad que necesariamente siguen a una labor, cuando está *acabada* y cuando está *bien hecha*! Esta tierra no conoce ahora esa situación, ya que es nuestra continua experiencia que, cuando creemos haber acabado alguna cosa, siempre queda algo por hacer, algún error que enmendar. Pero ese delicioso reposo, Dios lo gozó en un grado mucho mayor del que el hombre es capaz de imaginar –en la medida en que Dios es mayor que el hombre–, en aquel séptimo día en el que Dios reposó de toda su obra.

El reposo en el que Adán entró

Ese reposo incomparable es el que Dios dio al hombre al principio. "Tomó, pues, Jehová Dios al hombre y lo puso en el huerto de Edén, para que lo labrara y lo guardase" (Gén. 2:15). "Edén" significa *delicia*, *placer*; el jardín del Edén es el jardín de la delicia; la palabra hebrea traducida como "puso", es un término que implica la idea de *reposo*; es la palabra de la que proviene el nombre de Noé (que significa reposo, descanso). Por lo tanto, podríamos leer Génesis 2:15 así: 'Tomó, pues Jehová Dios al hombre y *lo introdujo en el reposo*, en el *jardín delicioso*, para que lo cuidase y guardara'.

El hombre entró en el reposo, puesto que entró en la obra perfecta y completa de Dios. Él mismo era la obra de Dios, creado en Cristo Jesús para buenas obras, que Dios había preparado de antemano para que anduviera en ellas (Efe. 2:10). "Esta es la obra de Dios, que creáis en aquel que él ha enviado" (Juan 6:29), y fue sólo por la fe como Adán pudo gozar de la obra de Dios y participar de su reposo, ya que tan pronto como dejó de creer en Dios, aferrándose en su lugar a la palabra de Satanás, lo perdió todo. No tenía poder en sí mismo, ya que no era sino polvo de la tierra, y podía sólo retener su reposo y su herencia por tanto tiempo como permitiera a Dios obrar en él "así el querer como el hacer, por su buena voluntad" (Fil. 2:13).

"Los que hemos creído entramos en el reposo", ya que "esta es la obra de Dios, que creáis".

Las dos declaraciones no son contradictorias, sino idénticas en significado, dado que la obra de Dios, que es nuestra por la fe, es una obra completa, y por consiguiente entrar en esa obra es entrar en el reposo. De forma que el reposo de Dios no es ociosidad ni indolencia. Cristo dijo: "Mi Padre hasta ahora obra, y yo obro" (Juan 5:17), sin embargo, "Dios eterno es Jehová, el cual creó los confines de la tierra. No desfallece ni se fatiga con cansancio" (Isa. 40:28).

Obra mediante su palabra para sustentar lo que creó en el principio; por lo tanto, se exhorta a los que han creído en Dios, y por consiguiente han entrado en el reposo: "procuren ocuparse en buenas obras" (Tito 3:8), pero dado que esas buenas obras se logran sólo por la fe, y "no por obras de justicia que nosotros hubiéramos hecho" (vers. 5), también tienen que mantenerse por la fe. Pero la fe trae el reposo, por lo tanto el reposo de Dios es compatible con la mayor actividad, y va necesariamente acompañado de ella.

Capítulo 41

"Otro día" (II)

VIMOS en el capítulo precedente que el reposo prometido es el reposo de Dios, el reposo en el que entró Adán cuando el Señor le hizo reposar en el delicioso jardín.

El pecado produce agotamiento. Adán tenía labores que realizar en el jardín del Edén, a pesar de lo cual gozó de un perfecto reposo todo el tiempo que estuvo allí, hasta que pecó. Si jamás hubiera pecado, el cansancio no se habría conocido nunca en la tierra. El trabajo no forma parte de la maldición, pero sí el cansancio. "Por cuanto... comiste del árbol de que te mandé diciendo: 'No comerás de él', maldita será la tierra por tu causa; con dolor comerás de ella todos los días de tu vida, espinos y cardos te producirá y comerás plantas del campo. Con el sudor de tu rostro comerás el pan, hasta que vuelvas a la tierra" (Gén. 3:17-19).

Guardando el reposo

Hasta entonces habían disfrutado de perfecto reposo, incluso mientras obraban. ¿Por qué? –Porque su obra consistía simplemente en "guardar" esa perfecta obra que Dios les había preparado y encomendado para que anduviera en ella. Adán no tenía que crear. Si hubiera tenido que hacerlo, aunque fuese solamente una flor o una simple hoja, se habría agotado hasta la muerte, sin haberlo conseguido.

Pero Dios hizo la obra y puso a Adán en posesión de ella, dándole las instrucciones para que la *guardara*, y esa fue su ocupación por tanto tiempo como guardó la fe.

Observa que ese perfecto reposo era reposo en una tierra nueva, y observa también que si el pecado no hubiera entrado nunca, la tierra habría permanecido nueva para siempre. Fue el pecado el que trajo la desgracia a la tierra, haciéndola envejecer. El perfecto reposo de Dios se lo encuentra únicamente en un estado celestial, y la tierra nueva era ciertamente "mejor [patria], esto es, celestial" (Heb. 11:16). Lo que se dio al hombre al principio, cuando estuvo "coronado de gloria y de honra" (Heb. 2:9), es lo que perdió cuando pecó, quedando "destituido de la gloria de Dios" (Rom. 3:23), pero es también lo que tiene el Segundo Adán [Cristo] en su diestra, coronado de gloria y de honra a causa del padecimiento de la muerte, y es precisamente lo que Dios ha prometido a Abraham y a su simiente, y les será dado cuando venga el Mesías en "los tiempos de la restauración de todas las cosas" (Hech. 3:21).

Aún queda algo del Edén

Esa nueva y perfecta creación ha desaparecido, pero *persiste* un *remanente*. La prueba de que las obras estaban terminadas y el reposo preparado desde la fundación del mundo, es que "reposó Dios de todas sus obras en el séptimo día" (Heb. 4:4). El sábado del Señor –el séptimo día–, es una porción del Edén que subsiste en medio de la maldición; es una parte del reposo de la tierra nueva que puentea el abismo desde el Edén perdido hasta el Edén restaurado. Porque el sábado completó la semana de la creación, y fue la prueba de que la obra estaba completa, era el sello de una creación nueva y perfecta. Ahora es necesaria una nueva creación, y ha de ser llevada a cabo por el mismo poder que en el principio. Todas las cosas fueron creadas en Cristo, y "si alguno está en Cristo, nueva criatura es" (2ª Cor. 5:17); y el sello de la perfección es el mismo en ambos casos. El sábado, por lo tanto, es el sello de la perfección, de la perfecta justicia.

Significado del sello

Pero es necesario comprender que el reposo del sábado no consiste meramente en abstenerse de la labor manual desde la puesta del sol del viernes hasta la del sábado: esa no es más que *la señal* del reposo, y como sucede con todas las demás señales, es un fraude en el caso de que falte aquello de lo que es señal. El verdadero reposo del sábado consiste en el reconocimiento pleno y continuo de Dios como Creador y Sustentador de todas las cosas, Aquel en quien vivimos, nos movemos y somos (Hech. 17:28), Él es nuestra vida y nuestra justicia. Guardar el sábado no es un deber obligado, necesario para obtener el favor de Dios, sino que es guardar la fe mediante la cual se nos atribuye la justicia.

Es absurda la suposición de que no debiéramos guardar el sábado del séptimo día debido a que no somos salvos por las obras, puesto que el sábado no es una obra, sino un reposo: el reposo de Dios. "El que ha entrado en su reposo, también ha reposado de sus obras, como Dios de las suyas" (Heb. 4:10). La verdadera observancia del sábado no es justificación por las obras, ni tiene nada que ver con ello; es, por el contrario, justificación por la fe: el reposo pleno que corresponde a una fe perfecta en el poder de Dios para crear un nuevo hombre, y para guardar el alma de caer en el pecado.

Pero "la fe es por el oír, y el oír por la palabra de Dios" (Rom. 10:17), por lo tanto es vana la profesión de fe en Dios, en aquel que ignora o rechaza alguna de las palabras de Dios. El hombre ha de vivir de toda palabra que procede de la boca de Dios. Hay vida en cada una de las palabras de Dios. Si un hombre no conociera más que una sola palabra de Dios, y la aceptara como palabra de Dios en verdad, sería salvo por ella. Dios tiene compasión de los ignorantes, y no requiere del hombre una cierta cantidad de conocimiento antes de poder salvarlo; pero la ignorancia voluntaria es otra cosa diferente. La ignorancia de una persona pude ser el resultado del rechazo deliberado del conocimiento, y el que hace así, está rechazando la vida. De igual forma en que hay vida en toda palabra de Dios, dado que la vida es una y la misma en cada palabra, aquel que rechaza aunque sea una sola palabra de las que le llegan, en realidad las está rechazando todas. La fe acepta al Señor por todo lo que Él es: por todo lo que vemos de Él y por todo lo infinito que no conocemos de Él.

Un don al hombre

No olvidemos que el sábado no es ninguna carga que Dios impone a las personas (¿quién podría concebir el reposo como una carga?), sino una bendición que les ofrece; significa quitar las cargas. "Venid a mí todos los que estáis trabajados y cargados, y yo os haré descansar" (Mat. 11:28).

Lejos de imponerlo a nadie, Dios declara que es imposible participar del reposo del sábado sin creer. A aquel que dice: 'No *creo* que el guardar el sábado sea para mí una necesidad', el Señor le replica: 'No lo puedes guardar; no entrarás en mi reposo; no tienes parte en él'. Es imposible que alguien pueda guardar el sábado del Señor sin fe, puesto que "el justo vivirá por la fe" (Heb. 10:38). El sábado es el reposo de Dios, el reposo de Dios es la perfección, y ésta puede ser obtenida solamente mediante una fe perfecta. "Dios es Espíritu, y los que lo adoran, en espíritu y en verdad es necesario que lo adoren" (Juan 4:24). Su reposo, por consiguiente, es un reposo espiritual, de forma que un reposo meramente físico sin reposo espiritual no es en absoluto observancia del sábado. Sólo los que son espirituales pueden guardar verdaderamente el sábado del Señor. Por tanto tiempo como Adán fue dirigido por el Espíritu, gozó de un perfecto reposo, tanto del cuerpo como del alma; pero tan pronto como pecó, perdió el reposo. Aunque la maldición pronunciada sobre la tierra produce fatiga del cuerpo, el sábado sigue existiendo desde el Edén, la prenda y sello del reposo espiritual. La abstención de todo nuestro trabajo y placer en el séptimo día –de todo lo que realizamos para nuestro provecho personal–, es sencillamente el reconocimiento de Dios como Creador y Sustentador de todas las cosas, como Aquel por cuyo poder vivimos; pero ese reposo visible no es más que una farsa si es que no lo reconocemos real y plenamente como tal, y nos encomendamos totalmente a su cuidado.

El sábado, por lo tanto, es de forma especial el amigo del pobre; apela especialmente al obrero menesteroso, puesto que es a los pobres a quienes es predicado el evangelio. Los ricos difícilmente darán oído al llamado del Señor, pues es probable que se sientan satisfechos con su suerte; confían en sus riquezas, y se sienten suficientes para cuidar de sí mismos en el presente; y en cuanto al futuro, "su íntimo pensamiento es que sus casas serán eternas" (Sal. 49:11). Pero para el pobre que no sabe cómo hará para vivir mañana, el sábado viene trayéndole gozo y esperanza, por cuanto dirige su mente a Dios, el Creador, quien es nuestra vida. Dice: "Buscad primeramente el reino de Dios y su justicia, y todas estas cosas os serán añadidas" (Mat. 6:33). En lugar de estar obligados a decir: '¿Cómo voy a poder vivir si guardo el sábado?', el pobre puede ver en el sábado la solución al problema de la vida. "La piedad para todo aprovecha, pues tiene promesa de esta vida presente y de la venidera" (1ª Tim. 4:8).

El día bendito y el hombre bendito

Mantén presente que si bien el *día de sábado* es el séptimo día de la semana, el reposo que simboliza el sábado es un reposo continuo. Dado que un día no es una persona, hay una diferencia entre bendecir un día y bendecir a una persona. Dios bendijo *el séptimo día* (Gén. 2:3), pero bendice *cada día* a las personas. Sólo aquellos que reposan siempre en el Señor, están guardando el sábado. Si bien nadie puede ser un guardador del sábado mientras que ignora el día en el que Dios ha puesto su bendición, es igualmente cierto que aquel que no reposa continuamente en el Señor, no está guardando el sábado.

Así, solo por la fe en él se encuentra el reposo en el Señor. Ahora bien, la fe salva del pecado, y una fe viviente es algo tan continuo como la respiración, ya que "el justo vivirá por la fe". Si alguien deja de creer en el Señor durante la semana, cede al temor y la duda en cuanto a cómo podrá seguir subsistiendo, se hunde en la preocupación y la impaciencia, o cae en la rudeza o en cualquier clase de injusticia hacia sus semejantes, ciertamente no está reposando en el Señor, no está acordándose del día de sábado para santificarlo, ya que si realmente lo hiciera, conocería el poder de Dios para darle el sustento, y encomendaría el cuidado de su alma "al fiel Creador y [haría] el bien" (1ª Ped. 4:19).

La cruz de Cristo

El sábado nos revela a Cristo como al portador de las cargas. Él lleva la carga del mundo entero, con toda su pena, pecado y dolor, y la lleva de buen grado –le resulta "ligera"–. "Él mismo llevó nuestros pecados en su cuerpo sobre el madero, para que nosotros, estando muertos a los pecados, vivamos a la justicia. ¡Por su herida habéis sido sanados!" (1ª Ped. 2:24).

Es en la cruz de Cristo donde recibimos vida, donde somos hechos nuevas criaturas. El poder de la cruz, por consiguiente, es poder creador. Así, cuando en la cruz Jesús clamó: "Consumado es", estaba simplemente anunciando que en él, por medio de su cruz, podían obtenerse las obras perfectas de Dios, que fueron acabadas desde la fundación del mundo. Así, el sábado –el reposo del séptimo día que conmemora la creación completada desde el principio–, es un bendito recordatorio del hecho de que en la cruz de Cristo se ofrece gratuitamente el mismo poder creador para librarnos de la maldición, y para hacernos tan completos en Él, como lo fue cuando "vio Dios todo cuanto había hecho, y era bueno en gran manera". La palabra de vida que se nos proclama en el evangelio, es "lo que era desde el principio" (1ª Juan 1:1).

Jesús nunca falla ni cede a la impaciencia o al desánimo; por lo tanto podemos poner confiadamente sobre Él toda nuestra preocupación. El sábado es verdaderamente una delicia. En el salmo dedicado al sábado, David cantó: "Por cuanto me has alegrado, Jehová, con tus obras; en las obras de tus manos me gozo" (92:4).

El sábado significa el triunfo en las obras de las manos de Dios, no en nuestras propias obras. Significa victoria sobre el pecado y la muerte –y sobre cualquier cosa relacionada con la maldición– mediante nuestro Señor Jesucristo, por medio del cual fueron creados los mundos. Es un remanente del Edén tal como era antes de venir la maldición; por lo tanto, quien lo guarda en verdad, comenzó realmente ya su reposo eterno, el reposo perfecto que sólo la tierra nueva puede dar.

La invitación de Dios a guardar el sábado

Podemos ahora comprender por qué el sábado ocupa un lugar tan prominente en el registro del trato de Dios con Israel. No es debido a que el sábado fuese exclusivamente para ellos, no más de lo que lo era la salvación; sino porque la observancia del sábado es el comienzo de ese reposo que el Señor prometió a su pueblo en la tierra de Canaán.

Se oye a veces decir que el sábado no fue dado a los gentiles, pero hay que recordar que tampoco la tierra fue prometida a los gentiles. Estos son "ajenos a los pactos de la promesa" (Efe. 2:12). Pero es cierto que los gentiles –todo el mundo–, fueron llamados a venir a Cristo, el agua viva. "¡Venid, todos los sedientos, venid a las aguas!" (Isa. 55:1). La promesa hecha a Israel fue, y es, "llamarás a gente que no conociste y gentes que no te conocieron correrán a ti por causa de Jehová, tu Dios, y del Santo de Israel" (Isa. 55:5).

Continuando con su llamamiento, el Señor dice:

"Guardad el derecho y practicad la justicia, porque cerca de venir está mi salvación y de manifestarse mi justicia. Bienaventurado el hombre que hace esto, el hijo del hombre que lo abraza: que guarda el sábado para no profanarlo, y que guarda su mano de hacer lo malo. Que el extranjero que sigue a Jehová no hable diciendo: 'Me apartará totalmente Jehová de su pueblo'... Y a los hijos de los extranjeros que sigan a Jehová para servirle, que amen el nombre de Jehová para ser sus siervos; a todos los que guarden el sábado para no profanarlo, y abracen mi pacto, yo los llevaré a mi santo monte y los recrearé en mi casa de oración; sus holocaustos y sus sacrificios serán aceptados sobre mi altar, porque mi casa será llamada casa de oración para todos los pueblos. Dice Jehová el Señor, el que reúne a los dispersos de Israel: 'Aún reuniré en él a otros, junto con los ya reunidos'" (Isa. 56:1-8).

Y a unos y a otros, a los que están lejos como a los que están cerca, Dios les proclama paz (Isa. 57:19).

Les declara:

Una gloriosa promesa

"Si retraes del sábado tu pie, de hacer tu voluntad en mi día santo, y lo llamas 'delicia', 'santo', 'glorioso de Jehová', y lo veneras, no andando en tus propios caminos ni buscando tu voluntad ni hablando tus propias palabras, entonces te deleitarás en Jehová. Yo te haré subir sobre las alturas de la tierra y te daré a comer la heredad de tu padre Jacob. La boca de Jehová lo ha hablado" (Isa. 58:13 y 14).

Aquellos para quienes el sábado es una delicia –no una carga– se deleitarán en el Señor. ¿Por qué? –Porque el sábado del Señor es el reposo del Señor: reposo que se encuentra sólo en su presencia, en la que hay "plenitud de gozo" (Sal. 16:11) y delicia eterna. Es el reposo del Edén, ya que Edén significa placer, delicia; es el reposo de la tierra nueva, ya que el Edén pertenece a la tierra nueva. Hemos leído que aquellos que se allegan al Señor para guardar su sábado serán establecidos con gozo en la casa del Señor, y se dice de ellos: "Serán completamente saciados de la grosura de tu Casa y tú les darás de beber del torrente de tus delicias" (literalmente: "de tu Edén") (Sal. 36:8). Tal es la herencia del Señor. Ahora es el tiempo aceptable, *hoy* es el día en el que podemos entrar en el Señor, ya que "Jehová es la porción de mi herencia" (Sal. 16:5), y en él tenemos todas las cosas.

Capítulo 42

De nuevo en cautividad (I)

AUNQUE los hijos de Israel entonaron el canto de liberación a orillas del Mar Rojo, y con razón, no obstante, no fue hasta haber cruzado el Jordán cuando quedaron realmente liberados de Egipto. No retuvieron firme hasta el fin su confianza del principio, sino que "en sus corazones se volvieron a Egipto cuando dijeron a Aarón: 'Haznos dioses que vayan delante de nosotros'" (Hech. 7:39 y 40). Sin embargo, cuando cruzaron el Jordán y llegaron a tierra de Canaán, tuvieron el testimonio de Dios de que les había sido quitado el oprobio de Egipto. Tuvieron entonces reposo y fueron libres en el Señor.

Pero ese reposo no duró mucho tiempo; la murmuración, desconfianza y apostasía hicieron pronto aparición entre el pueblo de Dios. Quisieron un rey a fin de ser como los paganos que los rodeaban, y su deseo les fue ampliamente concedido. "Se mezclaron con las naciones, aprendieron sus obras y sirvieron a sus ídolos, los cuales fueron causa de su ruina. Sacrificaron sus hijos y sus hijas a los demonios, y derramaron la sangre inocente, la sangre de sus hijos y de sus hijas, a quienes ofrecieron en sacrificio a los ídolos de Canaán; y la tierra fue contaminada con sangre" (Sal. 106:35-38). Vinieron así a ser literalmente como los paganos que había a su alrededor.

Una ojeada a la historia de algunos de los reyes de Israel y Judá mostrará hasta qué punto los hijos de Israel, al pedir un rey, vieron cumplido su deseo de ser como los paganos. El profeta de Dios dijo a Saúl, el primero de los reyes: "Mejor es obedecer que sacrificar; prestar atención mejor es que la grasa de los carneros. Como pecado de adivinación es la rebelión, como ídolos e idolatría la obstinación.

Por cuanto rechazaste la palabra de Jehová, también Él te ha rechazado para que no seas rey" (1° Sam. 15:22 y 23).

Salomón tomó muchas mujeres extranjeras de entre los paganos, y "cuando Salomón era ya viejo, sus mujeres le inclinaron el corazón tras dioses ajenos, y su corazón no era ya perfecto para con Jehová, su Dios, como el corazón de su padre David. Salomón siguió a Astoret, diosa de los sidonios, y a Milcom, ídolo abominable de los amonitas" (1° Rey. 11:4 y 5).

Bajo el reinado de Roboam, hijo de Salomón, "Judá hizo lo malo ante los ojos de Jehová y lo enojaron con los pecados que cometieron más que todo lo que hicieron sus padres. También ellos se edificaron lugares altos, estatuas e imágenes de Asera [imagen obscena en relación con ritos lascivos, que constituía una forma de adoración al sol], en todo collado alto y debajo de todo árbol frondoso. Hubo también sodomitas en la tierra, que cometieron todas las abominaciones de las naciones que Jehová había echado de delante de los hijos de Israel" (1° Rey. 14:22-24).

Lo mismo leemos sobre Acaz (2 Rey. 16:1-4). "Jehová había humillado a Judá por causa de Acaz, rey de Israel, por cuanto este había actuado con desenfreno en Judá y había pecado gravemente contra Jehová... el rey Acaz, en el tiempo que aquel [el rey de los asirios] lo apuraba, añadió mayor pecado contra Jehová; porque ofreció sacrificios a los dioses de Damasco que lo habían derrotado, y dijo: 'Puesto que los dioses de los reyes de Siria les ayudan, yo también ofreceré sacrificios a ellos para que me ayuden'. Pero estos fueron la causa de su ruina y la de todo Israel" (2° Crón. 28:19-23).

Peor que los paganos

Manasés, hijo de Ezequías, "hizo lo malo ante los ojos de Jehová, imitando las abominaciones de las naciones que Jehová había expulsado de delante de los hijos de Israel. Reedificó los lugares altos que su padre Ezequías había derribado, levantó altares a Baal e hizo una imagen de Asera, como había hecho Acab, rey de Israel. Adoró además a todo el ejército de los cielos y rindió culto a aquellas cosas...

Y edificó altares para todo el ejército de los cielos en los dos atrios de la casa de Jehová. Además, hizo pasar a su hijo por el fuego y se dio a observar los tiempos, fue agorero e instituyó encantadores y adivinos, multiplicando así la maldad de sus hechos ante los ojos de Jehová para provocarlo a ira. También puso una imagen de Asera hecha por él en la casa de la cual Jehová había dicho a David y a Salomón, su hijo: 'Pondré mi nombre para siempre en esta casa y en Jerusalén, a la cual escogí entre todas las tribus de Israel. No volveré a hacer que Israel ande errante lejos de la tierra que di a sus padres, con tal que cumplan todas las cosas que yo les he mandado y las guarden, conforme a toda la ley que mi siervo Moisés les mandó'. Pero ellos no escucharon, y Manasés los indujo a que obraran peor que las naciones que Jehová destruyó delante de los hijos de Israel". "Además, Manasés derramó tal cantidad de sangre inocente que llenó a Jerusalén de extremo a extremo, aparte del pecado con que hizo pecar a Judá, para que hiciera lo malo ante los ojos de Jehová" (2 Rey. 21:1-9;16).

Amón sucedió a Manasés, "hizo lo malo ante los ojos de Jehová, como había hecho Manasés, su padre; porque ofreció sacrificios y sirvió a todos los ídolos que su padre Manasés había hecho" (2° Crón. 33:22).

En el reino del Norte

Si tomamos los reyes que reinaron en la región del norte de Israel después que el reino se dividió al morir Salomón, encontramos un registro todavía peor.

Hubo en Jerusalén algunos reyes rectos; pero comenzando con Jeroboam, "quien pecó y ha hecho pecar a Israel" (1° Rey. 14:16), cada uno de los sucesivos reyes de Israel fue peor que su precedente. Nadab, el hijo de Jeroboam, "hizo lo malo ante los ojos de Jehová andando en el camino de su padre y en los pecados con que este hizo pecar a Israel" (1° Rey. 15:26). Baasa "hizo lo malo ante los ojos de Jehová; anduvo en el camino de Jeroboam y en el pecado con que este hizo pecar a Israel" (vers. 34). Omri, quien edificó la ciudad de

Samaria, "hizo lo malo ante los ojos de Jehová; lo hizo peor que todos los que habían reinado antes de él, pues anduvo en todos los caminos de Jeroboam hijo de Nabat, y en el pecado que aquel hizo cometer a Israel, al provocar con sus ídolos la ira de Jehová, Dios de Israel" (1° Rey. 16:25 y 26). Sin embargo, malvado como fue, lo superó "Acab hijo de Omri [quien] hizo lo malo ante los ojos de Jehová, más que todos los que reinaron antes de él" (vers. 30 y 33).

Las cosas siguieron así hasta que el Señor pudo decir mediante el profeta Jeremías: "Recorred las calles de Jerusalén, mirad ahora e informaos; buscad en sus plazas a ver si halláis un solo hombre, si hay alguno que practique la justicia, que busque la verdad" (Jer. 5:1). Costaba encontrar un hombre tal, "porque hay en mi pueblo malhechores que acechan como quien pone lazos, que tienden trampas para cazar hombres. Como jaula llena de pájaros, así están sus casas llenas de engaño; así se han hecho poderosos y ricos. Engordaron y se pusieron lustrosos, y sobrepasaron los hechos del malo" (vers. 26-28).

En vista de que Dios echó a los paganos de la tierra por su abominable idolatría, es evidente que los hijos de Israel no podían tener herencia alguna en ella mientras fueran iguales o peores que los paganos. El hecho de que los que toman el nombre del Señor adopten costumbres y maneras paganas, no convierte esas costumbres en más aceptables ante Dios. El hecho de que podamos encontrar paganismo en la iglesia, no lo hace recomendable. Al contrario, una profesión elevada convierte a la mala práctica en aún más detestable. Los hijos de Israel, por lo tanto, no poseían realmente la tierra de Canaán mientras que estaban siguiendo los caminos de los paganos; y, puesto que el oprobio de Egipto era precisamente el pecado en el que habían caído, es evidente que a pesar de que se jactasen de su libertad en tierra de Canaán, se encontraban en la peor clase de esclavitud. Cuando, en una época posterior, los judíos dijeron pretenciosamente, "Descendientes de Abraham somos y jamás hemos sido esclavos de nadie", Jesús les replicó: "De cierto, de cierto os digo que todo aquel que practica el pecado, esclavo es del pecado" Juan 8:33-35.

Fidelidad de Dios

Sin embargo había maravillosas posibilidades al alcance del pueblo durante todo aquel tiempo. En cualquier momento podían haberse arrepentido y podían haber vuelto hacia el Señor, y lo habrían encontrado dispuesto a cumplir en ellos plenamente su promesa. Aunque "todos los principales sacerdotes y el pueblo aumentaron la iniquidad, siguiendo todas las abominaciones de las naciones", no obstante, "Jehová, el Dios de sus padres, les envió constantemente avisos por medio de sus mensajeros, porque Él tenía misericordia de su pueblo y de su morada" (2° Crón. 36:14 y 15). Muchas maravillosas liberaciones, cuando los israelitas eran oprimidos por sus enemigos y buscaron humildemente al Señor, mostraron que el mismo Dios que liberó a sus padres de Egipto, estaba presto a ejercer su poder para socorrerlos, a fin de perfeccionar aquello para lo cual los había introducido en la tierra prometida.

En la historia de Josafat (2° Crón. 20) vemos una intervención notable de Dios en favor de los que confían en él, y presenciamos la victoria de la fe. Para nosotros es especialmente útil, pues nos muestra cómo obtener victorias; y nos muestra también una vez más lo que ya hemos señalado repetidamente: que las auténticas victorias de Israel fueron ganadas por la fe en Dios, y no por la fuerza de la espada. Este es el resumen de la historia:

Los moabitas y los amonitas, junto a otros, vinieron en batalla contra Josafat. Superaban ampliamente en número al ejército de Israel, y en aquella apurada situación "Josafat tuvo miedo y humilló su rostro para consultar a Jehová, e hizo pregonar ayuno a todo Judá. Se congregaron los de Judá para pedir socorro a Jehová; y también de todas las ciudades de Judá vinieron a pedir ayuda a Jehová" (vers. 3 y 4).

La oración de Josafat en aquella ocasión es todo un modelo. Dijo: "Jehová, Dios de nuestros padres, ¿no eres tú Dios en los cielos, y dominas sobre todos los reinos de las naciones? ¿No está en tu mano tal fuerza y poder que no hay quien te resista? Dios nuestro, ¿no expulsaste tú a los habitantes de esta tierra delante de tu pueblo Israel, y la diste a la simiente de tu amigo Abraham para siempre?... Ahora pues, aquí están los hijos de Amón y de Moab, y los de los montes de Seir... Ahora ellos nos pagan viniendo a arrojarnos de la heredad que tú nos diste en posesión. ¡Dios nuestro!, ¿no los juzgarás tú? Pues nosotros no tenemos fuerza con que enfrentar a la multitud tan grande que viene contra nosotros; no sabemos qué hacer, y a ti volvemos nuestros rostros" (vers. 6-12).

Comenzó reconociendo en Dios al Dios de los cielos, por lo tanto, poseyendo todo el poder. Continuó reclamando todo ese poder, al reclamar a Dios como a su propio Dios. Expuso entonces su necesidad, y expresó su demanda en plena seguridad de fe. Todas las cosas son posibles a quien ora de esa forma.

Demasiados oran a Dios sin un sentido cabal de su existencia, como si estuvieran orando a un nombre abstracto y no a un Salvador viviente, personal. Y evidentemente no reciben nada, puesto que nada esperan. Todo el que ora debe primeramente contemplar a Dios, antes de pensar en sí mismo y en sus propias necesidades. Ocurre sin duda que muchos, cuando oran, piensan más en sí mismos que en Dios; en lugar de eso, debieran perderse en la contemplación de la grandeza y bondad de Dios; entonces no es difícil creer que Él "recompensa a los que lo buscan" (Heb. 11:6). Como dijo el salmista, "En ti confiarán los que conocen tu nombre, por cuanto tú, Jehová, no desamparaste a los que te buscan" (Sal. 9:10).

Mientras que el pueblo estaba aún reunido orando, llegó el profeta del Señor y dijo: "Oíd, todo Judá, y vosotros habitantes de Jerusalén, y tú, rey Josafat. Jehová os dice así: 'No temáis ni os amedrentéis delante de esta multitud tan grande, porque no es vuestra la guerra, sino de Dios'". "No tendréis que pelear vosotros en esta ocasión; apostaos y quedaos quietos; veréis como la salvación de Jehová vendrá sobre vosotros. Judá y Jerusalén, no temáis ni desmayéis; salid mañana contra ellos, porque Jehová estará con vosotros" (vers. 15 y 17).

El pueblo creyó ese mensaje, y "se levantaron por la mañana, salieron al desierto de Tecoa. Mientras ellos salían, Josafat, puesto en pie, dijo: 'Oídme, Judá y habitantes de Jerusalén. Creed en

Jehová, vuestro Dios y estaréis seguros; creed a sus profetas y seréis prosperados'. Después de consultar con el pueblo, puso a algunos que, vestidos de ornamentos sagrados, cantaran y alabaran a Jehová mientras salía la gente armada, y que dijeran: 'Glorificad a Jehová, porque su misericordia es para siempre'" (vers. 20 y 21).

Se pusieron a cantar

¡Extraña forma de ir a la batalla! Nos recuerda de alguna forma la marcha alrededor de Jericó, y el grito de victoria.

En general, los que reciben una promesa como la que se hizo en aquella ocasión, de que Dios va a luchar por ellos, piensan que manifiestan gran fe al pasar al frente y hacer su parte contra el enemigo. Se dicen: 'Dios ha prometido ayudarnos, pero hemos de hace nuestra parte', y hacen toda provisión para la batalla. Pero el pueblo, en esa ocasión, tuvo la sencillez suficiente como para creer al Señor al pie de la letra; sabían que habían de hacer ciertamente su parte, pero sabían también que su parte era creer, y avanzar como quien cree realmente. Y ellos *creían*. Su fe era tan fuerte, que se pusieron a cantar. No se trataba de un canto forzado, de un susurro procedente de labios temblorosos; sino de un canto firme, espontáneo y poderoso salido del corazón en tonos de gozo y victoria, y todo ello estando frente a un enemigo cuya mayoría era abrumadora. ¿Cuál fue el resultado? "Cuando comenzaron a entonar cantos de alabanza, Jehová puso emboscadas contra los hijos de Amón, de Moab y de los montes de Seir que venían contra Judá, y se mataron los unos a los otros. Porque los hijos de Amón y Moab se levantaron contra los de los montes de Seir para matarlos y destruirlos; y cuando acabaron con los del monte Seir, cada cual ayudó a la destrucción de su compañero. Luego que vino Judá a la torre del desierto, miraron hacia la multitud, pero sólo vieron cadáveres tendidos en la tierra, pues ninguno había escapado" (vers. 22-24).

En cuanto comenzaron a cantar, el enemigo resultó vencido. El pánico hizo presa en el ejército de los amonitas y moabitas, y se abatieron entre ellos. Bien pudo suceder que, al oír sus cantos triunfales, pensaran que Israel habían recibido refuerzos, y verdaderamente así había sido. Hasta tal punto había recibido refuerzos, que ni siquiera tuvieron necesidad de luchar ellos mismos. Su fe había sido su victoria, y sus cantos, la evidencia de su fe.

Tenemos ahí una lección para nuestros conflictos con los adversarios: "principados... potestades... huestes espirituales de maldad en las regiones celestes" (Efe. 6:12). "Someteos, pues, a Dios; resistid al diablo, y huirá de vosotros" (Sant. 4:7). Pero "resistidlo firmes en la fe" (1ª Ped. 5:9). Sólo una resistencia tal lo pondrá en fuga, pues él sabe que es más fuerte que nosotros; pero cuando se le hace frente en la fe de Jesús, huye indefectiblemente, porque sabe que contra Cristo carece de todo poder. Vemos así una vez más, que "ciertamente volverán los redimidos de Jehová; volverán a Sión cantando" (Isa. 51:11). En experiencias como las que acabamos de considerar, el Señor estaba mostrando a Israel cómo debía hacer para vencer, y cuán anhelante y dispuesto estaba siempre a completar la promesa hecha a los padres.

Capítulo 43

De nuevo en cautividad (II)

SABEMOS que en cualquier momento, durante un período de varios cientos de años, los hijos de Israel pudieron haber gozado la plenitud de la promesa hecha a Abraham: el reposo eterno en la tierra renovada con Cristo y los santos glorificados, victoriosos sobre el postrer enemigo (1ª Cor. 15:26). Efectivamente, cuando nació Moisés se había acercado el tiempo del cumplimiento de la promesa, y Josué no murió hasta "muchos días después que Jehová concediera paz a Israel" (Josué 23:1). La expresión "muchos días después...", se aplica al tiempo en el que Dios, mediante David, les ofreció "otro día" –hoy–. Dios estaba anhelante, esperando que el pueblo tomara todo aquello que les había dado. Así lo demuestra la palabra que Dios les envió, mediante el profeta Jeremías.

Si hubieran obedecido a Dios

Aunque el pecado de Judá estuviera escrito con cincel de hierro y punta de diamante (Jer. 17:1), aunque el pueblo estuviera tan aferrado a la idolatría, el Señor, en su misericordia, les hizo la siguiente promesa:

"Así me ha dicho Jehová: Ve y ponte a la puerta de los Hijos del pueblo, por la cual entran y salen los reyes de Judá; ponte en todas las puertas de Jerusalén, y diles: ¡Oíd la palabra de Jehová, reyes de Judá, todo Judá y todos los habitantes de Jerusalén que entráis por estas puertas! Así ha dicho Jehová: Guardaos por vuestra vida de llevar carga en sábado y de meterla por las puertas de Jerusalén. No saquéis carga de vuestras casas en sábado, ni hagáis trabajo alguno, sino santificad el sábado, como mandé a vuestros padres. Pero ellos no escucharon ni inclinaron su oído, sino que endurecieron su corazón para no escuchar ni recibir corrección. No obstante, si vosotros me obedecéis, dice Jehová, no metiendo carga por las puertas de esta ciudad en sábado, sino que santificáis el sábado y no hacéis en él ningún trabajo, entrarán por las puertas de esta ciudad, en carros y en caballos, los reyes y los príncipes que se sientan sobre el trono de David, ellos y sus príncipes, los hombres de Judá y los habitantes de Jerusalén; y esta ciudad será habitada para siempre. Y vendrán de las ciudades de Judá, de los alrededores de Jerusalén, de la tierra de Benjamín, de la Sefela, de los montes y del Neguev, trayendo holocausto y sacrificio, ofrenda e incienso, y trayendo sacrificio de alabanza a la casa de Jehová" (Jer. 17:19-26).

No nos corresponde especular sobre cómo se habría podido cumplir la promesa; nos basta con saber que Dios la pronunció, y que él es poderoso para cumplir todas sus promesas. Edificar la antigua ciudad y renovarla, habría resultado algo tan fácil como transformar "nuestro cuerpo mortal en un cuerpo glorioso semejante al suyo" (Fil. 3:21), o quizá como crear una ciudad enteramente nueva y que ocupara el lugar de la antigua.

Promesas de restauración rechazadas

Ten presente que esa promesa expresada por Jeremías tuvo lugar en los últimos días del reino de Judá, puesto que Jeremías no comenzó a profetizar sino hasta "los días de Josías el hijo de Amón" (Jer. 1:2), en el décimo-tercer año de su reinado, sólo veintiún años antes del inicio de la cautividad babilónica. Antes que Jeremías comenzara a profetizar, casi todos los profetas habían terminado su labor, y habían pasado. Las profecías de Isaías, Oseas, Amós, Miqueas y otros –los principales profetas–, estaban en manos del pueblo antes que naciese Jeremías. Es un hecho de importancia crucial, que no debe ser pasado por alto. En esas profecías se encuentran muchas promesas de la restauración de Jerusalén, todas las cuales podían haberse cumplido si el pueblo les hubiera prestado oído. Pero como todas las promesas de Dios, lo fueron en Cristo: pertenecían, como la que estamos considerando, a la eternidad, y no simplemente a su tiempo. Pero dado que en sus días no las aceptaron, siguen igual de frescas para nosotros. Pueden hallar cumplimiento solamente mediante la venida del Señor, a quien esperamos. Esas profecías contienen el evangelio para nuestro tiempo, tan ciertamente como los libros de Mateo, Juan, o las epístolas.

La prueba inevitable

Comprueba también cómo la observancia del sábado viene a constituir la prueba, para todos a quienes se ha revelado la verdad. Si guardaban el sábado, entonces ellos y su ciudad permanecerían para siempre. ¿Por qué? Recuerda lo que estudiamos anteriormente sobre el reposo de Dios, y tendrás la respuesta. El sábado es el sello de una creación completa y perfecta. Como tal, revela a Dios como Creador y Santificador (Eze. 20:12, 20); como Santificador mediante su poder creador. Por lo tanto, el sábado no es una obra por medio de la cual podemos procurar en vano ganar el favor de Dios, sino que es un reposo: reposo en los brazos eternos. Es la señal y recordatorio del eterno poder de Dios, y su observancia es la señal de esa perfección que sólo Dios puede obrar, y que otorga libremente a todos los que confían en él. Significa plena y perfecta confianza en el Señor, en que él puede salvarnos y nos salvará por el mismo poder con que hizo todas las cosas en el principio. Por lo tanto vemos que, puesto que a nosotros se nos hace la misma promesa que al antiguo Israel, es evidente que el sábado ha de tener idéntica prominencia en nuestros días, y más especialmente en la medida en que se acerca el día de la venida de Cristo.

Se pronuncia juicio

Pero había una alternativa, en el caso de que el pueblo rehusara reposar en el Señor. Se encomendó al profeta que añadiera: "Pero si no me obedecéis para santificar el sábado, para no traer carga ni meterla por las puertas de Jerusalén en sábado, yo haré descender fuego en sus puertas, que consumirá los palacios de Jerusalén y no se apagará" (Jer. 17:27).

Y así sucedió. Aunque Dios fue fiel y paciente al enviar mensajes de advertencia a su pueblo, "ellos se mofaban de los mensajeros de Dios, y menospreciaban sus palabras, burlándose de sus profetas, hasta que subió la ira de Jehová contra su pueblo, y no hubo ya remedio. Por lo cual trajo contra ellos al rey de los caldeos, que mató a espada a sus jóvenes en la casa de su santuario, sin perdonar joven ni virgen, anciano ni decrépito; todos los entregó en sus manos. Asimismo todos los utensilios de la casa de Dios, grandes y chicos, los tesoros de la casa de Jehová, y los tesoros de la casa del rey y de sus príncipes, todo lo llevó a Babilonia. Quemaron la casa de Dios y derribaron el muro de Jerusalén, prendieron fuego a todos sus palacios y destruyeron todos sus objetos de valor. A los que escaparon de la espada los llevó cautivos a Babilonia, donde fueron siervos de él y de sus hijos hasta que vino el reino de los persas; para que se cumpliera la palabra de Jehová, dada por boca de Jeremías, hasta que la tierra hubo gozado de reposo; porque todo el tiempo de su asolamiento reposó, hasta que los setenta años fueron cumplidos" (2° Crón. 36:16-21).

El rey de Babilonia, soberano en Jerusalén

El último rey en Jerusalén fue Sedequías, pero no fue un rey independiente. Varios años antes de que ocupara el trono, Nabucodonosor había sitiado Jerusalén, y el Señor le había entregado la ciudad (Dan. 1:1 y 2). Aunque Joacaz fue derrotado, se le permitió reinar en Jerusalén como tributario, lo que hizo durante ocho años. Al morir, le sucedió su hijo Joaquín, pero reinó sólo tres meses antes que Nabucodonosor sitiara y conquistara de nuevo Jerusalén, llevando cautivo al rey junto a su familia, artesanos y herreros, y los utensilios de la casa de Jehová a Babilonia; "no quedó nadie, excepto la gente pobre del país" (2° Rey. 24:8-16). Hubo aún otro rey en Jerusalén, pues Nabucodonosor hizo rey a Matanías, cambiándole el nombre por el de Sedequías (vers. 17). Sedequías significa "la justicia de Jehová", y le fue dado porque Nabucodonosor hizo jurar por Dios al nuevo rey (2° Crón. 36:13) que no se rebelaría contra su autoridad. El siguiente hecho muestra que Nabucodonosor tenía derecho a formular esa demanda:

"Al comienzo del reinado de Joacim hijo de Josías, rey de Judá, vino esta palabra de parte de Jehová a Jeremías: Jehová me ha dicho: Hazte coyundas y yugos, y ponlos sobre tu cuello; los enviarás al rey de Edom, al rey de Moab, al rey de los hijos de Amón, al rey de Tiro y al rey de Sidón, por medio de los mensajeros que vienen a Jerusalén para ver a Sedequías, rey de Judá. Les mandarás que digan a sus señores que Jehová de los ejércitos, Dios de Israel, ha dicho: Así habéis de decir a vuestros señores: Yo, con mi gran poder y con mi brazo extendido, hice la tierra, el hombre y las bestias que están sobre la faz de la tierra, y la di a quien quise. Y ahora yo he puesto todas estas tierras en mano de Nabucodonosor, rey de Babilonia, mi siervo, y aun las bestias del campo le he dado para que me sirvan. Todas las naciones le servirán a él, a su hijo y al hijo de su hijo, hasta que llegue también el tiempo de su misma tierra y la reduzcan a servidumbre muchas naciones y grandes reyes. A la nación y al reino que no sirva a Nabucodonosor, rey de Babilonia, y que no ponga su cuello bajo el yugo del rey de Babilonia, castigaré a tal nación con espada, con hambre y con peste, dice Jehová, hasta que acabe con ella por medio de su mano. Y vosotros no prestéis oído a vuestros profetas, adivinos, soñadores, agoreros o encantadores, que os hablan diciendo: No serviréis al rey de Babilonia. Porque ellos os profetizan mentira, para haceros alejar de vuestra tierra y para que yo os arroje y perezcáis. Pero a la nación que someta su cuello al yugo del rey de Babilonia y lo sirva, la dejaré en su tierra, dice Jehová, la labrará y habitará en ella" (Jer. 27:1-11).

Nabucodonosor tenía, pues, tanto derecho a reinar en Jerusalén, como el que hubiera tenido cualquiera de sus reyes precedentes. Su reino, no obstante, era más extenso que el de cualquiera de los anteriores reyes de Israel; pero sobre todo, tras recibir instrucción del Señor, aprovechó su oportunidad para esparcir por todo el mundo el conocimiento del Dios verdadero (ver Daniel 4).

Por lo tanto, cuando Sedequías se rebeló contra Nabucodonosor, se estaba enfrentando inicuamente contra el Señor, quien había entregado Israel al poder de Nabucodonosor como castigo por sus pecados. Las palabras que siguen son una descripción gráfica del proceder de Nabucodonosor contra Jerusalén, y de cómo Dios guió la acción del rey pagano, aun a pesar de que estaba utilizando la adivinación:

"Tú, hijo de hombre, traza dos caminos por donde venga la espada del rey de Babilonia. De una misma tierra salgan ambos, y al comienzo de cada camino pon una señal que indique la ciudad adonde va. El camino señalarás por donde venga la espada a Rabá, de los hijos de Amón, y a Judá, contra Jerusalén, la ciudad fortificada. Porque el rey de Babilonia se ha detenido en una encrucijada, al principio de los dos caminos, para usar de adivinación; ha sacudido las saetas, consultó a sus ídolos, miró un hígado. La adivinación señaló a su mano derecha, sobre Jerusalén, para dar la orden de ataque, para dar comienzo a la matanza, para levantar la voz en grito de guerra, para poner arietes contra las puertas, para levantar terraplenes y construir torres de sitio. Mas para ellos esto será como adivinación mentirosa, ya que les ha hecho solemnes juramentos; pero él trae a la memoria la maldad de ellos, para apresarlos. Por tanto, así ha dicho Jehová, el Señor: Por cuanto habéis hecho recordar vuestras maldades, manifestando vuestras traiciones, descubriendo vuestros pecados en todas vuestras obras; por cuanto habéis sido recordados, seréis entregados en su mano" (Eze. 21:19-24).

Final del domino temporal e independencia de Israel

A continuación vienen las fatídicas palabras dirigidas a Sedequías:

"Respecto a ti, profano e impío príncipe de Israel, cuyo día ya ha llegado, el tiempo de la consumación de la maldad, así ha dicho Jehová, el Señor: ¡Depón el turbante, quita la corona! ¡Esto no será más así! Sea exaltado lo bajo y humillado lo alto. ¡A ruina, a ruina, a ruina lo reduciré [del revés, del revés, del revés la tornaré], y esto no será más, hasta que venga aquel a quien corresponde el derecho, y yo se lo entregaré!" (vers. 25-27).

Sedequías fue profano e impío, pues a su abominable idolatría añadió el pecado del perjurio, quebrantando un juramento solemne. Por lo tanto, el reino le fue quitado. La diadema pasó de los descendientes de David, a la cabeza de un caldeo, y surge ante nuestra vista el reino de Babilonia. Hemos leído ya sobre su extensión, y disponemos también del testimonio del profeta Daniel, en su explicación sobre la gran estatua que Nabucodonosor vio en un sueño que le dio el Dios del cielo: "Tú, rey, eres rey de reyes; porque el Dios del cielo te ha dado reino, poder, fuerza y majestad. Dondequiera que habitan hijos de hombres, bestias del campo y aves del cielo, él los ha entregado en tus manos, y te ha dado el dominio sobre todo. Tú eres aquella cabeza de oro" (Dan. 2:37 y 38).

Vemos aquí la huella del dominio que en el principio se le dio al hombre (Gén. 1:26), si bien la gloria y el poder habían disminuido considerablemente. Pero vemos cómo Dios seguía teniendo sus ojos en ello, y estaba obrando por su restauración, de acuerdo con la promesa hecha a Abraham.

De Babilonia al reino eterno

La Biblia dedica muy poco espacio a las descripciones de la grandeza humana, y el profeta se apresura en llegar a la conclusión. En Ezequiel 21:27 están predichas tres revueltas o revoluciones, a continuación de haber pasado a manos de Nabucodonosor el dominio de toda la tierra. Puesto que su reino era de alcance mundial, las tres convulsiones predichas han de referirse igualmente a hechos relacionados con el establecimiento de un imperio universal. Así, el profeta Daniel continuó en estos términos su explicación del sueño de Nabucodonosor:

"Después de ti se levantará otro reino, inferior al tuyo; y luego un tercer reino de bronce, el cual dominará sobre toda la tierra" (Dan. 2:39). Daniel 5 muestra que el reino que sucedió a Babilonia fue Medo-Persia; y en Daniel 8:1-8, 20 y 21 vemos que el tercer reino, el sucesor de Medo-Persia en el dominio universal mundial, fue el de Grecia. Tenemos aquí bosquejada a grandes rasgos la historia del mundo, durante varios siglos. Las dos primeras convulsiones de Ezequiel 21:27 quedan aclaradas: Babilonia fue seguida por Medo-Persia, y esta lo fue a su vez por el imperio de Grecia.

No se nombra directamente al último de estos reinos universales de la tierra, el que sigue a la tercera gran convulsión, pero se lo identifica claramente. El nacimiento de Cristo ocurrió en los días de César Augusto, quien promulgó un edicto que obligaba a todos a empadronarse (Luc. 2:1). Por lo tanto, podemos estar seguros de que Roma es el producto de la tercera gran revolución mundial. De hecho, desembocamos indefectiblemente en ese imperio, pues no hay otro en la historia que pudiera ocupar su lugar. Así, cuando Babilonia regía el mundo, fueron predichas tres grandes revoluciones que traerían en su estela tres grandes imperios sucesivos: Medo-Persia y Grecia son citadas literalmente en la línea de sucesión, y después encontramos al emperador de Roma rigiendo el mundo. Se trata de pruebas estrictamente bíblicas. La historia secular provee evidencias abrumadoras e inagotables que testifican de la exactitud del registro sagrado.

Pero la revolución que resultó en la entrega del poder mundial a Roma, fue la última revolución general que ha de tener lugar en este mundo "hasta que venga aquel [Aquel] a quien corresponde el derecho". Desde la caída de Roma, no pocos han soñado con la posesión de un dominio mundial, pero sus sueños han venido a desvanecerse en la nada.

Cristo estaba en la tierra, es cierto, pero era un extranjero, como Abraham, sin un lugar en donde recostar su cabeza. No obstante, vino "a publicar libertad a los cautivos" (Isa. 61:1), y proclamó que todo aquel que permaneciera en su palabra conocería la verdad, y ésta lo haría libre. Día tras día y año tras año, a medida que los siglos han ido transcurriendo, ha venido resonando la proclamación de libertad, y fatigados cautivos han hallado libertad del poder de las tinieblas. No toca a nosotros saber los tiempos o las épocas que el Padre puso en su sola potestad; pero sabemos que cuando la profesa iglesia de Cristo consienta en ser llenada de su Espíritu, el mundo entero oirá sin demora el mensaje del evangelio en la plenitud de su poder, y entonces vendrá el fin. Cuando eso suceda, toda la creación que ahora gime, será libertada de la servidumbre de corrupción a la gloriosa libertad de los hijos de Dios (Rom. 8:21).

Capítulo 44

De nuevo en cautividad (III)

POR MÁS que se sientan orgullosos de su libertad e independencia, en general los hombres prefieren la esclavitud, y elegirán la servidumbre más bien que la libertad. Así lo demuestran sus hechos.

Rechazar la libertad

El Dios del universo ha proclamado libertad a toda la raza humana; siempre ha dado libertad a todos; pero sólo unos pocos tomarán ventaja de ello. La experiencia del antiguo Israel no es más que la experiencia del corazón humano. Por dos veces el Señor expresó claramente a Abraham que su simiente sería libre: una, cuando dijo que su siervo Eliezer no sería su heredero, y otra cuando le manifestó que el hijo de una sierva tampoco podía serlo. Posteriormente, el Señor liberó a Israel de la servidumbre de Egipto a fin de que pudiera gozar de libertad, incluida la de la obediencia a la perfecta ley de libertad; pero murmuraron "y en sus corazones se volvieron a Egipto cuando dijeron a Aarón: Haznos dioses que vayan delante de nosotros" (Hech. 7:39 y 40).

Cuarenta años más tarde Dios los libró del oprobio de Egipto, pero con el tiempo desearon ser como los paganos que los rodeaban al pedir un rey, y eso a pesar de que se les había advertido que tener un rey los convertiría en esclavos. Y así sucedió, ya que no sólo aprendieron los caminos de los paganos, sino que incluso los superaron. "Jehová, el Dios de sus padres, les envió constantemente avisos por medio de sus mensajeros, porque él tenía misericordia de su pueblo y de su morada. Pero ellos se mofaban de los mensajeros de Dios, y menospreciaban sus palabras, burlándose de sus profetas, hasta que subió la ira de Jehová contra su pueblo, y no hubo ya remedio" (2° Crón. 36:15 y 16), y el Señor cumplió su amenaza de transportarlos más allá de Babilonia (Amós 5:25-27; Hech. 7:43).

Esclavos del pecado

Esa cautividad babilónica era sólo la expresión visible de la esclavitud en la que el pueblo se había colocado previamente de forma voluntaria. Se habían jactado de ser libres, mientras que eran "esclavos de corrupción, pues el que es vencido de alguno es hecho esclavo del que lo venció" (2ª Ped. 2:19). "Todo aquel que practica el pecado, esclavo es del pecado" (Juan 8:34). La esclavitud física es un asunto menor, al lado de la esclavitud del alma, pero de no ser por esta última, nunca se habría conocido la primera.

La deportación de Israel a la ciudad de Babilonia era extraordinariamente pertinente. No era por casualidad como fueron llevados allí, en lugar de serlo a cualquier otra parte. Babilonia –Babel– significa confusión; confusión en consecuencia de la exaltación propia y el orgullo, "pues donde hay celos y rivalidad, allí hay perturbación y toda obra perversa" (Sant. 3:16). El nombre de Babilonia tuvo este origen:

Los constructores de Babel

"Tenía entonces toda la tierra una sola lengua y unas mismas palabras. Aconteció que cuando salieron de oriente hallaron una llanura en la tierra de Sinar, y se establecieron allí. Un día se dijeron unos a otros: 'Vamos, hagamos ladrillo y cozámoslo con fuego'. Así el ladrillo les sirvió en lugar de piedra, y el asfalto en lugar de mezcla. Después dijeron: 'Vamos, edifiquémonos una ciudad y una torre cuya cúspide llegue al cielo; y hagámonos un nombre, por si fuéramos esparcidos sobre la faz de toda la tierra'. Jehová descendió para ver la ciudad y la torre que edificaban los hijos de los hombres. Y dijo Jehová: 'El pueblo es uno, y todos estos tienen un solo lenguaje; han comenzado la obra y nada los hará desistir ahora de lo que han pensado hacer.

Ahora, pues, descendamos y confundamos allí su lengua, para que ninguno entienda el habla de su compañero'. Así los esparció Jehová desde allí sobre la faz de toda la tierra, y dejaron de edificar la ciudad. Por eso se la llamó Babel, porque allí confundió Jehová el lenguaje de toda la tierra, y desde allí los esparció sobre la faz de toda la tierra" (Gén. 11:1-9).

Desafiando a Dios

Albergaban la idea de que podían construir una ciudad tan grande y una torre tan alta como para desafiar los juicios de Dios. Se creían realmente mayores que Dios. Es la misma idea que tuvo Lucifer, de quien leemos:

"¡Cómo caíste del cielo, Lucero, hijo de la mañana! Derribado fuiste a tierra, tú que debilitabas a las naciones. Tú que decías en tu corazón: 'Subiré al cielo. En lo alto, junto a las estrellas de Dios, levantaré mi trono y en el monte del testimonio me sentaré, en los extremos del norte" (Isa. 14:12-14).

Es fácil ver que el espíritu que hubo en Lucifer era el mismo que animaba a los constructores de Babel, y la razón es que fue Satanás mismo –Lucifer caído– quien impulsó esa obra. Él es "el príncipe de este mundo" (Juan 14:30), "el espíritu que ahora opera en los hijos de desobediencia" (Efe. 2:2). Volvamos ahora al comienzo del capítulo 14 de Isaías, de donde hemos tomado el párrafo anteriormente citado, y veamos la relación del caído Lucifer con Babilonia, observando de paso que el capítulo anterior (el 13) habla sobre la futura destrucción de Babilonia.

Se juzga al príncipe de este mundo

La ciudad altiva sería totalmente destruida:

"Porque Jehová tendrá piedad de Jacob, de nuevo escogerá a Israel y lo hará reposar en su tierra. A ellos se unirán extranjeros, que se agregarán a la familia de Jacob. Los pueblos los tomarán y los llevarán a su lugar, y la casa de Israel los poseerá como siervos y criadas en la tierra de Jehová. Cautivarán así a los que cautivaron y señorearán sobre los que los oprimieron. En el día en que Jehová te de reposo de tu trabajo, de tus temores y de la dura servidumbre en que te hicieron servir, pronunciarás este proverbio contra el rey de Babilonia y dirás: ¡Cómo acabó el opresor! ¡Cómo ha acabado la ciudad codiciosa de oro! Quebrantó Jehová el bastón de los impíos, el cetro de los señores: el que hería a los pueblos con furor, con llaga permanente, el que se enseñoreaba de las naciones con ira y las perseguía con crueldad. Toda la tierra está en reposo y en paz. Se cantaron alabanzas. Aun los cipreses se regocijaron a causa de ti, y los cedros del Líbano, diciendo: Desde que tú pereciste, no ha subido cortador contra nosotros. El seol abajo se espantó de ti; despertó a los muertos para que en tu venida salieran a recibirte; hizo levantar de sus sillas a todos los grandes de la tierra, a todos los reyes de las naciones. Todos ellos darán voces y te dirán: ¿Tú también te debilitaste como nosotros y llegaste a ser como nosotros? Descendió al seol tu soberbia y el sonido de tus arpas; gusanos serán tu cama y gusanos te cubrirán" (Isa. 14:1-11).

Sigue a continuación la declaración directa del Señor:

"¡Cómo caíste del cielo, Lucero, hijo de la mañana!", etc, tal como hemos leído, afirmando que su caída se debió a su exaltación propia, para continuar así:

"Mas tú derribado eres hasta el seol, a lo profundo de la fosa. Se inclinarán hacia ti los que te vean; te contemplarán, diciendo: ¿Es este aquel varón que hacía temblar la tierra, que trastornaba los reinos, que puso el mundo como un desierto, que asoló sus ciudades, que a sus presos nunca les abrió la cárcel? Todos los reyes de la tierra, todos ellos, yacen con honra cada uno en su última morada. Pero tú echado eres de tu sepulcro como un vástago abominable, como un vestido de muertos pasados a espada, que descendieron al fondo de la fosa, como un cadáver pisoteado. No serás contado con ellos en la sepultura, porque tú destruiste tu tierra, mataste a tu pueblo. No será nombrada por siempre la simiente de los malignos" (vers. 15-20).

El propósito divino: la destrucción del opresor

Después de esa interpelación directa al gran tirano, sigue la continuación de la narrativa que lo concierne:

"Preparad a sus hijos para el matadero por la maldad de sus padres; que no se levanten ni posean la tierra ni llenen de ciudades la faz del mundo. Porque yo me levantaré contra ellos, dice Jehová de los ejércitos, y raeré de Babilonia el nombre y el sobreviviente, hijo y nieto, dice Jehová. Y la convertiré en posesión de erizos y en tierra cenagosa. La barreré con escobas de destrucción, dice Jehová. Jehová de los ejércitos juró diciendo: Ciertamente se hará de la manera que lo he pensado; se confirmará como lo he determinado: y quebrantaré al asirio en mi tierra y en mis montes lo pisotearé; su yugo será apartado de ellos y su carga será quitada de su hombro" (vers. 21-25).

Y vienen ahora las impresionantes palabras, a modo de resumen:

"ESTE ES EL PLAN ACORDADO CONTRA TODA LA TIERRA, Y ESTA ES LA MANO EXTENDIDA CONTRA TODAS LAS NACIONES. Jehová de los ejércitos lo ha determinado, ¿y quién lo impedirá? Y su mano extendida, ¿quién la hará retroceder?" (vers. 26 y 27).

La soberbia del poder terrenal

Habrás observado que la liberación final y completa de todo Israel coincide con la destrucción del rey de Babilonia. También habrás notado que ese rey de Babilonia reina sobre toda la tierra: su destrucción trae reposo a toda la tierra. Puedes ver asimismo que a ese rey de Babilonia se le llama Lucifer, el que intentó disputar a Dios el dominio del mundo.

La cuestión es, no obstante, que sea cual haya sido el gobernador visible, Satanás era siempre el auténtico rey. Así lo muestra también el hecho de que Babilonia fue un reino pagano, y "aquello que los gentiles sacrifican, a los demonios lo sacrifican y no a Dios" (1ª Cor. 10:20). Es "el dios de este mundo" (2ª Cor. 4:4). El espíritu de exaltación propia está en radical oposición con el Espíritu de

Dios, cuya mansedumbre y bondad constituyen su grandeza. Se trata del espíritu del anticristo, "el cual se opone y se levanta contra todo lo que se llama Dios o es objeto de culto; tanto, que se sienta en el templo de Dios como Dios, haciéndose pasar por Dios" (2ª Tes. 2:4).

Ese espíritu fue el rasgo característico de Babilonia, excepto en el breve período en que Nabucodonosor estuvo en sus sentidos. Él había dicho jactanciosamente: "¿No es esta la gran Babilonia que yo edifiqué para casa real con la fuerza de mi poder, y para gloria de mi majestad?" (Dan. 4:30). Belsasar utilizó los vasos de la casa de Dios para beber vino en ellos, junto a sus mujeres y concubinas, "y alabaron a los dioses de oro y plata, de bronce, de hierro, de madera y de piedra" (Dan. 5:3 y 4), enorgulleciéndose en la creencia de que los dioses que él había hecho eran mayores que el Dios de Israel. De Babilonia fue dicho: "Te confiaste en tu maldad, diciendo: 'Nadie me ve'. Tu sabiduría y tu misma ciencia te engañaron, y dijiste en tu corazón: 'Yo, y nadie más'" (Isa. 47:10).

Significado de ser liberado de Babilonia

Fue ese mismo espíritu el que animó al pueblo judío. Cuando insistieron en tener un rey a fin de ser como los paganos que los rodeaban, rechazaron a Dios, puesto que decidieron que ellos mismos podían administrar las cosas mejor que Él. "¿Acaso alguna nación ha cambiado sus dioses, aunque estos no son dioses? Sin embargo, mi pueblo ha cambiado su gloria por lo que no aprovecha. ¡Espantaos, cielos, sobre esto, y horrorizaos! ¡Pasmaos en gran manera!, dice Jehová. Porque dos males ha hecho mi pueblo: me dejaron a mí, fuente de agua viva, y cavaron para sí cisternas, cisternas rotas que no retienen el agua" (Jer. 2:11-13). "¿He sido yo un desierto para Israel o una tierra de tinieblas? ¿Por qué ha dicho mi pueblo: 'Somos libres; nunca más vendremos a ti'?" (vers. 31).

Por lo tanto, cuando los hijos de Israel fueron llevados a Babilonia –la ciudad del orgullo y la exaltación–, no fue sino la manifestación visible de la condición en la que por largo tiempo habían estado.

Fueron llevados a Babilonia por no haber guardado el sábado, tal como leemos en Jeremías 17:27 y en 2º de Crónicas 36:20 y 21. Hemos visto ya que la observancia del sábado consiste en reposar en Dios; significa reconocerlo plenamente como el supremo y legítimo Gobernante. Por lo tanto, hemos de comprender que la completa liberación de Babilonia es la liberación de la esclavitud del yo, en favor de una absoluta confianza en Dios, y de la obediencia a él.

Se cumplen los setenta años

De igual forma en que Dios había determinado un tiempo definido en el que liberaría a su pueblo de Egipto, predijo también el tiempo exacto de la cautividad de Israel en la ciudad de Babilonia.

"Así dijo Jehová: Cuando en Babilonia se cumplan los setenta años, yo os visitaré y despertaré sobre vosotros mi buena palabra, para haceros volver a este lugar. Porque yo sé los pensamientos que tengo acerca de vosotros, dice Jehová, pensamientos de paz y no de mal, para daros el fin que esperáis. Entonces me invocaréis. Vendréis y oraréis a mí, y yo os escucharé. Me buscaréis y me hallaréis, porque me buscaréis de todo vuestro corazón. Seré hallado por vosotros, dice Jehová; haré volver a vuestros cautivos y os reuniré de todas las naciones y de todos los lugares adonde os arrojé, dice Jehová. Y os haré volver al lugar de donde os hice llevar" (Jer. 29:10-14).

Lo mismo que sucedió la primera vez, en esta segunda todo ocurrió conforme a la Palabra de Dios. La cautividad comenzó en el año 606 A.C. y sesenta y ocho años más tarde, el 538 A.C. la ciudad de Babilonia cayó en manos de los Medo-Persas (ver Dan. 5).

Leemos acerca de ese tiempo: "En el primer año de Darío hijo de Asuero, de la nación de los medos, que vino a ser rey sobre el reino de los caldeos, en el primer año de su reinado, yo, Daniel, miré atentamente en los libros el número de los años de que habló Jehová al profeta Jeremías, en los que habían de cumplirse las desolaciones de Jerusalén: setenta años. Volví mi rostro a Dios, el Señor, buscándolo en oración y ruego, en ayuno, ropas ásperas y ceniza" (Dan. 9:1-3).

Por fin había al menos un hombre que buscaba a Dios de todo corazón. No sabemos si además de Daniel, otros lo estaban buscando también. En todo caso no debieron ser muchos; no obstante, Dios cumplió su parte al pie de la letra. Dos años después de la oración de Daniel, en el año 536 A.C., exactamente setenta años después del comienzo de la cautividad de Israel en la ciudad de Babilonia, Ciro, el rey de Persia, promulgó un edicto que encontramos en Esdras 1:1-4:

"En el primer año de Ciro, rey de Persia, para que se cumpliera la palabra de Jehová anunciada por boca de Jeremías, despertó Jehová el espíritu de Ciro, rey de Persia, el cual hizo pregonar de palabra y también por escrito en todo su reino, este decreto: Así ha dicho Ciro, rey de Persia: Jehová, el Dios de los cielos, me ha dado todos los reinos de la tierra y me ha mandado que le edifique una casa en Jerusalén, que está en Judá. Quien de entre vosotros pertenezca a su pueblo, sea Dios con él, suba a Jerusalén, que está en Judá, y edifique la casa a Jehová, Dios de Israel (Él es el Dios), la cual está en Jerusalén. Y a todo el que haya quedado, en cualquier lugar donde habite, que las gentes de su lugar lo ayuden con plata, oro, bienes y ganados, además de ofrendas voluntarias para la casa de Dios, la cual está en Jerusalén".

Se estimó que el número de los que regresaron a Jerusalén como resultado de esa proclamación, fue de "cuarenta y dos mil trescientos sesenta, sin contar sus siervos y siervas, que eran siete mil trescientos treinta y siete. Había también doscientos cantores y cantoras". "Habitaron los sacerdotes, los levitas, los del pueblo, los cantores, los porteros y los sirvientes del Templo en sus ciudades. Todo Israel habitó, pues, en sus ciudades" (Esdras 2:64 y 65, 70).

Una lección todavía sin aprender

No todos regresaron a Jerusalén, pero todos podían haberlo hecho. Si todo Israel hubiera aprendido la lección que había de enseñarles la cautividad, se habría podido cumplir rápidamente la tan demorada promesa, pues desde el principio de la cautividad el único período de tiempo definido en la profecía era el de los setenta años. Pero de igual forma en que el pueblo estaba ya realmente en la cautividad babilónica –es decir, en la esclavitud del orgullo y la confianza propia desde antes de ser deportados por Nabucodonosor, continuaron en ese mismo estado de esclavitud tras haberse cumplido los setenta años. Dios predijo que así sucedería, de forma que hacia el final de ese período dio una visión a Daniel, en la que estableció otro período de tiempo.

En el próximo capítulo estudiaremos acerca de ese gran período profético y de los eventos implicados: el llamamiento final a salir de Babilonia.

Capítulo 45

La promesa, a punto de cumplirse

EN EL capítulo precedente, en que estudiamos la cautividad babilónica, vimos que si Israel hubiera aprendido la lección de la confianza en Dios, no habría continuado en la esclavitud del orgullo y la confianza propia. Los setenta años los habrían llevado a un punto en el que podría haberse cumplido rápidamente la tan largamente esperada promesa de la herencia eterna, pues como ya dijimos, hasta el principio de la cautividad en Babilonia, el único período de tiempo definido en la profecía era el de los setenta años. Pero Dios previó antes de que finalizase ese período que la lección no iba a resultar aprendida, de forma que hacia el final de los setenta años dio una visión al profeta Daniel en la que quedó establecido otro largo período. Brevemente expresada, la profecía dice así:

La visión de Daniel 8

Daniel vio en visión un carnero con la particularidad de que uno de sus dos cuernos era mayor que el otro, prevaleciendo finalmente sobre el otro.

Vio "que el carnero hería con los cuernos al poniente, al norte y al sur, y que ninguna bestia podía parar delante de él, ni había quien escapara de su poder. Hacía conforme a su voluntad y se engrandecía" (Dan. 8:3 y 4).

A continuación vio un macho cabrío que venía con furia desde el este, teniendo un cuerno notable entre los ojos. "Vino hasta el carnero de dos cuernos que yo había visto en la ribera del río, y corrió contra él con la furia de su fuerza. Lo vi llegar junto al carnero; se levantó contra él y lo hirió, y le quebró sus dos cuernos; y el carnero no tenía fuerzas para hacerle frente. Lo derribó, por tanto, a tierra, lo pisoteó y no hubo quien librara de su poder al carnero. El macho cabrío creció en gran manera; pero cuando estaba en su mayor fuerza, aquel gran cuerno fue quebrado, y en su lugar salieron otros cuatro cuernos notables hacia los cuatro vientos del cielo. De uno de ellos salió un cuerno pequeño, que creció mucho hacia el sur y el oriente, y hacia la tierra gloriosa. Creció hasta llegar al ejército del cielo; y parte del ejército y de las estrellas echó por tierra, y las pisoteó. Aun se engrandeció contra el príncipe de los ejércitos; por él fue quitado el continuo sacrificio; echó por tierra la verdad e hizo cuanto quiso, y prosperó" (Dan. 8:5-11).

Después de haber dado algunos detalles adicionales en referencia a ese cuerno pequeño tan especial, el profeta finaliza así el relato de la visión:

"Entonces oí hablar a un santo; y otro de los santos preguntó a aquel que hablaba: ¿Hasta cuándo durará la visión del sacrificio continuo, la prevaricación asoladora y la entrega del santuario y el ejército para ser pisoteados? Y él dijo: Hasta dos mil trescientas tardes y mañanas; luego el santuario será purificado" (vers. 13 y 14).

La interpretación del ángel

No entraremos aquí en los detalles de la profecía; se trata de comprender su esencia, a fin de poder seguir la historia de la promesa. Un ángel fue el encargado de explicar la visión a Daniel, cosa que hizo en estos términos:

"En cuanto al carnero que viste, que tenía dos cuernos: estos son los reyes de Media y de Persia. El macho cabrío es el rey de Grecia, y el cuerno grande que tenía entre sus ojos es el rey primero. En cuanto al cuerno que fue quebrado y sucedieron cuatro en su lugar, significa que cuatro reinos se levantarán de esa nación, aunque no con la fuerza de él. Al fin del reinado de estos, cuando los transgresores lleguen al colmo, se levantará un rey altivo de rostro y entendido en enigmas.

Su poder se fortalecerá, mas no con fuerza propia; causará grandes ruinas, prosperará, actuará arbitrariamente y destruirá a los fuertes y al pueblo de los santos. Con su sagacidad hará prosperar el engaño en su mano; en su corazón se engrandecerá y, sin aviso, destruirá a muchos. Se levantará contra el Príncipe de los príncipes, pero será quebrantado, aunque no por mano humana. La visión de las tardes y mañanas que se ha referido es verdadera; y tú guarda la visión, porque es para muchos días" (Dan. 8:20-26).

Se cita por nombre a los dos reinos universales que sucederían a Babilonia, y el otro queda descrito con una claridad tal, que podemos identificarlo inmediatamente. Roma fue el poder que adquirió el señorío del mundo, como resultado de la tercera convulsión de la que habla Ezequiel. Así lo indica llanamente el registro, en referencia a su obra en contra del Príncipe de los príncipes. Tras la muerte de Alejandro, rey de Grecia, su reino fue dividido en cuatro partes, y fue mediante la conquista de Macedonia –una de esas cuatro divisiones–, en el año 68 a. de C., como Roma adquirió el dominio que le permitió dictar al mundo. Esa es la razón por la que leemos que procedería de una de los cuatro reinos resultantes de la división.

Un período profético prolongado

Pero en relación con esa visión había un período de tiempo que el ángel no explicó, al explicar el resto de la visión. Se trata de los dos mil trescientos días –literalmente, tardes y mañanas–. Que no se trata de días literales, podemos saberlo por esta razón: Estamos ante una profecía expresada en símbolos, en la que animales de una vida limitada son empleados para representar a reinos que existieron durante cientos de años; armoniza perfectamente con el método de la profecía simbólica el emplear los días en relación con esos símbolos, pero es evidente que deben representar un período de orden superior y más prolongado en la interpretación, dado que dos mil trescientos días literales –algo más de seis años–, no pasaría de ser escasamente el comienzo del primero de los reinos. Por lo tanto, podemos estar seguros de que cada día representa un año, tal como el Señor utilizó los días en sentido simbólico, en Ezequiel 4:6.

El mismo ángel regresó con posterioridad, en respuesta a la oración de Daniel, para hacerle comprender el resto de la visión, es decir, lo relativo a los días (ver Dan. 9:20-23).

Comenzando en el punto en que lo había dejado, como si no hubiera pasado ni un momento, el ángel le dijo: "Setenta semanas están determinadas sobre tu pueblo...", etc. (vers. 24).

Setenta semanas –cuatrocientos noventa años– estaban determinadas o cortadas de los dos mil trescientos años, y asignadas al pueblo judío.

Habían de comenzar con el decreto para restaurar y edificar Jerusalén. Encontramos ese decreto, en su forma plena y operativa, en Esdras 7:11-26, y fue dado en el año séptimo de Artajerjes, rey de Persia, que corresponde al año 457 a. de C. Comenzando en el año 457 a. de C., cuatrocientos noventa años nos sitúan en el año 34 de nuestra era.

Pero la última de esas setenta semanas proféticas estaba dividida. Sesenta y nueve semanas –483 años–, alcanzando hasta el año 27 de nuestra era, marcaron el tiempo de la manifestación del Mesías, o el Ungido: el momento en el que Jesús fue ungido con el Espíritu Santo en su bautismo.

A la mitad de la última semana de años, es decir, tres años y medio después del bautismo de Jesús, "se [quitaría] la vida al Mesías". Durante toda esa semana, es decir durante esos siete años, confirmó el pacto (vers. 27).

Es bien fácil calcular el alcance de todo el período de los dos mil trescientos años: nos lleva al año 1844 de nuestra era, que queda ya en el pasado.

Así pues, ha expirado el período profético más largo que nos da la Biblia, de forma que verdaderamente el tiempo del cumplimiento de la promesa ha de estar a las puertas. Nadie puede decir cuándo vendrá el Señor a restaurar todas las cosas, pues "el día y la hora nadie sabe" (Mat. 24:36).

El reino de Dios, quitado del pueblo judío

Pero volvamos de nuevo por un momento a ese período de los cuatrocientos noventa años dedicados al pueblo judío. ¿Hubo acaso un tiempo en el que Dios fue parcial, de forma que no pusiera la salvación al alcance de ningún otro pueblo? Imposible, pues Dios no hace acepción de personas. Se trataba simplemente de una demostración de la bondad y paciencia de Dios, quien esperó largos años para dar la oportunidad al pueblo de Israel de aceptar su llamamiento como sacerdotes para Dios, a fin de que dieran a conocer la promesa a todo el mundo. Pero no quisieron. Al contrario: la olvidaron ellos mismos hasta tal punto, que rechazaron al Mesías cuando vino.

Así, de pertenecer al reino de Israel, quinto y último reino universal, pasaron a no tener ningún lugar concreto en la promesa. Individuos del pueblo judío pueden salvarse creyendo al evangelio, de la misma forma que toda otra persona, pero sólo así. El templo desolado y el velo rasgado en dos, revelando el hecho de que la gloria de Dios no moraba ya más en su lugar santísimo, eran el símbolo de su relación con el pacto. Pueden como individuos ser injertados en el olivo, lo mismo que cualquier gentil, constituyéndose así en Israel; pero su posición de primacía, como instructores religiosos del mundo, desapareció para siempre debido a que no la quisieron apreciar. No conocieron el tiempo de su visitación.

El llamado final a Babilonia

¿Qué queda ahora?

Sólo esto: que el pueblo de Dios oiga y obedezca su llamado a salir de Babilonia, a fin de que no reciba de sus plagas permaneciendo en ella. Aunque la ciudad del Éufrates fue destruida hace muchos cientos de años, incluso algunos cientos de años antes de Cristo, no obstante cerca de un siglo después de iniciada nuestra era, el profeta Juan fue movido por el Espíritu a repetir las mismas advertencias pronunciadas por Isaías contra Babilonia, y en términos virtualmente idénticos:

"Cuanto ella se ha glorificado y ha vivido en deleites, tanto dadle de tormento y llanto, porque dice en su corazón: Yo estoy sentada como una reina, no soy viuda y no veré llanto. Por lo cual, en un solo día vendrán sus plagas: muerte, llanto y hambre, y será quemada con fuego, porque poderoso es Dios el Señor, que la juzga" (Apoc. 18:7 y 8. Compáralo con Isa. 47:7-10).

Babilonia era una ciudad pagana, que se exaltaba por encima de Dios. Tal como ilustra la fiesta de Belsasar (Dan. 5), representaba el tipo de religión que desafía a Dios. Existe hoy el mismo espíritu, no simplemente en una cierta sociedad, sino allí en donde los hombres elijan su propio camino en la religión, en lugar de someterse a toda palabra que procede de la boca de Dios. En su gran paciencia y tierna misericordia, Dios espera hasta que su pueblo salga de Babilonia y se humille para caminar con él, predique el evangelio del reino con todo el poder del reino, incluso del reino venidero, "para testimonio a todas las naciones, y entonces vendrá el fin" (Mat. 24:14).

Ese "fin" será la destrucción de Babilonia, tal como predijo Jeremías; pero de igual forma en que la antigua Babilonia fue un reino universal y su auténtico rey –como revela Isaías 14– era el propio Satanás, el dios de este mundo, así también la destrucción de la actual Babilonia no es nada menos que el juicio de Dios sobre toda la tierra, que coincidirá con la liberación de su pueblo.

Leamos ahora las palabra que pronunció Jeremías contra "todas las naciones", cuando profetizó en referencia al final de la cautividad babilónica:

La controversia de Dios con las naciones

"Así me dijo Jehová, Dios de Israel: Toma de mi mano la copa del vino de este furor, y haz que beban de ella todas las naciones a las cuales yo te envío. Beberán, y temblarán y enloquecerán a causa de la espada que yo envío entre ellas. Yo tomé la copa de la mano de Jehová, y di de beber a todas las naciones a las cuales me envió Jehová: a Jerusalén, a las ciudades de Judá, a sus reyes y a sus príncipes, para convertirlos en ruinas, en espanto, en burla y en maldición, como hasta hoy; al faraón, rey de Egipto, a sus servidores, a sus príncipes y a todo su pueblo; y a todo el conjunto de naciones, a todos los reyes de tierra de Uz y a todos los reyes de la tierra de Filistea: de Ascalón, Gaza, Ecrón y el resto de Asdod; de Edom, Moab y los hijos de Amón; a todos los reyes de Tiro, a todos los reyes de Sidón, a los reyes de las costas que están de este lado del mar: Dedán, Tema y Buz, y todos los que se rapan las sienes; a todos los reyes de Arabia, a todos los reyes del conjunto de pueblos que habitan en el desierto; a todos los reyes de Zimri, a todos los reyes de Elam, a todos los reyes de Media; a todos los reyes del norte, los de cerca y los de lejos, a los unos y a los otros, y a todos los reinos del mundo que están sobre la faz de la tierra. Y el rey de Babilonia beberá después de ellos. Les dirás, pues: Así ha dicho Jehová de los ejércitos, Dios de Israel: ¡Bebed, embriagaos y vomitad; caed y no os levantéis, a causa de la espada que yo envío entre vosotros! Y si no quieren tomar la copa de tu mano para beber, tú les dirás: Así ha dicho Jehová de los ejércitos: Tenéis que beberla, porque yo comienzo a causarle mal a la ciudad en la cual es invocado mi nombre, ¿y vosotros seréis absueltos? ¡No seréis absueltos, porque espada traigo sobre todos los habitantes de la tierra, dice Jehová de los ejércitos. Tú, pues, profetizarás contra ellos todas estas palabras. Les dirás: Jehová ruge desde lo alto, y desde su morada santa da su voz; ruge fuertemente contra su redil; canción de lagareros canta contra todos los moradores de la tierra. Llega el estruendo hasta el fin de la tierra, porque Jehová está en pleito contra las naciones; él es el Juez de todo mortal y entregará a los impíos a la espada, dice Jehová. Así ha dicho Jehová de los ejércitos: Ciertamente el mal irá de nación en nación, y una gran tempestad se levantará desde los extremos de la tierra. Yacerán los muertos de Jehová en aquel día desde un extremo de la tierra hasta el otro; no se hará lamentación, ni se recogerán ni serán enterrados, sino que como estiércol quedarán sobre la faz de la tierra" (Jer. 25:15-33).

Esa es la terrible condenación hacia la que se están apresurando todas las naciones de la tierra. Todas se están armando para esa gran batalla. Muchas de ellas están soñando con confederarse en un dominio global; pero Dios ha dicho a propósito de tales dominios en esta tierra: "Esto no será más, hasta que venga aquel a quien corresponde el derecho, y yo se lo entregaré" (Eze. 21:27). La última convulsión generalizada ocurrirá en ocasión de la venida de "la Simiente a quien fue hecha la promesa" (Gál. 3:19), quien tomará entonces el reino. Esos terribles juicios están siendo demorados aún por un poco más de tiempo, a fin de que todos puedan tener la oportunidad de cambiar las armas de la carne por la espada del Espíritu, la Palabra de Dios, que es poderosa "en Dios para la destrucción de fortalezas, derribando argumentos y toda altivez que se levanta contra el conocimiento de Dios, y llevando cautivo todo pensamiento a la obediencia a Cristo" (2ª Cor. 10:4 y 5).

Ese tipo de cautividad es realmente libertad. Mediante la Palabra de Dios salimos de la cautividad del orgullo y confianza propia babilónicos, para ir a la libertad de la bondad divina.

¿Oirás el llamado a salir de Babilonia, y rechazarás la esclavitud de la tradición humana y la especulación, a cambio de la libertad que da la eterna Palabra de la verdad divina?

Capítulo 46

Las tribus perdidas de Israel

EXISTE la idea popular, casi universal, de que en el tiempo de la cautividad babilónica, diez de las doce tribus resultaron totalmente perdidas, y que sólo fue posible convocar a dos de las tribus para que regresaran a Palestina, tras cumplirse los setenta años. Tan arraigada está esa idea, que casi todos comprenden al instante la expresión "las diez tribus perdidas". No inquiriremos en cómo se llegó a esa noción, sino que nos bastará con aceptar lo que la Biblia tiene que decir acerca del tema de los israelitas supuestamente perdidos.

Judá e Israel

Ante todo, será bueno señalar un error común al respecto de "Judá" e "Israel". Cuando se dividió el reino, tras la muerte de Salomón, la parte del sur compuesta por las tribus de Judá y Benjamín, vino a conocerse como el reino de Judá, del que Jerusalén era la capital; mientras que la parte del norte, compuesta por el resto de las tribus, vino a conocerse como el reino de Israel, con su centro en Samaria. Ese reino del norte fue el primero en ser tomado cautivo, y las tribus que lo componen son las supuestamente perdidas.

El error consiste en suponer que "judíos" se limita al pueblo del reino del sur, es decir, a las tribus de Judá y Benjamín, y que "israelitas" significa sólo las tribus que componían el reino del norte, las supuestamente perdidas. Según esa especulación, el pueblo generalmente conocido como Judío, es el formado por las tribus de Judá y Benjamín; asimismo, en la imaginación especulativa de algunos teólogos, el pueblo Anglo-Sajón, o más específicamente el pueblo que habita Gran Bretaña y América, lo constituyen los Israelitas, es decir, "las diez tribus perdidas" (que aparecen por fin).

Carácter versus nacionalidad

Es fácil descubrir cuál fue el origen de esa teoría. Se basó en la incomprensión absoluta de las promesas del evangelio. Fue inventada con el objeto de convertir a la raza anglosajona en la heredera de las promesas hechas a Abraham, habiendo perdido de vista que esas promesas abarcaban al mundo entero sin distinción de nacionalidad, y que "Dios no hace acepción de personas, sino que en toda nación se agrada del que lo teme y hace justicia" (Hech. 10:34 y 35). Si el hombre hubiera comprendido que "un verdadero israelita" es aquel "en quien no hay engaño" (Juan 1:47), se habría dado cuenta de cuán insensata es la suposición de que por depravadas e incrédulas que sean las personas, son israelitas simplemente por formar parte de cierta nación. Pero sucede que la idea de una iglesia nacional y de una religión nacional es fascinante, ya que a muchos les parece extremadamente placentera la idea de poder ser salvos en masas –al margen del carácter de cada uno–, en lugar de serlo según la fe y la rectitud individuales.

Distinciones sin fundamento bíblico

Unos pocos textos de la Escritura bastarán para demostrar que los términos "judío" e "israelita" se usan de forma equivalente, y que se aplican indistintamente a la misma persona. Por ejemplo, en Ester 2:5 leemos que "En Susa, la residencia real, había un judío cuyo nombre era Mardoqueo hijo de Jair hijo de Simei, hijo de Cis, del linaje de Benjamín". Pero en Rom. 11:1 encontramos la declaración del apóstol Pablo: "Porque yo también soy israelita, descendiente de Abraham, de la tribu de Benjamín"; y el mismo apóstol dijo: "Yo de cierto soy hombre judío de Tarso" (Hech. 21:39). Tenemos ante nosotros a un hombre de la tribu de Benjamín, judío (Mardoqueo), y a otro hombre (Pablo) de la misma tribu, que se declara israelita, y al mismo tiempo judío.

Acaz fue uno de los reyes de Judá, y reinó en Jerusalén (2° Rey. 16:1 y 2; Isa. 1:1). Era descendiente de David, y uno de los ancestros de Jesús según la carne (2° Rey. 16:2; Mat. 1:9). Sin embargo, en 2° Crón. 28:19, en relación con la invasión del sur de Judá por parte de los filisteos, leemos que "Jehová había humillado a Judá por causa de Acaz, rey de Israel, por cuanto este había actuado con desenfreno en Judá y había pecado gravemente contra Jehová".

Cuando el apóstol Pablo regresó a Jerusalén después de uno de sus viajes misioneros, "unos judíos de Asia, al verlo en el Templo, alborotaron a toda la multitud y le echaron mano, gritando: –¡Israelitas, ayudad!" (Hech. 21:27 y 28).

No es difícil ver cuán lógico y natural resulta eso, teniendo en cuenta que las doce tribus descendieron de un hombre, Jacob –o Israel–. El término "Israel", es por lo tanto aplicable a todas y cada una de las tribus; mientras que debido a la prominencia de Judá, el término "judío" vino a aplicarse a cualquiera de los hijos de Israel, pertenecieran a la tribu que fuera. Hablando de los pactos, Dios dice: "Estableceré con la casa de Israel y con la casa de Judá un nuevo pacto" (Heb. 8:8), a fin de dejar claro que el nuevo pacto se aplica al pueblo en su totalidad, tal como sucedió con el viejo.

Vemos así que el término "judíos" tiene un significado coincidente con el de "israelitas". Ahora bien, haremos bien en recordar que, estrictamente hablando, "no es judío el que lo es exteriormente, ni es la circuncisión la que se hace exteriormente en la carne; sino que es judío el que lo es en lo interior, y la circuncisión es la del corazón, en espíritu y no según la letra. La alabanza del tal no viene de los hombres, sino de Dios" (Rom. 2:28 y 29). El recuento de las tribus se ha perdido en el pueblo llamado judío, pero eso no hace diferencia alguna; pueden ser llamados asimismo israelitas con la misma propiedad con que se les puede llamar judíos. Ahora bien, ni uno ni otro términos son estrictamente aplicables a ninguno de ellos, excepto si tienen auténtica fe en Jesucristo; y ambos términos son, en sentido estrictamente bíblico, aplicables a todo aquel que tenga esa fe, sea Inglés, Griego o Chino.

Ninguna tribu "perdida"

A propósito de las "tribus perdidas": Tras la cautividad babilónica, las diez tribus no resultaron más perdidas de lo que resultaron las de Judá y Benjamín. Así lo presentan las Escrituras. ¿Cómo puede uno saber que esas dos tribus no se perdieron, que no desaparecieron del escenario? Por la sencilla razón de que encontramos referencias a ellas después de la cautividad; se menciona por nombre a individuos pertenecientes a esas tribus. De idéntica forma podemos saber que las otras tribus existieron de forma tan diferenciada después, como antes de la cautividad.

No todo el pueblo de Israel fue llevado a Babilonia; los más pobres y menos prominentes quedaron en su propia tierra. Pero fue llevada la mayoría de todas las tribus, y así, en la proclamación real del final de los setenta años, el permiso para retornar fue de carácter universal, como es fácil ver:

"En el primer año de Ciro, rey de Persia, para que se cumpliera la palabra de Jehová anunciada por boca de Jeremías, despertó Jehová el espíritu de Ciro, rey de Persia, el cual hizo pregonar de palabra y también por escrito en todo su reino, este decreto: Así ha dicho Ciro, rey de Persia: Jehová, el Dios de los cielos, me ha dado todos los reinos de la tierra y me ha mandado que le edifique casa en Jerusalén, que está en Judá. Quien de entre vosotros pertenezca a su pueblo, sea Dios con él. Suba a Jerusalén, que está en Judá, y edifique la casa a Jehová, Dios de Israel (él es Dios), la cual está en Jerusalén" (Esdras 1:1-3).

El permiso para retornar era ilimitado, sin embargo, no todos, de entre todas las tribus, sacaron provecho de él. No obstante, todas las tribus estaban representadas. Eso no quiere decir que los que permanecieron resultaran necesariamente perdidos. No cabe decir de una familia que se ha "perdido", debido a que habita en un país extranjero. Posteriormente, Artajerjes escribió a Esdras: "He dado la siguiente orden: Todo aquel que en mi reino pertenezca al pueblo de Israel, a sus sacerdotes y levitas, que quiera ir contigo a Jerusalén, que vaya" (Esdras 7:13).

"Todo Israel" representado

Inmediatamente después del decreto de Ciro, leemos: "Entonces se levantaron los jefes de las casas paternas de Judá y de Benjamín, los sacerdotes y levitas, todos aquellos a quienes Dios puso en su corazón subir a edificar la casa de Jehová, la cual está en Jerusalén" (Esdras 1:5). Sabemos que se restablecieron los servicios del santuario, y nadie excepto los levitas podía oficiar en él.

Leemos en Esdras 3:10-12 que al ser puestos los fundamentos del templo, "se pusieron en pie los sacerdotes, vestidos de sus ropas y con trompetas, y los levitas hijos de Asaf con címbalos, para alabar a Jehová". Incluso después de la resurrección y ascensión de Cristo, leemos con respecto a Bernabé: "levita, natural de Chipre" (Hech. 4:36).

En Lucas 2:36-38 leemos acerca de "Ana, profetisa, hija de Fanuel, de la tribu de Aser", quien reconoció al Señor en el niño Jesús, "y hablaba del niño a todos los que esperaban la redención en Jerusalén". Encontramos aquí a representantes de dos de las diez tribus que se suponen misteriosamente desaparecidas, mencionados por nombre, y habitando en Jerusalén. ¡Ciertamente es imposible calificar a una cosa de "perdida", cuando se sabe exactamente dónde está!

No se nombra de forma específica a las demás tribus; sin embargo, leemos en Esdras 2:70: "Habitaron los sacerdotes, los levitas, los del pueblo, los cantores, los porteros y los sirvientes del Templo en sus ciudades. *Todo Israel habitó, pues, en sus ciudades*".

Cuando el apóstol Pablo fue llevado ante el tribunal del rey Agripa, dijo: "Ahora, por la esperanza de la promesa que hizo Dios a nuestros padres, soy llamado a juicio; promesa cuyo cumplimiento esperan que han de alcanzar nuestras doce tribus, sirviendo constantemente a Dios de día y de noche" (Hech. 26:6 y 7). Vemos aquí que en los días de Pablo existían las doce tribus, y esperaban en la esperanza del cumplimiento de la promesa que Dios había hecho a los padres.

Además, el apóstol Santiago dirigió su epístola "a las doce tribus que están en la dispersión" (Sant. 1:1).

Disponemos de evidencia suficiente de que ninguna tribu de Israel se perdió más que alguna otra. Hoy está borrada toda distinción tribal, y ningún judío puede decir a cuál de las doce tribus pertenece, de forma que en ese sentido, no meramente diez, sino *todas* las tribus están perdidas, si bien todas ellas están representadas en el pueblo judío esparcido por la tierra. Dios, no obstante, lleva el recuento, y en el mundo venidero pondrá a cada uno en su lugar correspondiente, ya que la ciudad que Abraham esperó, la capital de la herencia que se le prometió a él y a su simiente, la Nueva Jerusalén, tiene doce puertas, y sobre ellas "nombres inscritos, que son los de las doce tribus de los hijos de Israel" (Apoc. 21:12).

¿A quién considera el Señor un israelita?

Los últimos dos textos sugieren otro hecho: la distribución por tribus que Dios hace, no es la que hace el hombre. "El hombre mira lo que está delante de sus ojos, pero Jehová mira el corazón" (1º Sam. 16:7), y "no es judío el que lo es exteriormente... sino que es judío el que lo es en lo interior, y la circuncisión es la del corazón" (Rom. 2:28 y 29). Todos los salvos entrarán "por las puertas en la ciudad" (Apoc. 22:14), pero cada una de esas puertas tiene inscrito el nombre de una de las doce tribus, mostrando que son los salvos los que componen esas doce tribus de Israel. Eso es también evidente por el hecho de que "Israel" significa vencedor.

La epístola de Santiago va dirigida a las doce tribus, sin embargo, no hay un solo cristiano que no sepa que la instrucción y promesas de esa epístola son para él.

Y eso nos lleva al hecho de que en realidad, todas las tribus se han perdido, "por cuanto todos pecaron y están destituidos de la gloria de Dios" (Rom. 3:23). "Todos nosotros nos descarriamos como ovejas, cada cual se apartó por su camino; mas Jehová cargó en él el pecado de todos nosotros" (Isa. 53:6); por lo tanto, cuando vino el Señor Jesús, dijo: "el Hijo del hombre vino a buscar y a salvar lo que se había perdido" (Luc. 19:10).

Declaró haber sido enviado "a las ovejas perdidas de la casa de Israel" (Mat. 15:24) en el preciso instante en que se disponía a ministrar una bendición a una pobre y despreciada mujer cananea, descendiente de aquellos paganos que habitaban la tierra antes de los días de Josué.

Hemos encontrado por fin a las tribus perdidas de Israel. No sólo se perdieron diez de ellas, sino todas y cada una; tan completamente se perdieron, que su única esperanza de salvación radica en la muerte y resurrección de Cristo. Es en esa condición en la que nosotros nos encontramos, por lo tanto podemos leer con deleite aquello que nos pertenece: las promesas referentes a la reunión de Israel, que será nuestro objeto de estudio en el próximo y último capítulo.

Capítulo 47

El pacto eterno, consumado

"CONOCIDAS son a Dios desde el siglo todas sus obras" (Hech. 15:18).

"Y Él envíe a Jesucristo, que os fue antes predicado; a quien ciertamente es necesario que el cielo reciba hasta los tiempos de la restauración de todas las cosas, de que habló Dios por boca de todos sus santos profetas que han sido desde el principio del mundo" (Hech. 3:20 y 21).

"De este dan testimonio todos los profetas" (Hech. 10:43).

La reunión final del pueblo de Dios, y su establecimiento en la tierra restaurada, ha venido siendo el tema de los profetas desde la misma caída; y en consecuencia dieron todos testimonio de que los que creen en Cristo obtendrán remisión de los pecados, ya que es solamente por la remisión de los pecados como tiene lugar la reunión y la restauración. Examinemos, pues, algunas de las profecías que hablan de estas cosas, a modo de representación de todas las demás. Comenzamos por el capítulo once de Isaías.

"Saldrá una vara del tronco de Isaí; un vástago retoñará de sus raíces y reposará sobre él el espíritu de Jehová: espíritu de sabiduría y de inteligencia, espíritu de consejo y de poder, espíritu de conocimiento y de temor de Jehová. Y le hará entender diligente en el temor de Jehová. No juzgará según la vista de sus ojos ni resolverá por lo que oigan sus oídos, sino que juzgará con justicia a los pobres y resolverá con equidad a favor de los mansos de la tierra. Herirá la tierra con la vara de su boca y con el espíritu de sus labios matará al impío" (vers. 1-4; Compáralo con 2ª Tes. 2:8).

"Y será la justicia cinto de sus caderas, y la fidelidad ceñirá su cintura. Morará el lobo con el cordero, y el leopardo con el cabrito se acostará; el becerro, el león y la bestia doméstica andarán juntos, y un niño los pastoreará. La vaca pacerá junto a la osa, sus crías se recostarán juntas; y el león, como el buey, comerá paja. El niño de pecho jugará sobre la cueva de la cobra; el recién destetado extenderá su mano sobre la caverna de la víbora. No harán mal ni dañarán en todo mi santo monte, porque la tierra será llena del conocimiento de Jehová como las aguas cubren el mar" (vers. 5-9).

Un resumen de la historia del evangelio

Tenemos aquí un bosquejo de la historia del evangelio en su globalidad, incluyendo el borramiento del pecado y de los pecadores, y el establecimiento de los justos en la tierra renovada, en el tiempo en que "los mansos heredarán la tierra y se recrearán con abundancia de paz" (Sal. 37:11, ver también los versículos 9 y 10).

Habiendo proporcionado toda la historia en el fragmento que hemos leído, el profeta entra ahora en mayores detalles. Regresando al punto en el que comenzó, procede así:

"Acontecerá en aquel tiempo que la raíz de Isaí, la cual estará puesta por pendón a los pueblos, será buscada por las gentes; y su habitación será gloriosa. Asimismo, acontecerá en aquel tiempo que Jehová alzará otra vez su mano para recobrar el resto de su pueblo que aún quede en Asiria, Egipto, Patros, Etiopía, Elam, Sinar y Hamat, y en las costas del mar. Levantará pendón a las naciones, juntará a los desterrados de Israel y desde los cuatro confines de la tierra reunirá a los esparcidos de Judá" (vers. 10-12).

También en Mateo 24:31 leemos acerca de esa reunión de los elegidos, de los cuatro ángulos de la tierra. El poder mediante el cual ha de tener lugar esa reunión, no será menor que el desplegado cuando el Señor puso su mano la primera vez para reunir a su pueblo, ya que leemos: "Y habrá camino para el resto de su pueblo, el que quedó de Asiria, de la manera que lo hubo para Israel el día que subió de la tierra de Egipto" (Isa. 11:16).

"¡Ved aquí al Dios vuestro!"

Leemos también acerca de esa reunión en el capítulo 40 de Isaías. La predicación del evangelio, incluyendo el perdón de los pecados, la dádiva del Consolador, el Espíritu Santo, el establecimiento de Dios como el único poder en el universo, el Creador y Sustentador, y el anuncio de la venida del Señor en gloria, todo lo encontramos ahí. Entonces, en el mensaje, "¡Ved aquí al Dios vuestro!", leemos:

"He aquí que Jehová el Señor vendrá con poder, y su brazo dominará; he aquí que su recompensa viene con él y su paga delante de su rostro [compáralo con Apoc. 22:12]. Como pastor apacentará su rebaño. En su brazo llevará los corderos, junto a su pecho los llevará; y pastoreará con ternura a las recién paridas" (Isa. 40:10 y 11).

Hemos leído con anterioridad acerca de la reunión de las ovejas perdidas de la casa de Israel en un sólo rebaño, de forma que "habrá un rebaño y un pastor" (Juan 10:16). Vemos aquí que esa reunión se inicia mediante la predicación del evangelio, y sólo resulta completada con la venida del Señor en gloria, junto a sus ángeles; y la gloria y el poder de la venida del Señor son la gloria y el poder que han de acompañar la predicación del evangelio.

Las ovejas perdidas bajo la apostasía

En los versículos que siguen leemos acerca de la condición de las ovejas perdidas de la casa de Israel, y acerca de cómo los pastores infieles esparcen las ovejas en lugar de reunirlas:

"Hijo de hombre, profetiza contra los pastores de Israel; profetiza, y di a los pastores: Así ha dicho Jehová, el Señor: ¡Ay de los pastores de Israel, que se apacientan a sí mismos! ¿Acaso los pastores no apacientan a los rebaños? Os alimentáis con la leche de las ovejas, os vestís con su lana y degolláis a la engordada, pero no las apacentáis. No fortalecisteis a las débiles ni curasteis a la enferma; no vendasteis la perniquebrada ni volvisteis al redil a la descarriada ni buscasteis a la perdida, sino que os habéis enseñoreado de ellas con dureza y con violencia. Andan errantes por falta de pastor y son presa de todas las fieras del campo. ¡Se han dispersado! Han andado perdidas mis ovejas por todos los montes y en todo collado alto. *Por toda la faz de la tierra fueron esparcidas mis ovejas* y no hubo quien las buscara ni quien preguntara por ellas".

"Por tanto, pastores, oíd palabra de Jehová: Vivo yo, ha dicho Jehová, el Señor, que por cuanto mi rebaño fue expuesto al robo, y mis ovejas fueron para ser presa de todas las fieras del campo, sin pastor; ni mis pastores buscaron a mis ovejas, sino que los pastores se apacentaron a sí mismos y no apacentaron a mis ovejas; por eso, pastores, oíd palabra de Jehová: Así ha dicho Jehová, el Señor: ¡Yo estoy contra los pastores y demandaré mis ovejas de su mano! Haré que dejen de apacentar mis ovejas, y ya no se apacentarán más los pastores a sí mismos, pues yo libraré a mis ovejas de sus bocas y no les serán más por comida. Porque así ha dicho Jehová, el Señor: Yo, yo mismo, iré a buscar mis ovejas, y las reconoceré. Como reconoce su rebaño el pastor el día que está en medio de sus ovejas esparcidas, así reconoceré yo a mis ovejas y las libraré de todos los lugares en que fueron esparcidas el día del nublado y de la oscuridad. Yo las sacaré de los pueblos y *las juntaré de los países*; las traeré a su propio país y las apacentaré en los montes de Israel, por las riberas y *en todos los lugares habitados del país*" (compáralo con Rom. 4:18).

"Yo levantaré sobre ellas a *un pastor* que las apaciente: mi siervo David. Él las apacentará, pues será su pastor. Yo, Jehová, seré el Dios de ellos, y mi siervo David, en medio de ellos, será su gobernante. Yo, Jehová, he hablado. Estableceré con ellos un pacto de paz, y quitaré de la tierra las fieras [compara con Isa. 11:6-9]; habitarán en el desierto con seguridad y dormirán en los bosques. Y daré bendición a ellos y a los alrededores de mi collado, y haré descender la lluvia en su tiempo: lluvias de bendición serán. El árbol del campo dará su fruto y la tierra dará su fruto. Estarán en su tierra con seguridad, y sabrán que yo soy Jehová, cuando rompa las coyundas de su yugo y los libre de mano de los que se sirven de ellos. No serán más por presa de las naciones ni las fieras del país las devorarán, sino que habitarán con seguridad y no hará quien las espante" (Eze. 34:1-13, y 23-28).

Reunidos por la resurrección

El capítulo 37 de Ezequiel nos informa exactamente de cómo ha de tener lugar esa reunión final:

"La mano de Jehová vino sobre mí, me llevó en el espíritu de Jehová y me puso en medio de un valle que estaba lleno de huesos. Me hizo pasar cerca de ellos, a su alrededor, y vi que eran muchísimos sobre la faz del campo y, por cierto, secos en gran manera. Y me dijo: –Hijo de hombre, ¿vivirán estos huesos? Yo le respondí: –Señor, Jehová, tú lo sabes. Me dijo entonces: –Profetiza sobre estos huesos, y diles: ¡Huesos secos, oíd palabra de Jehová! [compara con Juan 5:25-29] Así ha dicho Jehová, el Señor, a estos huesos: Yo hago entrar espíritu en vosotros, y viviréis. Pondré tendones en vosotros, haré que la carne suba sobre vosotros, os cubriré de piel y pondré en vosotros espíritu, y viviréis. Y sabréis que yo soy Jehová. Profeticé, pues, como me fue mandado; y mientras yo profetizaba se oyó un estruendo, hubo un temblor ¡y los huesos se juntaron, cada hueso con su hueso! Yo miré, y los tendones sobre ellos, y subió la carne y quedaron cubiertos por la piel; pero no había en ellos espíritu. Me dijo: Profetiza al espíritu, profetiza, hijo de hombre, y di al espíritu que así ha dicho Jehová, el Señor: ¡Espíritu, ven de los cuatro vientos y sopla sobre estos muertos, y vivirán! Profeticé como me había mandado, y entró espíritu en ellos, y vivieron y se pusieron en pie. ¡Era un ejército grande en extremo! Luego me dijo: Hijo de hombre, *todos estos huesos son la casa de Israel*. Ellos dicen: Nuestros huesos se secaron y pereció nuestra esperanza. ¡Estamos totalmente destruidos! Por tanto, profetiza, y diles que así ha dicho Jehová, el Señor: *Yo abro vuestros sepulcros, pueblo mío; os haré subir de vuestras sepulturas y os traeré a la tierra de Israel*. Y sabréis que yo soy Jehová, cuando abra vuestros sepulcros y os saque de vuestras sepulturas, pueblo mío. Pondré mi espíritu en vosotros y viviréis, y *os estableceré en vuestra tierra*. Y sabréis que yo, Jehová, lo dije y lo hice, dice Jehová" (vers. 1-14)." (Hech. 3:20 y 21).

Toda la casa de Israel

Vemos por lo tanto que la promesa del Señor a David, de que

señalaría un lugar para su pueblo Israel, y los plantaría de forma que pudieran morar en un lugar de su propiedad para no ser ya nunca más movidos ni afligidos (2º Sam. 7:10), ha de hallar cumplimiento mediante la resurrección de los muertos. Y esa reunión de Israel, la única que jamás se haya prometido –y basta con ella–, abarca a todos los fieles de todas las edades; pues cuando el Señor hable, "todos los que están en los sepulcros oirán su voz" (Juan 5:28).

Hemos visto que esa reunión ha de ser la de toda la casa de Israel; los versículos que siguen muestran que por entonces no habrá división alguna en el reino, sino que "habrá un rebaño y un pastor" (Juan 10:16):

"Vino a mí palabra de Jehová, diciendo: Hijo de hombre, toma ahora un leño y escribe en él: Para Judá y para sus compañeros los hijos de Israel. Toma después otro leño y escribe en él: Para José, leño de Efraín, y para sus compañeros la casa toda de Israel. Júntalos luego el uno con el otro, para que sean uno solo, y serán uno solo en tu mano. Y cuando te pregunten los hijos de tu pueblo, diciendo: ¿No nos enseñarás qué te propones con eso?, diles: Así ha dicho Jehová, el Señor: Yo tomo el leño de José que está en la mano de Efraín, y a las tribus de Israel sus compañeros, y los pondré con el leño de Judá; haré de ellos un solo leño, y serán uno en mi mano. Y los leños sobre los que escribas, estarán en tu mano delante de sus ojos, y les dirás: Así ha dicho Jehová, el Señor: Yo tomo a los hijos de Israel de entre las naciones a las cuales fueron; *los recogeré de todas partes y los traeré a su tierra*. Haré de ellos una sola nación en la tierra, en los montes de Israel, y un mismo rey será el rey de todos ellos. Nunca más estarán divididos en dos reinos. No se contaminarán ya más con sus ídolos, con sus abominaciones y *con todas sus rebeliones*. Los salvaré de todas sus rebeliones con las cuales pecaron, y *los purificaré. Ellos serán mi pueblo y yo seré su Dios. Mi siervo David será rey sobre ellos, y todos ellos tendrán un solo pastor; andarán en mis preceptos, y guardarán mis estatutos y los pondrán por obra*. Habitarán en la tierra que di a mi siervo Jacob, en la cual habitaron vuestros padres. En ella habitarán ellos, sus hijos y los hijos de sus hijos para siempre; y mi siervo David los gobernará para siempre" (Eze. 37:15-25).

Observa ahora lo que sigue con atención:

"Haré con ellos un pacto de paz; un pacto perpetuo será con ellos. Yo los estableceré y los multiplicaré, y pondré mi santuario entre ellos para siempre. Estará en medio de ellos mi tabernáculo; yo seré el Dios de ellos, y ellos serán mi pueblo. Y sabrán las naciones que yo, Jehová, santifico a Israel, pues mi santuario estará en medio de ellos para siempre" (vers. 26-28).

Juicio de Dios sobre todas las naciones

Que la liberación de Israel no se trata de un mero asunto local, lo demuestra la sentencia de juicio a Babilonia, en el capítulo 25 de Jeremías. Era al final de los setenta años de cautividad cuando Dios dispuso aplicar ese castigo; pero como ya hemos visto, Israel no estaba por entonces preparada para ser reunida. Desde entonces hasta el día de hoy, muchos de entre el pueblo de Dios se han encontrado en Babilonia, de forma que en estos últimos días, tanto como entonces, viene la palabra: "¡Salid de en medio de ella, pueblo mío!" (Jer. 51:45; Apoc. 18:4). No obstante, Dios comenzó el castigo de Babilonia en aquel tiempo, y los siguientes versículos mostrarán cómo las promesas hechas a Israel, y las amenazas de castigo a sus opresores, se refieren a toda la tierra:

"Así me dijo Jehová, Dios de Israel: Toma de mi mano la copa del vino de este furor, y haz que beban de ella todas las naciones a las cuales yo te envío [compara con Sal. 75:8; Apoc. 14:9 y 10]. Beberán, y temblarán y enloquecerán a causa de la espada que yo envío entre ellas. Yo tomé la copa de la mano de Jehová, y di de beber a todas las naciones a las cuales me envió Jehová: a Jerusalén, a las ciudades de Judá, a sus reyes y a sus príncipes, para convertirlos en ruinas, en espanto, en burla y en maldición, como hasta hoy; al faraón, rey de Egipto, a sus servidores, a sus príncipes y a todo su pueblo; y a todo el conjunto de naciones... a todos los reyes del norte, los de cerca y los de lejos, a los unos y a los otros, y *a todos los reinos del mundo que están sobre la faz de la tierra*. Y el rey de Babilonia beberá después de ellos. Les dirás, pues: Así ha dicho Jehová de los ejércitos, Dios de

Israel: ¡Bebed, embriagaos y vomitad; *caed y no os levantéis*, a causa de la espada que yo envío entre vosotros! Y si no quieren tomar la copa de tu mano para beber, tú les dirás: Así ha dicho Jehová de los ejércitos: Tenéis que beberla, porque yo comienzo a causarle mal a la ciudad en la cual es invocado mi nombre, ¿y vosotros seréis absueltos? ¡No seréis absueltos, porque espada traigo sobre todos los habitantes de la tierra!, dice Jehová de los ejércitos. Tú, pues, profetizarás contra ellos todas estas palabras. Les dirás: Jehová ruge desde lo alto, y desde su morada santa da su voz; ruge fuertemente contra su redil; canción de lagareros canta contra todos los moradores de la tierra. Llega el estruendo hasta el fin de la tierra, porque Jehová está en pleito contra las naciones; Él es el juez de todo mortal y entregará a los impíos a la espada, dice Jehová. Así ha dicho Jehová de los ejércitos: Ciertamente el mal irá de nación en nación, y una gran tempestad se levantará desde los extremos de la tierra. Yacerán los muertos de Jehová en aquel día desde un extremo de la tierra hasta el otro; no se hará lamentación, ni se recogerán ni serán enterrados, sino que como estiércol quedarán sobre la faz de la tierra. ¡Aullad, pastores! ¡Gritad! ¡Revolcaos en el polvo, mayorales del rebaño!, porque se han cumplido vuestros días para que seáis degollados y esparcidos. Caeréis como vaso precioso. Se acabará el asilo para los pastores, y no escaparán los mayorales del rebaño. ¡Voz de la gritería de los pastores, y aullido de los mayorales del rebaño!, porque Jehová asoló sus pastizales" (Jer. 25:15-36).

El tiempo de la liberación

Observa que es en el tiempo del castigo de los falsos pastores, como está profetizado en Ezequiel 34, cuando Israel ha de ser reunido, y cuando se ha de consumar con él un pacto de paz. En cuanto a la naturaleza de ese pacto, así como el tiempo en el que se lo hace, disponemos de la más clara información en el libro de Jeremías, especialmente si lo leemos relacionándolo con las escrituras ya mencionadas. Bastará un breve extracto de dos capítulos para completar la historia, en lo concerniente al estudio que nos ocupa. Comenzamos en el capítulo 30:

"Palabra de Jehová que vino a Jeremías, diciendo: Así habló Jehová, Dios de Israel: Escribe en un libro todas las palabras que te he hablado. Porque vienen días, dice Jehová, en que haré volver a los cautivos de mi pueblo de Israel y de Judá, ha dicho Jehová, y los traeré a la tierra que di a sus padres, y la disfrutarán" (vers. 1-3).

Estamos en un terreno que nos es familiar. Esos versículos marcan el tiempo en el que sucederán las cosas predichas: cuando Dios reúna su pueblo en su propia tierra. Sigue así:

"Estas, pues, son las palabras que habló Jehová acerca de Israel y de Judá. Así ha dicho Jehová: ¡Hemos oído gritos de terror y

! ¡No hay paz! ¡Inquirid ahora, considerad si un varón da a luz!, porque he visto que todos los hombres tenían las manos sobre sus caderas como la mujer que está de parto, y que se han puesto pálidos todos los rostros. ¡Ah, cuán grande es aquel día! Tanto, que no hay otro semejante a él. Es un tiempo de angustia para Jacob, pero de ella será librado. Aquel día, dice Jehová de los ejércitos, yo quebraré el yugo de su cuello y romperé sus coyundas, y extranjeros no volverán a ponerlo en servidumbre, sino que servirán a Jehová, su Dios, y a David, su rey, a quien yo les levantaré" (vers. 4-9).

Compáralo con Daniel 12:1: "En aquel tiempo se levantará Miguel, el gran príncipe que está de parte de los hijos de tu pueblo. Será tiempo de angustia, cual nunca fue desde que hubo gente hasta entonces; pero en aquel tiempo será libertado tu pueblo, todos los que se hallen inscritos en el libro". Aunque el pueblo de Dios ha de resultar liberado en el tiempo de angustia que precede inmediatamente a la venida del Señor, de forma que no les alcance ningún mal ni caiga sobre ellos plaga alguna (Sal. 91), no obstante es imposible que miren y vean la recompensa de los impíos sin quedar ellos mismos sobrecogidos y atemorizados, pues cuando Dios se levante, no será un suceso banal.

Por lo tanto, leemos:

"Tú pues, siervo mío Jacob, no temas, dice Jehová, ni te atemorices, Israel; porque he aquí que yo soy el que te salvo de lejos, y a tu simiente de la tierra de su cautividad; y Jacob volverá, y descansará tranquilo, y no habrá quien le espante. Porque yo estoy contigo, dice Jehová, para salvarte; y haré consumación en todas las naciones entre las cuales te esparcí; pero en ti no haré consumación, sino que te castigaré con justicia; de ninguna manera te dejaré sin castigo" (Jer. 30:10 y 11).

"Así ha dicho Jehová: He aquí yo hago volver a los cautivos de las tiendas de Jacob, y de sus tiendas tendré misericordia; la ciudad será edificada sobre su colina, y el palacio será asentado en su lugar. Saldrá de ellos acción de gracias y voz de nación que está en regocijo. Los multiplicaré y no serán disminuidos; los multiplicaré y no serán menoscabados. Serán sus hijos como antes, y su congregación delante de mí será confirmada. Yo castigaré a todos sus opresores. De ella saldrá su soberano, y de en medio de ella saldrá su gobernante. Lo haré acercarse y él se acercará a mí, porque ¿quién es aquel que se atreve a acercarse a mí?, dice Jehová. Entonces *vosotros seréis mi pueblo y yo seré vuestro Dios*. La tempestad de Jehová sale con furor; la tempestad que se prepara se cierne sobre la cabeza de los impíos. No se calmará el ardor de la ira de Jehová hasta que haya hecho y cumplido los pensamientos de su corazón. ¡Al final de los días entenderéis esto!" (vers. 18-24).

Rescatados del sepulcro

"*En aquel tiempo*, dice Jehová, yo seré el Dios de todas las familias de Israel y ellas serán mi pueblo. Así ha dicho Jehová: El pueblo que escapó de la espada halló gracia en el desierto, cuando Israel iba en busca de reposo. Jehová se me manifestó hace ya mucho tiempo, diciendo: Con amor eterno te he amado; por eso, te prolongué mi misericordia" (Jer. 31:1-3).

"¡Oíd palabra de Jehová, naciones, y hacedlo saber en las costas que están lejos! Decid: El que dispersó a Israel, lo reunirá y lo guardará, como el pastor a su rebaño, porque Jehová redimió a Jacob, lo redimió de la mano del más fuerte que él. Vendrán con gritos de gozo a lo alto de Sión y correrán a los bienes de Jehová: al pan, al vino, al aceite y al ganado de ovejas y de vacas. Su vida será como un huerto de riego y nunca más tendrán dolor alguno" (vers. 10-12).

"Así ha dicho Jehová: Voz fue oída en Ramá, llanto y lloro amargo: es Raquel que llora por sus hijos, y no quiso ser consolada acerca de sus hijos, porque perecieron. Así ha dicho Jehová: Reprime del llanto tu voz y de las lágrimas tus ojos, porque salario hay para tu trabajo, dice Jehová. Volverán de la tierra del enemigo. Esperanza hay también para tu porvenir, dice Jehová, y *los hijos volverán a su propia tierra*" (vers. 15-17).

Tenemos aquí otra guía segura en lo que respecta a dónde estamos, o más bien en cuanto al tiempo al que se refiere la profecía. Sabemos que esa profecía fue parcialmente cumplida cuando Herodes asesinó a los bebés de Jerusalén (Mat. 2:16-18). Pero el Señor dice a los que están en duelo que los que perdieron volverán de tierra del enemigo (ver 1ª Cor. 15:26) a su propio territorio. Vemos, por lo tanto, una vez más, que es sólo mediante la resurrección de los muertos como puede ser revertida la cautividad de Israel, siendo así reunidos en su propia tierra; y observamos que el tiempo al que se está refiriendo Jeremías, es justamente el tiempo en el que Dios levanta la cautividad de su pueblo. Por lo tanto, en referencia a ese mismo período de tiempo, el profeta continúa:

"Vienen días, dice Jehová, en que sembraré la casa de Israel y la casa de Judá de simiente de hombre y de simiente de animal. Y así como tuve cuidado de ellos para arrancar y derribar, para trastornar, perder y afligir, tendré cuidado de ellos para edificar y plantar, dice Jehová. En aquellos días no dirán más: Los padres comieron las uvas agrias y a los hijos les da dentera, sino que cada cual morirá por su propia maldad; a todo aquel que coma uvas agrias le dará dentera" (vers. 27-30).

El nuevo pacto

No puede haber duda alguna en cuanto al tiempo al que se está refiriendo; es el tiempo del castigo de los malvados y de la recompensa de los justos; el tiempo en el que el pueblo de Dios ha de ser librado para siempre de toda maldad y opresión, y ser establecido en la tierra, para poseerla por toda la eternidad en paz y justicia. Así, hablando aún de ese mismo tiempo, el profeta continúa:

"Vienen días, dice Jehová, en los cuales haré un nuevo pacto con la casa de Israel y con la casa de Judá. No como el pacto que hice con sus padres el día en que tomé su mano para sacarlos de la tierra de Egipto; porque ellos invalidaron mi pacto, aunque fui yo un marido para ellos, dice Jehová. Pero este es el pacto que haré con la casa de Israel después de aquellos días, dice Jehová: Pondré mi ley en su mente y la escribiré en su corazón; yo seré su Dios y ellos serán mi pueblo. Y no enseñará más ninguno a su prójimo, ni ninguno a su hermano, diciendo: Conoce a Jehová, porque todos me conocerán, desde el más pequeño de ellos hasta el más grande, dice Jehová. Porque perdonaré la maldad de ellos y no me acordaré más de su pecado. Así ha dicho Jehová, que da el sol para luz del día, las leyes de las estrellas para luz de la noche, que agita el mar y braman sus olas; Jehová de los ejércitos es su nombre: Si llegaran a faltar estas leyes delante de mí, dice Jehová, también faltaría la simiente de Israel, y dejaría de ser para siempre una nación delante de mí. Así ha dicho Jehová: Si se pudieran medir los cielos arriba y explorar abajo los fundamentos de la tierra, también yo desecharía toda la simiente de Israel por todo lo que hicieron, dice Jehová" (Jer. 31:33-37).

Tenemos aquí la conclusión de todo el asunto. Con el establecimiento del nuevo pacto se pone fin a los días de exilio y esclavitud, y el pueblo de Dios mora ante su presencia descubierta por siempre jamás. Ese pacto está aún en espera de cumplimiento; no obstante, mediante una fe viva es posible gozar hoy de todas sus bendiciones, puesto que el poder de la resurrección mediante el cual el pueblo de Dios se establece finalmente en su propia tierra, es el mismo poder mediante el cual son preparados para ese glorioso día.

El viejo y el nuevo pacto

En nuestro estudio de las promesas hechas a Israel hemos visto ya por qué, y bajo qué circunstancias, fue hecho el viejo pacto, estando

Israel al pie del Sinaí. Se lo denomina primer pacto, viejo o antiguo pacto, no por la inexistencia de un pacto que lo preceda, sino porque fue el primero que se hizo "con la casa de Israel y la casa de Judá", con toda la casa de Israel como tal. El pacto con Abraham fue hecho más de cuatrocientos cincuenta años antes, y abarcaba todo aquello que Dios pueda otorgar a cualquier persona. Es por virtud de ese pacto hecho con Abraham y confirmado por el juramento de Dios, por el que ahora acudimos confiadamente al trono de la gracia, encontrando un fortísimo consuelo en todas nuestras pruebas (Heb. 6:13-20). Todos los que tienen fe –los fieles–, son hijos de Abraham.

Pero el Israel de antiguo se demostró infiel, y olvidó o despreció el pacto eterno hecho con Abraham. Quisieron andar por vista, y no por fe. Confiaron en ellos mismos más bien que en Dios. En la prueba, Dios les recordó su pacto con Abraham, y a fin de ayudar la fe de ellos en el poder de la promesa que él había hecho a Abraham, les hizo memoria de lo que ya había hecho por ellos. Pero presuntuosamente tomaron sobre ellos mismos la responsabilidad de su propia salvación, y entraron en un pacto del que nada podía obtenerse, excepto esclavitud y muerte. Dios, no obstante, quien permanece fiel a pesar de la incredulidad del hombre, utilizó incluso eso como una gran lección. A partir de la "sombra" podrían aprender acerca de la realidad; hasta su propia esclavitud habría de contener una profecía y promesa de libertad.

¿Cuándo se entrará en el nuevo pacto?

Dios no deja a su pueblo en el lugar en el que su propia locura lo situó, de forma que le prometió un nuevo pacto. No es que faltase nada en el pacto hecho con Abraham, sino que haría ese mismo pacto con el pueblo de Israel, *como nación*.

Esa promesa del nuevo pacto sigue siendo válida, pues mediante el juramento de Dios, y mediante el sacrificio de sí mismo, Jesús "es hecho fiador de un mejor pacto" (Heb. 7:22).

Tan ciertamente como que Cristo murió y resucitó, por el poder de esa muerte y resurrección todo Israel será reunido, y el pacto nuevo y eterno será establecido junto con ellos –la nación justa que guarda la verdad–. El pacto no será hecho con ningún otro, fuera de Israel; sin embargo nadie tiene por qué quedar excluido, pues todo el que quiera puede venir.

Cuando se hizo el primer pacto con todo Israel, Dios vino con todos sus ángeles; sonó la trompeta de Dios, y su voz sacudió la tierra al ser pronunciada la ley. Así, cuando sea consumado el nuevo pacto, todo Israel estará presente –no habrá nadie que no haya sido reunido–, y "vendrá nuestro Dios y no callará" (Sal. 50:3); "El Señor mismo, con voz de mando, con voz de arcángel y con trompeta de Dios, descenderá del cielo" (1ª Tes. 4:16), "en la gloria de su Padre", "y todos los santos ángeles con Él" (Mat. 16:27; 25:31).

Su voz conmovió una vez la tierra, pero ahora conmoverá, no sólo la tierra, sino también el cielo. De esa forma, todo el universo será participante en esa gran consumación, y el Israel de Dios resultará unido a "toda la familia en los cielos" (Efe. 3:15). Mediante la cruz de Cristo, "por la sangre del pacto eterno" (Heb. 13:20), queda establecido el trono de Dios; y aquello que salva a los que se perdieron en la tierra, es prenda y garantía de seguridad eterna para los seres que nunca cayeron.

La restauración del señorío primero

Concluyendo, hay que señalar esta lección: que el nuevo pacto no trae nada nuevo, excepto la tierra nueva; y eso es lo que fue desde el principio. Los seres humanos de los que está formada, habrán sido ya hechos nuevos en Cristo. Se restaurará "el señorío primero" (Miq. 4:8).

Por lo tanto, nadie piense en excusarse de guardar los mandamientos de Dios, aduciendo que está bajo el nuevo pacto. No: si está en Cristo, entonces está *en* (no *bajo*) el pacto hecho con Abraham, y como hijo de Abraham y coheredero con Cristo, tiene esperanza en el nuevo pacto del que Cristo es fiador. Quien no se reconoce como formando parte de la generación de Abraham, Isaac y Jacob, y en compañía de Moisés, David y los profetas, no tiene derecho alguno a la esperanza del nuevo pacto. Y todo el que se goza en las promesas del nuevo pacto, en las bendiciones que el Espíritu Santo hace una realidad ya ahora, ha de recordar que es en virtud del nuevo pacto como la ley es puesta en nuestros corazones. El viejo pacto no llevó a nadie a la obediencia a esa ley, pero el nuevo lo hace de forma universal, haciendo que la tierra sea llena del conocimiento del Señor, como las aguas llenan el mar. Por lo tanto, "¡Gracias a Dios por su don inefable!" (2ª Cor. 9:15).

"Porque de Él, y por Él, y para Él, son todas las cosas. A Él sea la gloria por siempre. Amén" (Rom. 11:36).

www.ingramcontent.com/pod-product-compliance
Lightning Source LLC
Chambersburg PA
CBHW020314010526
44107CB00054B/1835